国家社科基金
GUOJIA SHEKE JIJIN HOUQI ZIZHU XIANGMU
后期资助项目

保险受益人论

尹中安 著

天津出版传媒集团

天津人民出版社

图书在版编目（CIP）数据

保险受益人论 / 尹中安著 . -- 天津 : 天津人民出
版社 , 2022.8
ISBN 978-7-201-18671-9

Ⅰ . ①保… Ⅱ . ①尹… Ⅲ . ①保险法－研究 Ⅳ .
① D912.280.4

中国版本图书馆 CIP 数据核字（2022）第 146875 号

保险受益人论

BAOXIAN SHOUYIREN LUN

出　　版	天津人民出版社
出 版 人	刘　庆
地　　址	天津市和平区西康路 35 号康岳大厦
邮政编码	300051
邮购电话	（022）23332469
电子信箱	reader@tjrmcbs.com

责任编辑	章　帧
美术编辑	卢炀炀

印　　制	天津新华印务有限公司
经　　销	新华书店
开　　本	710 毫米 ×1000 毫米　1/16
印　　张	16.75
插　　页	1
字　　数	280 千字
版次印次	2022 年 8 月第 1 版　2022 年 8 月第 1 次印刷
定　　价	68.00 元

目　录

上编　保险受益人构成论

下编　保险受益人生成论

导论

一、研究背景及意义

（一）研究背景

常言道："天有不测风云，人有旦夕祸福"。人类一直在同天灾与人祸等各种各样的风险进行着艰难曲折的斗争。保险制度就是人们在与各种风险抗争过程中总结并进而发明出来的一种科学、合理和有效的抗争武器。作为一种风险管理系统，保险经由保险人汇集危险共同体面临的同种危险而将发生于危险共同体个别成员身上的危险分散于共同体全部成员，以此践行着"我为人人，人人为我"的互助共济理念。保险之理念与中国传统文化所倡导的"助人者，人恒助之"和"福往者福来"的精神如出一辙。但在道德浸润下基于自觉的互助共济，践行者寡，效果亦甚微。因为互助共济需要人们的自省与自觉。然而大多数人基于风险的偶发性而怀有类似"囚徒困境"中的心态。因此，保险的出现，使基于自觉的少数人的互助共济行为，借由契约的纽带而实现了规模化和普及。因此，像地震、泥石流、洪灾、航空灾难、海难等严重的风险损害后果，借由保险和再保险等制度安排而消弭于无形。因此，保险制度不愧为人类的一项重大制度创造和技术发明。

现代市场化的保险在我国起步于改革开放，历经四十余年，已经有了长足的发展。数据表明，自中国成为世界第二大经济体以来，保险费收入亦同步增长而排名世界第二；但是，就保险深度和密度而言，与保险市场发达的美国、英国、德国和日本等国相比，还相距甚远。

保险以被保险人为保障对象，因被保险人是作为保险标的之财产及其有关利益和生命、身体、健康之权利人，即对保险标的具有保险利益，而因保险事故受到损失的人，对保险人享有保险给付请求权，包括保险事故发生前持续、稳定获得保险保障和保险事故发生后获得保险金给付之权利。然而在以被保险人之死亡为保险事故或保险给付条件之保险中，被保险人因死亡而丧失其权利主体资格，因此有设立以第三人为保险受益人而代替被保险人受领保险给付的需要。由此，以被保险人和第三受益人构成了保险契约利益的受益主体，被保险人为保险契约利益之原权利人或法定第一受益人，由其指定的第三受益人为保险契约利益的继受取得人。因此，从宏观的保险市场到微观的保险契约，固有受益人之被保险人和派生受益人乃保险契约之受益者。基于此，保险法的立法及其完善应围绕被保险人和保险受益人展开，方能使保险的功能、保险法的立法宗旨和以人为本的价值目标得以实现。因此，在保险契约的订立、变更，尤其是理赔阶段，锁定被保险人和保险受益人这一关键，顺利确定保险给付对象并实现高效理赔就有了保证，并可就此改变人们对保险所持的"投保容易、理赔难"的消极印象。

为了保障和促进中国保险市场的繁荣和健康发展，保险立法的健全和完善就是一个极其重要的先决条件。而保险法的主要功能就在于规范保险契约关系，保护受益人——被保险人（法定受益人）及其指定受益人的利益。中国要建设保险大国和保险强国，需要以健全完善的保险法治为保险业发展提供法律制度供给。而保险法治的健全和成熟完善需要以相应的保险法理论研究的繁荣、成熟为先决条件。中国大陆学界对保险受益人之研究尚未深入，亦难谓成熟。比如，对保险受益人是否仅限于人身保险；作为保险受益人，应具备哪些要素，如是否须具有保险利益；被保险人可否将其宠物指定为保险受益者；保险受益人的生成途径及其内在机理是什么；保险受益人指定与变更的性质、形式、生效之时点以及被保险人为保险给付利益之处分的权利的性质等一系列问题之关注和研究，或未涉及，或有待深入。一般社会大众对保险受益人的理论认识就更加模糊。因此，准确理解保险受益人乃保险人顺利确定保险给付对象和实现保险契约目的之关键。而占有相当比例的保险纠纷案件之发生，原因就在于对保险受益人之模糊认识或错误理解。

基于上述，笔者在攻读博士学位时即以保险受益人作为博士学位论文之选题。在笔者毕业后的十多年期间，我国《保险法》几度修改，相关司法解释也相继出台多部，从而导致论文某些地方已显不足而须重新修改。2017年，笔者有幸获得国家社科基金后期资助。而经过多年沉淀，在原论文的基础上，笔者又有了诸多新的认识，甚至于某些地方否定了论文中原有的观点。笔者试图通过后续研究而呈献给读者一部从体系到内容较为完整的论著。

（二）研究意义

欲通过本课题之研究为保险法理论提供关于保险受益人之系统性研究成果，以丰富保险法理论研究的学术园地：①力图实现对保险受益人概念的科学和准确的界定，同时试图廓清受益人与被保险人、受益人与投保人（要保人）之关系以及受益人与保险人之关系，此乃保险契约关系之枢纽而为保险契约法调整之重点；②为当下和将来进行的我国《保险法》之修订和完善提供参考意见和建议；③为社会大众和保险契约主体正确理解保险受益人并积极和有效寻求保险保障提供理论与实务上的帮助；④为保险业顺利展业和理赔提供理论参考和实务帮助；⑤对保险受益权的性质进行较为清晰和准确的界定；⑥为保险纠纷的司法处理，尤其是围绕保险金的归属而发生的争议提供有价值的裁判参考。

二、研究现状

（一）国内研究现状

在国内保险法学界，尤其是中国大陆保险法学界，对保险受益人的研究尚有待深入和拓展，系统性的研究成果也未出现。截至目前，专门以保险受益人为研究主题的博士学位论文和学术专著尚未出现。经检索，以保险受益人为关键词的期刊论文20篇左右。其中，发表于中文核心期刊的论文尤为少见，发表于C刊的论文则更为罕见。近几年，以保险受益人为选题的硕士学位论文有所增加，但经过检索，数量在10篇左右，且大多篇幅有限，基本在30页左右。这些学术成果所参考的文献大多限于中国大陆和台湾地区的中文文献，研究内容和范围抑或存在重复雷同之处，研究入细入深者甚少。关于保险受益人的基本知识大都在中国大陆和台湾地区的保险法教科书中有所阐述，但以专节做出介绍和论述的则无。以下就保险受益人的研究成果及其内容和观点综述如下。

第一，关于保险受益人存在的保险领域或险种范围，以人身保险受益人说为主流观点。人身保险受益人说主要源自中国大陆和台湾地区以及域外的法律规定，尤其是直接对保险受益人概念性的规定。在人身保险受益人说中又包括"人身保险受益人""人寿保险受益人""死亡保险受益人"三种观点。中国台湾保险法学者江朝国倾向于认为受益人仅存在于以被保险人之死亡为保险金给付条件的人身保险。[①]中国大陆学界关于受益人适用的保险领域或险种范围，基于《中华人民共和国保险法》受益人的界定而形成人身保险受益人之通说。

关于财产保险是否存在受益人的问题，学界大多持否定见解；持肯定见解者，如中国台湾学者郑玉波、袁宗蔚和陈顾远等。

第二，保险受益人是否仅限于第三人（指定或法定），学界大多持肯定见解而似成通说。将被保险人归入受益人范畴的观点寥若晨星。在英美保险法理论上，有把指定的受益人称为第三受益人（third party beneficiary）之说，言下之意则表明有第一受益人（first party beneficiary）之存在。而第一受益人非被保险人莫属，因被保险人乃固有、法定之保险给付请求权人。[②]若投保人将自己指定为受益人，为避免道德危险、尊重被保险人之人格权和自由意志，应征得被保险人之同意。在此，相对于固有和法定保险给付请求权人之被保险人，作为受益人的投保人仍属于第三人。

第三，关于非人类之生命有机体之宠物是否可以作为保险受益主体的问题，国外早就有将宠物指定为遗产继承人、信托受益人或保险受益人之事例。在我国现实生活中，随着人们物质生活水平的提高以及对精神生活的追求和对动物的关爱，养宠物的人越来越多，宠物俨然已成为其所在家庭的成员而被亲切地称为"儿子""女儿""宝贝"等，不一而足。但在中国，目前尚未出现将宠物指定为保险受益"人"的事例。因此，这一问题在学界尚未进入学术视野。笔者以为，这种情况主要是因相对封闭的成文法体系的排异性和法学理论体系的相对保守性而抑制了人们的此种念头。因为作为动物特殊一族之宠物并不是法律上的主体。随着智能机器人"索菲亚"获得沙特公民身份之事广为人知，中国学界也随即出现了对人工智能机器人作为法律主体的研究。值此情形，在我国，宠物被指定为保险受益"人"之现象将不是天方夜谭。然而针对这一问题，我国法学界尚未有前瞻性的理论研究。由此，笔者特将宠物可否作为保险受益"人"的问题纳入研究的范围而加以探讨。

第四，保险受益人之资格是否有限制，或者保险受益人应具备哪些要素？对此论题，学界普遍认为，受益人无任何限制，无论自然人、法人和

---

① 参见江朝国：《保险法基础理论》，中国政法大学出版社2002年版，第115、135页。

② 参见《中华人民共和国保险法》第12条第5款；中国台湾地区《保险法》第4条。

非法人组织皆可。若为自然人者，亦无行为能力上的限制。笔者认为，此处所谓受益人无限制，其实质是指，首先受益人作为民事主体，无类别限制，而非指作为受益人无任何条件限制，尤其在特殊情形下，受益人应具备某种要素。对于法定第一受益人之被保险人而言，因其乃对保险标的享有财产权或人格权之主体而当然具有保险利益。撇开法定第一受益人不论，单就第三受益人而言，其是否应具有保险利益，学界持肯定见解者寥寥。中国台湾学者施文森在其著述里有时提到受益人须具有保险利益，但并未将其观点贯彻于其著述之全部。中国大陆和台湾地区以及大陆法系国家之保险法几乎都规定投保人对保险标的须具有保险利益，但实为对指定受益人应具备要素条件的误解。因为，若投保人于订立保险契约时将自己作为受益人，尤其是以死亡为保险金给付条件时，必须征得被保险人之同意，否则合同无效。实则此时的投保人，仍第三受益人，只不过与投保人相重合而已，即保险法上所谓的"投保人亦得为受益人"，否则要求其具有保险利益毫无实益。因为这种情形下并不存在诱发道德危险之可能。在投保人指定第三人为受益人之场合，为避免道德危险，同样要求受益人对保险标的的具有保险利益（或因财产法律关系和身份法律关系而于保险契约订立时即已经存在保险利益），即使该第三人与保险标的的于订立合同之前不具有前述法律关系，而通过被保险人之事先（隐藏性）授权于投保人，或订立合同时乃至合同成立之后取得被保险人同意或追认而使受益人取得了保险利益，只是受益人具有保险利益的时间有先后之别，取得的原因各有不同而已。因此，笔者特将保险受益人与保险利益之关系，即受益人是否须具有保险利益之问题加以研究。

第五，关于保险受益人生成的途径或确定的方式、方法，中国台湾学者梁宇贤、林群弼等归纳有四项，即约定、指定、推定和法定。中国大陆保险法学者以及保险学学者对此没有做过专门的研究和归纳。第三受益人对保险人享有保险金给付请求权，是因为被保险人对其保险金给付请求权（保险给付请求权之一部分）之处分，而该权利是被保险人固有和法定权利之显形部分（隐性部分为保险合同生效至保险事故发生前持续而稳定获得保险保障的权利），一旦保险合同生效，该权利随之产生，只不过是借助保险合同而现实地产生，并进而成为保险人给付义务之对价。因此，在业已生效的保险合同框架下，被保险人将其保险金给付请求权授予第三人，除法律有特别规定外，原则上无须保险人同意；只是非将受益人之指定通知保险人者，不能对抗保险人。对于被授予保险给付利益的受益人而言，多为无对价而纯获利益，因而事先也无须征得受益人同意，只是若该处分行为不符合其意愿的，其可以拒绝接受。因此，第三受益人产生的依据和途径并不必通过要约与承诺之契约行为。虽然形式上关于受益人指定之条款体现在保险契约或保单，但并非、亦不必经保险人承诺而产生，而且被保险人完全可于保单之外单独以其他形式（如遗嘱）完成。因此，受益人"约定"说并不符合保险契约法法理，也与保险实务惯例不符，因此所谓的约定实为指定。

就受益人之"推定"而言，是指因为没有指定受益人、受益人指定不明或有疑问时所做的推断以确定受益人之方法。但推定何人为受益人，无非投保人和被保险人以及他们的继承人。首先就投保人而言，合同若未将其指定为受益人或有疑问而无法确定时，不应将其推定为受益人。因为在此种情况下，与未指定受益人无异，保险给付利益仍归属于被保险人或回归被保险人；若将投保人推定为受益人与法律规定不符，既不符合法理和逻辑，也会引发道德危险。既然投保人不应被推定为受益人，其继承人当然也无道理被推定为受益人。因而在此情况下，保险给付利益仍归属于被保险人无疑，只是原路返回，物归原主而已。而被保险人最终作为保险给付请求权人，该权利既是其固有权，也是法律基此确认的权利，何须推定？在保险金给付请求权回归被保险人后，若被保险人已经死亡的，保险金无论作为遗产或其性质仍为保险金，按照继承法之法定继承顺序而由继承人受领保险金之给付，这种方法并不是推定，而属于法定。至于这种情况下受领保险金给付之人是法定受益人还是法定继承人，则需视保险法是否将保险金作为被保险人之遗产而定；若为遗产，则取得人不是受益人，而是继承人。

就保险受益人生成途径之"法定"而言，以中国台湾学者为主，另有部分中国大陆学者，认为所谓受益人之法定是指保险金作为遗产而由被保险人之继承人取得之情形而言。亦如前述，只有保险金非作为遗产而仍为保险金并依法由被保险人之继承人或受益人之继承人受领的，宜可称之为法定受益人。而中国大陆和台湾学者并未把对保险给付利益享有固有权利之被保险人作为法定受益人。因此，受益人产生或确认的途径只有指定和法定两种，应无所谓约定或推定。

第六，关于受益人指定与变更的主体，即指定权人和变更权人究竟为何人，有被保险人说、投保人说以及投保人和被保险人共同指定说等三种主要观点。对受益人之指定权人和变更权人之所以存在多种观点，盖因英美法系保险法和大陆法系保险法人身保险契约关系体制分别采"二分法"和"三分法"之故。在"二分法"，以被保险人为契约当事人，此外别无投保人之概念；在"三分法"，投保人为契约当事人并承担保险费给付义务，被保险人以其生命、身体和健康为保险标的而享有保险给付请求权。因此，基于投保人和被保险人分享和分担一方当事人之权利和义务，二者于契约中权重之大小以及保险契约之目的等角度综合权衡，笔者认为被保险人为受益人之指定权人和变更权人，投保人基于其契约当事人之地位和便利保险契约之缔结，其指定受益人之权乃基于被保险人之明示授权（事前之明确委托，事后之同意或追认），或通过隐藏性授权（以被保险人未表示反对而视其为默示授权，且以投保人对被保险人具有保险利益为前提）而来。

第七，关于受益人指定与变更的性质，学界均认为属于单方法律行为，但是止步于此而未再进一步分析认定。若再深入追究，保险受益人之指定与变更之性质为处分行为、设权行为、无偿行为和不要式行为等，且此等行为所包含的意思表示无须受益人和保险人受领，即可发生法律效力。

第八，就保险受益人指定与变更的生效要件，即是否须经通知。就单方法律行为的特征而言，只要被保险人将其意思宣示于外，即生效力，通知只是对抗保险人之要件。对此，中国台湾学者如林群弼、郑玉波、等皆持此观点。有中国大陆学者基于保险法对受益人变更须书面通知保险人且须保险人于保险单上批注或附贴批单之规定，认为受益人变更之生效要件为书面形式通知于保险人，且以保险人批注为生效时点。但这种观点不符合单方法律行为的特征，尤其以批注为生效要件者，实为保险人之承诺，如此就使受益人变更成了双方法律行为了。法律之所以如此规定，实为保险人为便宜和稳妥起见（如未及时批注而事后疏忽）而对立法过程施加影响所致。我国之立法，尤其是改革开放早期之立法，几乎都是部门立法，甚至就是各部门利益博弈之结果。后来随着立法对专业性要求的增加，立法机关开始吸收专家学者参与，但专家学者并不能主导立法，部门利益的因素仍或多或少对立法有着一定的影响作用。依法理，既然指定和变更受益人为单方法律行为，意思表示的通知为对抗要件，而非生效要件，那么通知采用任何种形式均无不可。立法之所以要求被保险人以书面形式通知，亦如前述，仍为保险人为自身利益计而影响立法之结果。尤以批注为例，若以此为生效要件，则保险人可以有意拖延批注，而在此期间发生保险事故时，则可以此拒绝承担保险金给付义务。这无疑是给对保险消费者设置的陷阱，显失公平。

第九，（指定）受益人所享有的权利，在保险法理论上通称为保险受益权，而受益权的性质是受益人地位的本质性反映。但关于保险受益权的性质，中国大陆和台湾学界众说纷纭，莫衷一是。江朝国先生根据保险事故发生前后两个阶段而认定受益权的性质。他认为，受益权于保险事故发生后为既得权，与金钱债权无异。对这一点笔者深以为然，学界亦未见异议。对于保险事故发生前受益权的性质，江朝国先生认为："受益人之地位相当脆弱，随时可能遭到变更或撤销指定，故无法称为权利，至多为一种期待。只有在保险事故发生后，或要保人声明放弃处分权后，才固定于受益人而成为其权利，依现行法规定也可能转让。"① 由此表明，保险事故发生前，受益权的性质应根据投保人是否放弃处分权而又有不同。投保人保留处分权的，受益人仅处于一种期待地位而无权利可言；反之，投保人声明放弃处分权的，受益人才享有权利。但江朝国先生并未指出此种权利之性质以及该权利与保险事故发生后之权利性质是否相同。中国大陆学者对于受益权之性质，并不区分保险事故发生前后而笼统论之，因而有认其为期待权或为一种期待，如此断然不能得出准确的结论。

第十，关于保险受益权取得之性质，学界几乎一致认为系原始取得而为固有权。江朝国先生即如是认为。此种观点之缺陷在于，其未区分受益人指定于保险契约生效前后的效果。故笔者认为：受益人指定于保险契约成立生效前的，受益权为原始取得；受益人指定于保险契约成立生效后的，受益权为继受取得，即自被保险人或指定权人处取得。

（二）域外研究现状

经过几百年的发展，在西方发达市场经济国家，尤其是英美等国保险市场已至为发达，保险法律体系已很成熟和完善，所以，涉及保险给付对象——保险受益人的问题似乎是一个不起眼或不会出现问题的问题。国外学界关于保险受益人的研究成果，根据笔者的考察，英文文献中以保险受益人为主题或关键词的学术论文并不多见，专著更是杳无踪影。而关于受益人的概念、基本知识和理论主要见诸于英文保险法教科书或保险法学术专著之中。举其要者，如美国保险法学者基顿、威迪斯（Robert E.Keeton, Alan I. Widiss）所著《保险法：基本原则、法律规则与商事实务指南》（*Insurance Law——A Guide to Fundamental Principles, Legal Doctrines, and Commercial Practices*, Student Edition, 1988.）一书第4章"受保护的人与利益"之第11节"人寿保险"中对受益人之指定与变更、受益人的权利等基本理论与实务问题做了阐述。美国学者克劳福德（Muriel L.Crawford）所

---

① 江朝国：《保险法逐条释义 第四卷 人身保险》，元照出版公司2015年版，第1059页。

著《人寿与健康保险》(*Life and Health Insurance*, McGraw-Hill Companies,Inc. eighth edition, 1998.) 一书第10章"受益人的指定与变更"对保险受益人做了论述,内容主要涉及受益人的指定与变更,受益人的分类及其权利等。加拿大学者诺伍德、韦尔(David Norwood, John P.Weir) 所著《诺伍德论加拿大人寿保险法》(*Norwood On Life Insurance Law In Canada*, Third Edition,Carswell A Thomson Company, 2002.) 一书之第9章"团体保险"第3节"团体保险法"第4目阐述了团体保险受益人的指定,在第10章"保单中的受益人"和第11章"受益人的指定"对受益人的权利、受益人的类别、受益人指定与变更的基本规则、基本知识和理论做了阐述。上述外国学者多是在人身保险中论述保险受益人的。这表明受益人限于人身保险。根据克劳福德(Muriel L.Crawford)对受益人的概念的表述——"受益人是被保险人指定的,在被保险人死亡时领取保单利益的人",其甚至将受益人限于以死亡为保险事故的人身保险。日本学者山下友信认为受益人存在于整个人身保险:"伤害保险合同和疾病保险合同的情形,同样可能存在保险给付请求权人——保险金领取人的问题。这些情形,通常类推适用生命保险合同保险金领取人的法理来解决……"[1]

关于受益人之指定权人和变更权人为何人,英美法系学者认为系被保险人(又称保单持有人)。因英美法系保险法关于保险契约关系体制采"二分法",与保险人相对的另一方当事人为被保险人(insured),该规则将订立保险契约之人吸收或统摄于被保险人这一概念之中。

就保险受益权之性质,英美学者主要以受益人指定方式为可变更和不可变更并结合保险事故发生与否而为判断:可变更受益人对于保单利益仅仅享有一种期待(expectancy),只有在被保险人死亡之时,可变更受益人对死亡保险金的权利才完全成为既得权。不可变更的受益人即时取得死亡保险金的权利。保单所有人非经受益人同意,不得减少或者或损害该既得权利(vested right)。[2]这里的问题是,将可变更受益人于保险事故发生后取得的权利和不可变更受益人于保险契约生效时即时取得保险金之权利都认为是既得权。这两者显然是有区别的,即不可变更之受益人于保险事故发生前对保险金取得的仅是期待权,只有保险事故发生后才确定取得权利,即为既得权。成为既得权之期待之因素就是保险事故的发生。因此,可变更与不可变更受益人于保险事故发生后均取得既得权,仅在保险事故

---

[1]　[日]山下友信:《保险法》,有斐阁2005年版,第487页。

[2]　Muriel L.Crawford, *Life and Health Insurance Law*, McGraw-Hill, Companies, Inc. 8th edition, 1998, p.200.

发生前而存在区别，即分别为对权利之期待和期待权；期待无权利之实益而不受法律保护，期待权则受法律保护。

就受益人指定的限制或受益人应具备的条件，美国学者归纳有如下几种：①受益人应具有保险利益；②夫妻共同财产制下，以夫妻共同财产之一部购买保险的，作为被保险人的配偶一方未经另一方同意而指定第三人为受益人的，受益人的指定通常仅在保险金一半的额度内有效，即配偶对保险金之一半享有请求权；③未成年被保险人订立的保险契约指定的受益人只能是该未成年人自己或其近亲属：父母、配偶、兄弟、姐妹、孩子，或该未成年人的祖父母；④团体人寿保险之被保险人通常不能将该团体险保单之购买人指定为受益人。

日本学者以日文所著教科书中有关于保险受益人之阐述，如山下友信所著《保险法》（有斐阁2005年版）第3章"人身保险契约与保险给付义务"第7节对保险受益人进行了阐述。在这一部分，山下友信之主要观点有：①保险受益人存在于人身保险，即：除人寿保险外，伤害保险合同和疾病保险合同同样存在保险给付请求权人——保险金领取人。②受益人指定与变更之性质为单独行为，是无相对人的意思表示，于该行为完成或意思表示做出时即发生效力，指定或指定变更的通知仅具有对抗保险人之效力。③在受益人之指定有疑义时，对其解释，不应采用"尽可能探求真意"的单方行为（以遗嘱为典型）的主观解释方法，而应采用"合同中体现的且为相对人（保险人）所认识到的"客观解释方法。④关于受益权取得之时间和取得之性质，依指定权人是否保留指定变更权而定：合同当事人放弃指定变更权的，受益人无须受益的意思表示在指定之时就立刻取得权利，是以保险事故的发生为停止条件的权利。在保留指定变更权的情形，因指定权人可以随时以单方意思表示变更受益人，故于保险事故发生前，受益人还未取得附条件之权利，而只处于对权利之期待中。

三、研究范围与方法

（一）研究范围

首先，就保险受益人本身而言，本书的研究视野辐射至保险之全部领域，包括人身保险和财产保险；就研究的中心而言，主要围绕保险受益人而展开，并自然或必须延及于保险契约关系的其他主体之被保险人、投保人以及保险人。

其次，就研究的内容而言，主要由两编构成，即保险受益人之构成和保险受益人之生成。前者包括保险受益人的概念的研究、保险受益人存在的保险范围的研究、保险受益人样态的归纳、对新样态的前瞻性研究和保险受益人的要素（尤其是保险利益）等问题的研究。对后者保险受益人生成之研究，通过分析和推理涤除理论上似是而非的所谓保险受益人生成途径之推定和约定，将保险受益人生成之途径聚焦于指定、指定的变更和法定。在此部分重点研究保险受益人指定和变更的主体、指定权和变更权的性质、指定和变更的性质、指定和变更的形式、指定和指定变更的效力（包括受益人的权利及其性质）等。此外，就受益人的法定类型和原因等进行研究。

再者，对研究所依凭的法律文本主要着重于中国大陆和台湾地区保险法及司法解释。此外，以大量外国法律规范和判例为参照和分析素材。其中，大陆法系以德国、法国和日本等国之保险法及司法判决为主要参照，英美法系以英国、美国、加拿大等国之制定法和判例为参照和研究素材。

最后，就研究所涉及的相邻法律部门和法学理论学科而言，包括民法及其理论、商法及其理论、法理学、比较法、法经济学和保险学等。

（二）研究方法

本书综合运用了法解释学、法经济学、比较法和实证分析等研究方法。在各章所涉具体问题的研究中，则会侧重使用某一方法，辅之以其他方法。

法解释学，主要包括对现行法之描述、对现行法从事法概念体系研究，以及提出解决疑难问题的建议。运用法解释学的研究方法有助于对现行法的体系化理解和把握，从而促进对现行法的研习和实施；可以为法律的实施和个案的处理提出适用的法律见解，以期能得到同案同判之结果，并形成一体遵循之规则，为裁判的可预见性和法的安定性提供助力；能为特定法律问题贡献可供检验并具有说服力的解决方案，为法学研究和司法论证减轻负担[1]；为使现行法"适应社会变迁，应为深刻的批评创造条件，发现矛盾，解决冲突，探寻符合体系的新的合理解决方法途径，而期革新和进步"[2]。基于上述，法解释学为法学研究和法律实践提供多样可供选择的法律见解，开辟新的思考方向而为法学之任务。正是基于法解释学诸多功

[1] 参见王泽鉴：《人格权法》，北京大学出版社2013年版，第11页。
[2] 王泽鉴：《人格权法》，北京大学出版社2013年版，第11~12页。

能，本文从保险受益人规范的文义解释出发，或综合或交替或侧重采用体系解释、历史解释以及目的解释等方法以寻求保险受益人规范体系的内部统一和协调，从而实现法律规范的宗旨。

在遇有法律规范之间矛盾和冲突而不能通过体系解释、目的解释和历史解释等方法而求得法律规范内在体系的统一与体现法的正义性时，运用比较法可以为解决眼前问题提供有价值的借鉴与参考。

比较法是法学研究历久弥新的一贯方法，自然为本书所采用。比较法本质上是将一个国家与另一个国家的法律进行比较，以发现彼此的共同点和差异，以取人所长和补己之短。其目的就是借此学习他国法的先进经验，包括先进的立法技术、先进的法治理念以促进本国法治的进步。中国改革开放而融入世界经济体系的四十余年，也是全球化形成和日益深化阶段，尤其是全球经济深度融合的一体化阶段，比较法的作用也愈加显著。货比三家，方知道哪家的货物价廉物美。因此，没有比较，不知优劣。比较法的功能与目的也与这种朴素经验和方法具有相同效果。"法律是组织或控制社会与社会变革、追求社会目标的工具。由此，只要不同的法律体系面临相同的问题，比较法的功能方法显然就能针对哪种规则更优越的问题提供简便的回答。"①事实上，中国改革开放以来的法治建设和法学研究，尤其是民商事立法体系的形成和理论研究成果绝大程度上应归功于比较法的运用。

法律和经济具有天然密不可分的联系，故而法经济学的方法亦为本书的研究所采用。法经济学，或法律的经济分析、法律与经济学，是将经济学的有关理论和方法用于法学研究和法律现象分析之学说。法与经济学之交集在于，包括立法和司法等之一切法律活动，事实上都发挥着对有限资源的分配作用。因此法的价值目标就是对资源的合理配置和效率最大化之利用。以此而论，一切法律活动皆可以经济学之方法予以分析和指导。②罗伯特·考特和托马斯·尤伦在阐述以微观经济理论为工具研究法律问题的理由时指出："法律所创造的规则对不同种类的行为产生隐含的费用，因而这些规则的后果可当作对这些隐含费用的反应加以分析，据此，我们认为诸如最大化、均衡和效率之类的经济概念是解释社会，尤其是解释理性

---

① ［德］尼尔斯·詹森：《比较法与比较知识》，吕亚萍 译；载［德］马蒂亚斯·赖曼、莱因哈德·齐默尔曼 编：《牛津比较法手册》，高鸿钧 等译，北京大学出版社2019年版，第311页。

② 参见《法经济学：用经济的方法分析法律活动》，百度文库，https://wenku.baidu.com/view/77c0aef90342a8956bec0975f46527d3240ca6bf.html?fr=search。

的人们对法律规则的反应行为的基本范畴。"[①]以保险法为重要组成部分的商法，作为规范市场经济的法律部门，以效率优先和兼顾公平的价值追求与经济学的成本、效率（如帕累托最优）和均衡等分析方法和目标追求高度契合。保险市场是保险经济学和保险法学共同研究的对象。因此，法经济学的方法也非常适合作为保险法的研究方法。

保险法是理论性和实践性色彩皆很浓厚的法律部门和法学分支学科。因此，将理论与实践紧密结合乃保险法理论的主要研究方法。实证分析即为理论联系实务这一方法的具体表现。它是认识客观现象，向人们提供实用、可靠、精准的知识之研究方法。[②]实证分析的意义在于：①探索客观事物运动的规律和内在逻辑。②从客观事物所得出的研究结论具有客观性，并以经验和事实检验之。[③]作为商法重要组成部分之保险法以调整和规范保险关系为己任，相对于保险业市场化和国际化发展的步伐和趋势，其滞后性显而易见。一方面，保险法的立法和理论研究必须与时俱进，密切关注保险实务，洞察保险市场和预测其未来趋势；另一方面，以中外保险司法实务中之典型案例为研究素材，同时以理论解释和分析相关判例，以实现理论与实践的良性互动。

四、研究思路与成果

（一）研究思路

本书以保险受益人为研究对象，以保险受益人概念为出发点，借助保险受益人的法律规范和理论阐释的差异去发现其背后潜藏的问题：保险受益人是否仅存在于人身保险？财产保险真的不存在受益人吗？成为保险受益人，真如学界通说所言不受任何限制或无任何条件？尤其是，保险利益是否是保险受益人应具备的条件？保险受益人的现有样态或类别有哪些，是否会出现某种新的样态？保险受益人生成途径或确定的方式、方法有哪些？将上述诸多问题归纳起来，可抽象出两个核心问题，即：①从静态之

---

① ［美］罗伯特·考特、托马斯·尤伦：《法和经济学》，张军 等译，上海三联书店1994年版，第13页。

② 参见张力丹：《中国制造业企业对外投资模式选择》，西南财经大学2018年博士论文。

③ 参见刘敏君：《地方高校经费投入与教学科研产出实证研究》，山东科技大学2018年硕士论文。

角度观察，保险受益人如何构成？②从动态之角度观察，保险受益人如何生成，其生成途径及理论根据是什么？若将这两个核心问题研究清楚了，保险受益人究竟是什么也就明确了。循此思路，本书由保险受益人构成论和保险受益人生成论两编构成。上编从保险受益人概念之法律界定和学术表达的差异顺藤摸瓜而发现和提出保险受益人存在的保险领域、保险受益人构成之样态、保险利益对保险受益人之要求和规制、保险受益人之类别如何归纳等问题。保险受益人的生成途径和生成机理以及法理基础等问题，顺理成章地成为下编之内容。其包括：受益人生成途径或确定的方式、方法有哪些？各种途径或方式、方法产生何种效果？如果用一句话来概括本书之主题就是：保险受益人是什么、应是什么以及如何成为保险受益人。

（二）研究成果

本书之主要创新可以归纳为如下几点：

①本书是截至目前对保险受益人进行系统研究的抛砖引玉之作，难免存在诸多瑕疵和不足，但书中某些观点具有开拓性和一定程度的前沿性。

②假设被保险人将宠物作为保险受益主体所引发的保险实务、保险司法和保险法理论问题，通过探寻私法主体的产生、发展和演变的轨迹，揭示其规律，将私法主体创制技术的成熟性、被保险人意思自治的合理性与正当性同世俗社会人的思想观念、法律体系和法学体系的相对封闭性、排异性进行对比分析，从技术、逻辑和理论等方面考虑，以宠物为保险受益主体不存在问题，作祟的是人们的观念。退而求其次，眼下可以找到的问题的突破口或者因应的妥当的方法：在个案中采用英美法系判例法的司法方法处理和解决此等问题，即在现有法律体系和法学体系之外另辟蹊径。这一思路具有开创性和新颖性。

③观点之破旧立新。通过分析现行法和理论关于保险利益存在主体及存在时际之漏洞及其弊害，从保险利益之功能、保险实务惯例及他国之立法例等方面的论证得出结论——保险利益存在的价值和关键就是对保险受益人之要求和行为的规范。

④对保险受益人的指定、变更的性质，以民法之法律行为理论进行深度剖析，在现有之单方法律行为观点之基础上，经进一步分析后认为，其尚具有处分行为、设权行为、无偿行为、不要式行为等特征。

⑤在受益人之权利，即保险受益权性质的研究上，以保险事故发生或保险期满为时间界线，着重研究保险事故发生前受益人之地位，结合受益人的指定方式、保险险种、保险契约利益的种类等为具体考量因素以界定

受益权的性质，结论是保险受益权或为期待权，或为权利之期待。

　　⑥在保险受益权取得的性质上，以保险契约成立生效为节点而具体分析，在保险契约订立之际指定之受益人，于保险契约生效时即时取得受益权，因而为原始取得；于保险契约生效后指定之受益人，乃从法定第一受益人被保险人之处取得，故而为继受取得受益权。

　　⑦在体系结构上，本书采用编章之结构，全书由富有对称性和逻辑性的上下两编构成，各编又由若干章构成；于外结构合理、形式美观，于内逻辑自洽、思路清晰。

　　因受物质、技术以及时间等条件之限制，论文并未穷尽保险受益人之所有问题，如对保险受益人的权利之研究，在广度和深度上尚有欠缺，对受益人的义务则未涉及。对此，笔者将考虑今后做进一步研究。目前所呈现之拙作，若能对保险受益人之深入研究起到抛砖引玉之作用，乃笔者所期待和乐见之事。

上编
保险受益人构成论

引论

世界各国和地区保险法及理论上保险受益人概念的界定和表述并不一样。第一，在保险业务范围或险种上，有的国家或地区的立法和理论上保险受益人概念仅适用于人身保险，甚至更局限于以死亡为保险事故或保险金给付条件的人身保险；有的则不限于人身保险，即在财产保险也有受益人概念的适用。第二，在保险受益人的身份上，有的国家或地区的立法和理论上将保险受益人仅限于第三人，投保人、被保险人并不属于受益人。第三，在保险受益人的样态上，以判例法为主要法源的英美法系国家及其理论上，保险受益人除自然人、法人和非法人组织之外，动物，尤其是宠物亦可为保险受益主体，有时甚至物亦可作为受益主体；而在以制定法为法源的大陆法系国家，因其民事主体类型的法定化及因此而产生的其既定体系的封闭性和排异性，除民事主体之自然人、法人和非法人组织可以作为保险受益人之外，非民事主体的宠物或其他动物，断然不可能作为保险受益主体。但是，在人与动物关系日益亲近的背景下，若有人将宠物作为保险受益主体，保险人将如何应对？在保险关系出现纠纷的情况下，司法机关又将如何处理？对于以制定法为法源的中国来说，这将是立法、司法、保险业和保险法理论不得不面对的理论和现实问题。倘若出现此等问题，我们当然不应采取鸵鸟一样的应对之策。第四，在保险受益人的资格或条件上，无论是英美法系还是大陆法系的立法和理论上，大多认为保险受益人无资格或条件限制。即使将固有或法定受益人的被保险人排除在外，指定或法定的第三受益人大多与被保险人之间存在基于血缘或姻亲关系而产生的身份关系，或者存在基于债权债务关系而产生的财产关系。这些关系正是保险利益存在的基础或产生的原因。保险利益作为保险利益原则之内核，其功能就在于防止赌博、防阻道德危险和限制赔偿额以避免不当得利，而其功能作用的对象就是保险事故发生后领取保险金的人；领取保险金的人除了固有或法定受益人之被保险人以外，就是指定或法定的第三受益人。基于此，保险受益人是否应具有保险利益而以此为保险利益原则发挥调整功能的基石？第五，本编最后一章将以前面四章所讨论的问题为基础，并在总结现有理论上保险受益人类别和法律上所规定的类别之外，从不同角度对保险受益人的种类进行较为全面的分析和归纳。

若将本编各章所讨论的诸问题有机联系起来，就是保险受益人概念的内涵和外延所涉及的问题。因此，本编各章的论述即围绕上述诸问题展开。

第一章　保险受益人概念之比较法表述

一、中国法保险受益人概念之表述

（一）保险受益人概念的法律表述

《中华人民共和国保险法》（2015年）（以下简称《保险法》）第18条第3款规定："受益人是指人身保险合同中由被保险人或者投保人指定的享有保险金请求权的人。投保人、被保险人可以为受益人。"[①]

中国台湾地区《保险法》第5条对保险受益人概念的表述是："本法所称受益人，指被保险人或要保人约定享有赔偿请求权之人，要保人或被保险人均得为受益人。"[②]

中国澳门特别行政区《澳门商法典》第965条第3款将保险受益人简单地表述为："保险受益人系指保险人之给付之对象。"[③]

中国香港地区或许是因为沿袭英美法系之判例法特色，不以概念之抽象归纳见长，因此立法文件中未见保险受益人概念之表述。

[①]　参见《中华人民共和国保险法》（2015年）（以下简称《保险法》）第18条第3款。《保险法》自1995年6月30日第八届全国人民代表大会常务委员会第十四次会议通过，分别于2002年10月28日第九届全国人民代表大会常务委员会第三十次会议、2009年2月28日第十一届全国人民代表大会常务委员会第七次会议、2014年8月31日第十二届全国人民代表大会常务委员会第十次会议和2015年4月24日第十二届全国人民代表大会常务委员会第十四次会议进行了四次重大修订，关于受益人的立法表述一直未变。

[②]　现行于中国台湾地区的《保险法》由旧中国国民政府制定的1929年的《保险法》和1935年的《保险业法》合并于1957年，最近于2001年6月28日修正。

[③]　参见中国政法大学澳门研究中心、澳门政府法律翻译办公室 编:《澳门商法典》第三卷（企业外部活动）第十八编（保险合同），中国政法大学出版社1999年版，第267页。

（二）保险受益人概念法律表述之异同与问题

1. 中国大陆和台湾地区法律中保险受益人概念之分析

由上述规定可以看出，海峡两岸保险法对保险受益人概念的表述大同而小异。海峡两岸关于保险受益人表述的相同之处主要为：①保险受益人由被保险人或投保人（要保人）于保险合同中指定（或约定？）；②除指定之外，均未言及保险受益人产生的其他方式；③保险受益人享有保险金请求权（或赔偿请求权？）；④保险受益人可以是第三人，也可以是投保人或被保险人自己；⑤保险受益人的指定权人包括被保险人和投保人（要保人），并在顺序上将被保险人放在投保人之前；⑥在被保险人和投保人作为受益人时，投保人（要保人）则被置于被保险人之前。

海峡两岸保险法在保险受益人概念表述上的不同之处主要为：①中国大陆保险法将受益人限定于人身保险合同，而中国台湾保险法则无此限定；②中国大陆保险法对受益人的确定方法叫"指定"，而中国台湾保险法则谓之"约定"；③中国大陆保险法将受益人对保险人享有的权利叫"保险金请求权"，而中国台湾保险法则谓之"赔偿请求权"。

2.《澳门商法典》保险受益人概念表述之不同

《澳门商法典》关于保险受益人概念表述与海峡两岸保险法之表述的显著不同是：其表述的方法是以受领保险金之结果来概括或认定保险受益人，那就意味着，凡实际取得保险金的人，无论是财产保险还是人身保险契约之当事人、当事人之继承人以及第三人（包括指定受益人、保险单之受让人和质权人、保险标的之受让人或抵押权人、责任保险之受害人等）均为保险受益人；而中国大陆和台湾地区保险法则是从因果关系之角度来界定保险受益人，即受益人是因被保险人或投保人（要保人）之指定（约定）而产生，其结果是被指定的受益人因指定而享有保险金请求权或赔偿请求权。其他不同之处有，《澳门商法典》未指出受益人存在的保险领域。因此，在中国大陆和台湾地区保险受益人概念表述的方法比较准确、科学，至少能给人以较完整的概念式理解。

3. 海峡两岸保险法关于受益人概念表述之差异与问题

①保险受益人生成途径之一的被保险人或投保人（要保人）的"指定"或"约定"是否具有相同的含义？②被保险人和投保人作为指定受益人之指定权人，其享有的权利是否不分伯仲？该权利存在的根据是什么？③当被保险人和投保人就受益人之指定意见不同时，谁有决定权？④保险受益人除指定（或约定）而生成外，有无其他生成途径或方式？⑤被保险人或

投保人（要保人）可以为受益人，两者各自成为受益人的途径是什么？根据是什么？⑥保险受益人是否仅存在于人身保险？财产保险有无受益人？⑦“保险金请求权”或“赔偿请求权”含义有无不同？若实质相同，何者更为允当？⑧成为保险受益人的一般条件是什么？有无特别条件限制？如受益人是否为保险利益之存在主体或规范对象？⑨宠物能够被指定为保险受益主体吗？若被保险人将其宠物指定为保险受益主体，保险人应否接受？若因宠物为受益人的指定引起的纠纷，法院是否应当受理以及受理后对该指定的效力如何裁判？

上述关于受益人的一些系列问题，将在后续编章逐一进行论述。

二、域外法保险受益人概念之表述

大陆法系国家之商法或保险法大多没有关于保险受益人定义式的规定。《日本保险法》将保险受益人称作“保险金受取人”。该法第2条第5款规定：“保险金受取人，由生命保险契约或伤害疾病定额保险契约所规定的受领保险给付之人”[1]。有中国大陆学者将其翻译为“保险金额受领人”，[2]但大多将其翻译为“保险金受益人”或“保险金受领人”。《日本保险法》这一表述表明，保险受益人仅存在于定额给付型人身保险，损害保险（包括财产保险和非定额伤害疾病保险）不存在受益人；该表述未指出保险受益人的指定权人；保险受益人的产生或确定的方式仅有指定，没有法定及其他途径。

《欧洲保险合同法原则》（PECIL）将保险受益人定义为：“‘受益人’是指根据定额保险受领保险金的人。”[3]

其他大陆法系国家之保险法或商法虽有保险受益人之术语（term），但并未有明确的解释。如《韩国商法典》保险编[4]、2008年《德国保险合同法》[5]和2005年《法国保险合同法》等均未对保险受益人以概念性解释。

---

① ［日］山下友信：《保险法》，有斐阁2005年版，第80页。岳卫 译：《日本保险法》第2条第5款；载尹田、任自力 主编：《保险法前沿》，2012年第1辑，第221页。

② 王书江、殷建平 译：《日本商法典》第三编商行为第十章之保险，中国法制出版社2000年版。

③ 《欧洲保险合同法原则》（PECIL）第二节“一般规则”第1:202条“更多定义”之（2）。

④ 参见崔吉子、黄平 译著：《韩国保险法》，北京大学出版社2013年版，第262~277页。另参见吴日焕 译：《韩国商法典》第四编保险，中国政法大学出版社1999年版，第174~197页。

⑤ 孙宏涛 著译：《德国保险合同法》，中国法制出版社2012年版，第61~112页。

以判例法为特色的英美法系国家虽然在商法领域制定法日渐增多，包括保险法在内，英美等国也有制定法，但保险受益人的定义很少见诸于立法中。根据美国学者的著述，受益人为"保单所有人指定的，在被保险人死亡时领取保单利益的人。"①此概念与中国大陆和台湾地区保险受益人概念之表述存在如下差别：①受益人仅存在于以死亡为保险给付条件的人身保险，这是否表明受益人不存在于财产保险和非以死亡为保险给付条件的人身保险？②受益人的指定权人为保单所有人（policyowner），而保单所有人即被保险人，并非中国学者所翻译的投保人。保单所有人为英美法系国家之保险实务上所常用，但并不为英美学者所乐于使用，学者趋向于使用"insured"或"assured"，即"被保险人"这一称呼。②③未提及被保险人可以为受益人，表明保险受益人之生成方式只有指定而无推定或法定之情形。

依加拿大《统一人寿保险法》，受益人是利他保险中保单所有人指定的受领保险金之人。③

《澳大利亚1984年保险合同法》（2013年修订版）第一部分序言之11（定义）未有保险受益人之定义。该法第三部分第3章"受益人的指定"也只有"受益人"的术语，而未有概念性的界定。

三、保险受益人概念之学术表达

梳理保险学界与保险法学界对保险受益人概念之学术表达，我们可以看出其表述方式大体有两种：一是以其所属国或地区之法律规定为遵循标准而无其他显著不同，或者只是文字表述稍有不同而无任何实质性差异；

---

① Muriel L.Crawford, *Law & the Life Insurance*, Richard D. Irwin, Inc., 7th edition, 1994, p.242.

② 这段话的原文为 "Often in practice,the person who actually contracts with an insurer is referred to as the policyholder,but this is not a usage that we tend to follow." John Birds & Norma J. Hird, *Birds' Modern Insurance Law*, Sweet & Maxwell, 5th edition, 2001, p.10; John Birds, *Birds' Modern Insurance Law*, Thomson Reuters Uk limited, 10th edition, 2016, p.5. 另一位英美学者解释policyholder的英文表述为："The policyholder refers to the person whose life is insured under the policy.This person is also sometimes referred to as the 'CQV', a merciful shortening of cestui que vie, which means the person whose life is the subject of the policy. 'Owner' refers to the person who purchases the policy and keeps it in force." Jeffrey W. Stempel, *Interpertation of Insurance Contracts*, Little, Brown and Company, 1994, p.360.

③ See David norwood & John P. Weir, *Norwood On Life Insurance Law In Canada*, Carswell A Thomson Company, 3rd edition, 2002, pp. 74~75.

二是不以立法规定为标准而亦步亦趋，而是基于学者自己的理解和研习结果而为相应的表述，但与立法差别之大小因人而异。学者之表述无论与立法规定相同与否，主要立足于两个方面的因素：一是对受益人存在的保险领域或险种理解的差异，即是否认可立法就受益人所作的范围限定；二是对受益人生成的途径理解有异，即是否认可立法将受益人生成途径仅限于指定。基于此，本书将理论上对保险受益人的表述类型归纳而称之为：人身保险受益人说、人寿保险受益人说、死亡保险受益人说（以死亡为保险事故或保险金给付条件）、人身保险和财产保险受益人综合说，即广义保险受益人说（以下简称保险受益人说）；以保险受益人的生成途径或确定方式为标准归纳而称之为：指定受益人说、指定和法定受益人说。这两种标准之间的联系为：若认为保险受益人仅限于指定，则意味着受益人仅限于第三人，亦仅存在于人寿保险或以死亡为保险金取得条件的人身保险中；若认为保险受益人除指定外还有推定或法定者，则受益人存在的范围无限制。本书以下将理论上受益人之表述按保险的范围归类而加以梳理；至于以保险受益人产生根据为标准而所作的归类将在本编受益人的分类和下编相关章节予以论述。

（一）（广义）保险受益人说

由保险受益人之表述可知，在此术语之首并无修饰语加以限制，即受益人存在于保险全部领域之观点。[①] 从这一概念的表述本身可以看出，以保险为前置语而置于受益人之前，表明保险的范围有多大，受益人的存在的范围就有多大。换言之，无论财产保险与人身保险，均有受益人概念存在和适用之余地，即保险受益人就是一终极概念，除此以外再无其上位概念。该说存在的问题是：①未明确被保险人之法定和当然受益人之地位；②虽然肯定保险受益人也存在于财产保险，但往往将其局限于指定之受益人。如施文森先生即以中国台湾地区《保险法》第5条表述其保险受益人之概念，同时认为：除人身保险有受益人之存在外，"在财产保险，受益人须于保险事故发生时受有损害，无损害者或未受有损害者，不得请求赔偿。财产保险单通常未载有'受益人'专栏，多以被保险人为受益人。若保单上曾附载批单，就受益人为指定或声明者，以该经指定或声明之人为

---

① 参见刘宗荣：《新保险法——保险契约法的理论与实务》，中国人民大学出版社2009年版，第66页。

受益人"。^①郑玉波先生指出："在财产保险中亦不妨有受益人之指定……"^②持相同见解的学者还有袁宗蔚^③和陈顾远^④等。

李玉泉先生在解释保险受益人时说："受益人，又称保险金受领人，是指由投保人或被保险人在保险合同中指定的，于保险事故发生时，享有赔偿请求权的人，也即享受保险契约利益，领取保险金的人。"^⑤还有其他中国大陆学者有基本相同的表述。^⑥此表述与我国保险法关于受益人之概念不同仅在于没有"人身保险合同"之字样，虽然其同时又把我国保险法关于受益人之概念紧接着引用于后，但并未作任何评释，后文言及受益人时也并未仅将其与人身保险合同相联系。由此，似可推知，其认为受益人不限于人身保险。保险学学者孙祁祥将保险受益人解释为："受益人也叫保险金受领人，是指在保险事故发生后直接向保险人行使赔偿请求权的人。"^⑦该定义也未将受益人以人身保险加以限定。持此见解者还有徐卫东^⑧等，恕不一一列举。

（二）人身保险受益人说

此说者，即受益人之概念仅适用于人身保险之观点也。人身保险，是指以被保险人的生命、健康和身体之完整性为保险标的之保险。^⑨以此界定保险受益人者，中国大陆学者较多，原因主要在于受我国现行《保险法》受益人概念之影响，而以该法第18条第3款之规定为准。^⑩如王保树先生主编的《中国商事法》一书将受益人表述为："受益人，是指由被保险人或投保人指定，在保险事故发生或约定的保险期间届满时，依照保险合同享有保险金请求权的人……人身保险合同承认受益人的地位……是人身保险

---

① 施文森：《保险法总论》，三民书局1990年版，第25页。

② 郑玉波：《保险法论》，三民书局2003年 修订第5版，第19~20页。

③ 袁宗蔚：《保险学》，三民书局1989年版，第206页。

④ 陈顾远：《保险法概论》，正中书局1977年版，第56页。

⑤ 李玉泉：《保险法》，法律出版社2019年版，第99页。

⑥ 赵旭东：《商法学》，中国政法大学出版社2004年版，第570页；王绪瑾：《保险学》，经济管理出版社2004年版，第66页。

⑦ 孙祁祥：《保险学》，北京大学出版社1996年版，第52页。

⑧ 徐卫东：《保险法论》，吉林大学出版社2000年版，第288~289页。

⑨ 《魁北克民法典》第15章（保险）第2392条规定："人身保险以被保险人的生命、身体完整或健康为标的。"徐国栋主编，孙建江 等译，中国人民大学出版社2005年版。

⑩ 自1995年《中华人民共和国保险法》颁行，历经2002年、2009年、2014年和2015年四次修订，虽然条文顺序有所变动，但受益人的概念的表述并无丝毫改变。

合同为第三人利益而成立的一个显著标志。"①学者邹海林对保险受益人之
表述为："受益人，是指经被保险人或投保人指定，按照人身保险合同约定
对保险人享有保险金请求权的人。受益人为人身保险合同特有的关系人，
投保人、被保险人或者第三人，均可以为受益人。"该表述与现行法关于
受益人之规定一致。②此外，还有尹田③、樊启荣④、马宁⑤、朱铭来⑥等学者
亦持同样见解。

桂裕先生认为，受益人大多限于人身保险契约。⑦中国台湾学者刘宗
荣也认为"受益人"一词只有在人身保险才有其适用。⑧

(三) 人寿保险受益人说

人寿保险，是指以人之生命为保险标的，以人之生死为保险事故之保
险，包括生存保险、死亡保险和生死混合险三种。人寿保险受益人说，即
受益人仅存在于人寿保险，并以之为受益人界定之依据的观点。持此观点
者，如中国大陆学者孙积禄认为："通常情况下，受益人仅存在于人寿保
险合同中，而财产保险合同中不许指定受益人。"⑨美国学者琼斯（Harriett
E.Jones）和朗（Dani L. Long）对受益人的定义是："受益人是被保险人指定
的受领人寿保险之保险金的人或主体。"⑩该说所表述的保险受益人存在的
范围比人身保险受益人之存在范围更窄。

(四) 死亡保险受益人说

持此说者，即受益人仅存在于以被保险人之死亡为保险金给付条件的
人身保险，并以此作为保险受益人界定之依据的观点。该说又分为两种情

---

① 王保树:《中国商事法》，人民法院出版社2001年版，第686页。

② 邹海林:《保险法》，社会科学文献出版社2017年版，第258页。

③ 尹田:《中国保险市场的法律调控》，社会科学文献出版社2000年版，第272~273页。

④ 参见樊启荣:《保险法论》，中国法制出版社2001年版，第97页、240页。

⑤ 马宁:《保险法理论与实务》，中国政法大学出版社2010年版，第96页。

⑥ 朱铭来:《保险法学》，南开大学出版社2006年版，第236页。

⑦ "受益人大都为人身保险契约上经要保人指定，得于保险事故发生时，直接对保险人
请求给付之人……"桂裕:《保险法》，三民书局1984年增订初版，第133页。

⑧ 参见刘宗荣:《新保险法——保险契约法的理论与实务》，中国人民大学出版社2009年
版，第66页。

⑨ 孙积禄:《保险法论》，中国法制出版社1997年版，第62页。

⑩ Harriett E. Jones & Dani L. Long, *Principles of Insurance:Life, Health, and Annuities*, LOMA
(Life Office Management Association, Inc.) , p.14, 1997.

形：①以被保险人之死亡为保险事故之人寿保险存在受益人；②以死亡为保险事故之人身保险存在受益人。①

持死亡保险受益人观点的学者，如江朝国先生认为："从保险制度之发展观，保险契约旨在填补被保险人之损害，于人身保险中，包括人寿保险、健康保险及伤害保险常有以被保险人死亡为保险事故发生之要件（中国台湾地区《保险法》第101条、第125条和第131条），故除了要保人、被保险人之外，尚须有受益人存在之必要，以于保险事故发生时（被保险人死亡），受领保险契约之利益——保险赔偿金额。"②中国台湾学者许慧如认为："受益人於人身保险中有其特殊地位……且保险法亦明定保险金额约定于被保险人死亡时给付于其所指定之受益人者，其金额不得作为被保险人之遗产（中国台湾地区《保险法》第112条），受益人不得先于被保险人死亡，以于请求保险金额时生存者为限（中国台湾地区《保险法》第110条），是故受益人制度仅适用于人身保险中，更精确言之，应仅适用于人身保险中以被保险人死亡为保险事故者。"③

美国学者斯坦普尔（Jeffrey W.Stempel）等认为："受益人是指在被保险人死亡时受领保险金之人（'Beneficiary' means the person who receives the money when an insured dies.）。"④由此表明，美国学者中也有认为受益人仅存在于以死亡为保险给付条件的人寿保险。"受益人"常用于确认谁是受领人寿保险合同保险金的人，这一概念并不常用于与财产保险或意外保险相关的保险中。（The term "beneficiary" is commonly used to identifiy the persons who are to receive the proceeds of a life insurance contract; the term "beneficiary" is not commonly used in relation to either property insurance or casualty insurance.）⑤

另有所谓最广义的保险受益人之说："凡因订立保险合同而使其获得利益保障的人，均可称为'受益人'。"⑥有学者认为："对受益人的理解应当

---

① 以死亡为保险事故之人身保险，包括人寿保险中的死亡保险、因疾病导致的死亡为保险事故的健康保险和以伤害导致的死亡为保险事故的伤害保险。

② 参见江朝国：《论被保险人有无指定受益人之权》；载江朝国：《保险法论文集》（三），台北瑞兴图书股份有限公司2002年版，第337页。

③ 许慧如：《论死亡保险中受益人之产生与保险金之请求》，《万国法律杂志》，第137期。

④ Jeffrey W. Stempel, *Interpertation of Insurance Contracts*, Little, Brown and Company, 1994, p.360.[美]特瑞斯·普雷切特等：《风险管理与保险》，孙祁祥 等译，孙祁祥 校，中国社会科学出版社1998年版，第72页。齐瑞宗、肖志立：《美国保险法律与实务》，法律出版社2005年版，第383页。

⑤ Alan I.Widiss, *Insurance: Materials on Fundamental Principles, Legal Doctrines, and Regulatory Acts*, American Casebook Series, West Publishing Company, St. Paul Minnesota, 1989, pp.268~269.

⑥ 秦道夫：《保险法论》，机械工业出版社2000年版，第59页。

从其实质来看，即享有保险金请求权的人都应是实际意义上的受益人。"[1]

最广义的保险受益人之说使保险法之专有概念"受益人"泛化而有失概念的严谨性，也不能反映事物的本质，如此理解受益人，势必将最终获得保险金的被保险人之继承人、债权人、保单的受让人以及责任保险之受损害的第三人等包含其中，但这些获得保险金的人只是客观效果上或名义上取得保险金的人。后文对此，亦有论述，此处不赘。

通过对中外保险立法、保险法学和保险学理论对保险受益人概念之表述的考察和梳理，可以发现，对保险受益人界定的角度和差异主要表现在如下几个方面：①"受益人"是否适用于财产保险或者财产保险有无（指定）受益人之存在；②"受益人"的产生或确定方法是否仅限于指定一种；③不论基于何种原因和通过何种途径，凡获得保险金之人是否都是保险受益人；④"受益人"的权利是否仅限于保险金请求权；⑤受益人的地位或其权利的性质为何，等等。上述诸问题，连同本章开头就中国大陆、台湾地区以及域外保险法"受益人"界定之异同所衍生的问题，将在后续章节逐一加以探讨，并试图从理论和实务相结合的层面做出体系化的解释。

---

[1]　张丽娜、李方：《浅析保险法律关系中的受益人》，1999年《海南大学学报》（社会科学版）第3期（第17卷）。

第二章　保险受益人样态之归纳与探析

保险受益人之样态，是指享受保险契约利益的保险受益人作为权利主体或法律主体的表现形态。在近现代私法及其理论上，私法主体之样态或类型依其人格构成要素的不同而可分为三类：自然人、法人和非法人组织（在《德国民法典》及《瑞士民法典》中称为无权利能力社团）。①如果说凡是法律主体皆可为权利主体，那么私法主体之自然人、法人及非法人组织皆可成为保险受益人而享有保险给付请求权。虽然，迄今为止各国法上之权利主体，主要是大陆法系的法律体系中，只规定了自然人、法人或非法人组织三类。但是，若从法律主体或权利主体之发生、发展和演变之规律来观察，其范围和种类都经历了一个逐渐扩大和增加的过程。首先，就自然人这一类主体而言，最初是由一国之统治者或贵族等少部分人享有法律主体资格，而后发展演进到所有生物意义上的人尽皆取得了法律主体资格或成了权利主体。其次，就法人这一类主体而言，经历了由单个自然人主体向自然人之集合体获得法律主体资格之方向发展以及最初仅有极个别自然人集合体可以获得法律主体资格（即所谓的法人特许主义）到只要具备法人成立条件均可获得法人人格（即所谓的法人准则主义）的过程。再次，法人之基本类别经历了由自然人集合体而获得法人资格（即所谓社团法人）到赋予特定目的之财产集合体以法人资格（即所谓财团法人）的过程；就非法人组织主体而言，其作为自然人与法人之间的中间状态，虽不具有完全而独立之法律人格，但仍然可以其字号或名称而为法律行为并享有权利。基于上述，法律主体之范围或类别应有从现有种类或范围而进一步扩展的可能或趋势。比如，向具有生命和感知系统而与人最亲近的宠物（或其他特种动物）延伸，亦未尝没有可能。本文亦将保险受益人之样态分为已有样态和将有样态。以下分述之。

---

① 《中华人民共和国民法典》明确规定了自然人、法人和非法人组织三类民事主体。

一、保险受益人现有样态之归纳

（一）自然人受益人

在罗马法上，由于生物意义上的人（homo）并非都是法律主体或权利主体（persona），所以没有自然人（natural person）这一现代法律意义上的主体概念。因为自然人作为权利主体是法律赋予所有生物意义上的人（human being）以法律人格之结果，即自然人是生物人的法律人格化。《法国民法典》赋予所有具有法国国籍的生物人以法律人格（des personnes），而《德国民法典》则不问国籍，无条件赋予一切生物人以法律或权利主体资格，并以"自然人"（natueraliche person）这一专门术语表达。此后，近现代法治国家之立法无不赋予所有生物人以法律人格。因此，法律主体之自然人与生物意义之人的范围完全一致起来，即所谓的人自出生时起即具有权利能力，直到死亡时止，此即自然法之天赋人权思想在实在法上的实践。

同样，在保险法上，受益人作为保险契约所生之保险给付请求权人，凡自然人均可为之，而且无论是人身保险契约还是财产保险契约，受益人以自然人出现的情况最为多见，尤其人寿保险的受益人更是如此。自然人作为保险受益人，除须具有保险利益以及在团体人身保险中受益人应限于被保险人之近亲属等条件外，一般并无其他限制。或者说，凡具有民事权利能力的自然人均可为保险受益人，有无行为能力均非所问。而且几乎各国民法在继承遗产、接受赠与或遗赠、享受信托利益、接受损害赔偿等方面均赋予胎儿以权利主体资格。[①]同理，既然承认胎儿于上述领域具有权利能力，即不存在否认胎儿具有保险受益人资格之理，只是胎儿于保险事故发生时以活体出生者方可实际取得受领保险金之权利；反之，胎儿若娩出时为死体的，则不享有保险给付请求权。

在有些国家和地区，立法和法理上亦认可被保险人指定尚未受孕的"将来人"为保险受益人，只要给付条件成就时受益人可得确定即可。将中国台湾地区《保险法》第110条后一句反推亦可得出这样的结论。[②]在

---

① 《中华人民共和国民法典》第16条效法各国民法之普遍性法例而规定："涉及遗产继承、接受赠与等胎儿利益保护的，胎儿视为具有民事权利能力。"

② 中国台湾地区《保险法》第110条（受益人之指定）规定："前项指定之受益人，以于请求保险金额时生存者为限。"

美国，制定法和判例允许被保险人类名指定（class designation）"子女"
（children）甚至"后人"（issue）为受益人，此处的子女包括被保险人指定
时尚未出生的胎儿和尚未受孕的"将来人"，以免具名指定将胎儿和尚未
受孕的孩子疏漏。[①]

法国学者亦曾提出被保险人可否指定"将来人"为受益人之问题，但
很长一段时间内未被法国司法实践所承认，因法院认为，成为一项权利主
体之条件是已经存在的具体人（即使是胎儿）。法院的意见一度遭到很多
法国人之反对。因为他们认为，基于受益人指定的单独行为之性质，无
须受益人对指定为意思表示，故"将来人"虽不能参加保险契约关系，亦
并不妨碍其成为受益人，仅须于保险给付条件成时，请求权人得确定即足
矣。[②]事实上后来的《法国保险法》L.132-8条[③]已打破相关判例的保守性，
解决了法国学者提出的，但长期悬而未决的问题。[④]

加拿大魁北克省《魁北克民法典》第2447条规定了胎儿之受益人
地位。[⑤]胎儿或尚未出生的人作为受益人在《布莱克法律词典》里称作
"unborn beneficiary"。[⑥]

（二）法人受益人

虽然法人之实践早在罗马法中就开始了，但法人作为与自然人相并列
或对应的另一类型之权利主体乃由《德国民法典》创造和使用的专门术语
（德语为julistische Person；英语为legal person）。法人是由自然人之集合体
或为特定目的之财产集合体被赋予法律人格的立法技术效果。虽然社团法

---

① See Muriel L.Crawford, *Life and Health Insurance Law*, McGraw-Hill Companies, Inc.eighth edition, 1998, pp.204~205.

② 参见尹田:《法国现代合同法》，法律出版社1995年版，第281页。

③ 英文版《法国保险法》L.132-8条如此表述: "The designation of the following beneficiaries shall, in particular, be deemed to satisfy such condition:children of the contracting party, insured or any other designated person born or to be born……"

④ 根据1981年1月7日法律，该规定被列为《法国保险法》L.132-8条。参见尹田:《法国现代合同法》，法律出版社1995年版，第281页。

⑤ 《魁北克民法典》第2447条规定: "受益人或代位的保单持有人在指定时无须存在，也无须嗣后明示确定他在其权利可主张之时存在，即为已足；如为胎儿，他只要活体出生且能存活，且其资格得到承认，即为已足。"徐国栋 主编，孙建江 等译，中国人民大学出版社2005年版。

⑥ Unborn beneficiary, A person who, though not yet born, is named in a general way as sharing in an estate or gift. · An example might be a grandchild not yet born when a grandparent specifies, in a will, that Blackacre is to go to "my grandchildren." Quoted from *Black's Law Dictionary* (8th edition, 2004), p.469.

人以自然人之集合体而为其成立基础，但并不以作为其成员、设立人或管理人之自然人的人身为其外观形态，也不以前述之自然人的法律人格为其人格。这就是法人人格与其成员、设立人或管理人人格分离而取得独立人格的机理，也是法人成员获得有限责任庇护的由来。以财产集合体为成立基础之财团法人，也不以该财产为其人格之外观形态，更不以其捐助人或创办人、管理人之人格为其人格构造之基础，而且是比社团法人更具有独立性和超脱性的法律创制型主体。一言以蔽之，法人是拟制型的、抽象的人格化主体。

具体到保险法律关系和保险实务，法人成为保险受益人，可分为两种情况。情形之一是，由自然人订立的保险契约，被保险人大多指定自然人为受益人，当然也可以指定法人（尤其是以公益为目的之财团法人，如慈善机构）为受益人。被保险人指定何人为受益人完全是其基于意思自治对其固有利益之处分，法律不必、也不应对此加以干预。情形之二是，由法人订立的保险契约[1]，该法人自己当然可以为受益人。各国立法大多无限制，学界也多持肯定说。但由法人订立的团体保险契约，立法一般禁止该法人指定自己为受益人。对此，在本书下编另有所论。

2002年12月8日发布的《最高人民法院关于审理保险纠纷案件若干问题的解释（征求意见稿）》第49条（团单）前三款对团体人身险以法人或其他组织为受益人之指定持原则性支持意见。[2]而2005年12月8日原中国保险监督管理委员会送请国务院审议的《中华人民共和国保险法（修改草案审议稿）》第61条第1款则明确，法人作为投保人订立的保险契约不得指定自己为受益人。[3]此后，2008年8月25日举行的第十一届全国人大常委会第四次会议初次审议的《中华人民共和国保险法修订（草案）》第62条第2款亦明确法人作为投保人订立的保险契约不得指定自己为受益人。[4]

---

[1]　通称为团体险，英文表述为group insurance，与个人险individual insurance相对称。

[2]　《最高人民法院关于审理保险纠纷案件若干问题的解释（征求意见稿）》（2002）第49条（团单）规定："团体人身保险合同是法人及其他组织基于劳动关系、雇佣关系或其他法律关系，以其职工、雇员或其管理对象作为被保险人而订立的团体人身保险合同；团体人身保险合同中指定法人或者其他组织为受益人的，人民法院应当依法支持。但保险费实际上由被保险人承担的除外；团体人身保险合同的生效及受益人的指定必须以被保险人的书面同意为条件，但以被保险人或其近亲属为受益人的除外。"

[3]　《中华人民共和国保险法（修改草案审议稿）》（2005）第61条第1款规定："但是，投保人为与其有劳动关系的劳动者投保人身险的，不得指定投保人为受益人。"

[4]　《中华人民共和国保险法修订（草案）》（2008）第62条第2款规定："投保人指定受益人时须经被保险人同意。投保人为与其有劳动关系的劳动者投保人身保险的，不得指定被保险人及其近亲属以外的人为受益人。"

该草案这一规定后为2009年修订通过的《中华人民共和国保险法》第39条第2款一字未动地采纳。[①]

上述我国保险法的立法过程展示了法律对团体保险以法人或其他组织为受益人的指定，经历了从一般性支持到明确禁止的立场转变。法人订立的团体保险契约不得指定自己为受益人的规定，笔者忖度大致基于如下原因：①法人作为受益人往往并不是基于被保险人的真实意愿而指定的，而是由被保险人所隶属的法人自己指定的，即使有被保险人"同意"的签字，也往往是因为被保险人"身在屋檐下，不得不低头"之处境所迫；②法人以其雇员为被保险人而指定自己为受益人，往往是作为其对雇员应投保而未投保工伤保险或其他强制保险的替代，而真正以增加雇员福利为目的而投保商业团体险并不多见，这不利于对雇员劳动权益之保护，甚至会诱发道德危险；③在以法人为投保人兼受益人的团体人身保险中容易出现纠纷。

笔者认为，限制团体保险之投保人指定自己为受益人的做法有一定的合理性法，但不能成为完全否定法人被指定为受益人之理由。原因在于：①法人作为具有民事权利能力和行为能力的法主体，不论其属于公益法人或营利法人，社团法人或财团法人，在不违背法律的禁止性规定以及公序良俗原则之前提下均可为自己设定权利和义务；②各国民法均允许法人作为受赠与人或受遗赠人，中国法也当无例外；③依大多数国家之立法，法人亦可为保险受益人，中国也无否定的理由；④只要法人对其雇员或成员具有保险利益，即可以之为被保险人而订立保险契约，并经被保险人之同意而指定自己为受益人；⑤法人以自己为被保险人兼受益人，以其成员之死亡、伤残、疾病、丧失工作能力等事件为保险事故，以此类保险事故之发生而遭受的直接损失（如停工停产）和和间接损失（如利润减少等）为保险标的投保，并无不可；⑥不禁止法人投保人指定自己为受益人也有助于拓宽保险经营业务的空间。

只要把握法人对保险标的具有保险利益或经被保险人同意这两个关键即可允许法人以自己为受益人而订立保险契约。若法人之成员以其所属法人为受益人，或自然人以与其不具有雇佣或隶属关系之法人为受益人而缔结保险契约的，当然不存在疑问。

中国大陆地区《保险法》第31条第1款第4项为法人将与其有劳动关

---

① 《中华人民共和国保险法》第39条第2款规定："投保人指定受益人时须经被保险人同意。投保人为与其有劳动关系的劳动者投保人身保险的，不得指定被保险人及其近亲属以外的人为受益人。"

系的劳动者作为被保险人订立保险契约而指定自己为受益人提供了法律依据。只是笔者认为，为防阻道德危险，保险金额不得超出劳动者给投保人创造的劳动价值（劳动者创造的总价值减去劳动者的工资）并且须经劳动者书面同意。

（三）非法人组织受益人

非法人组织已被《中华人民共和国民法典》（以下简称《民法典》）规定为与自然人、法人相并列的一类民事主体，在大陆法系国家民法典中称作无权利能力社团。在保险契约关系中，非法人组织是否可以作为受益人之问题，应依情形而定。首先，法人之分支机构或职能部门，如公司法人之分公司、营业部，大学之院系、机关法人之科室等作为法人之有机组成部分因无独立之名称、独立之人格、独立之财产、独立之责任和机关等法人构成要件而不宜作为保险受益人，如中国大陆地区《担保法》规定企业法人的分支机构不能担任保证人即为其例。其次，有名称或字号、具有相对独立之财产和业务执行人而享有实体权利和承担实体义务，以及可以作为诉讼主体的非法人组织，如合伙企业、个人独资企业等则可以成为保险受益人，在民商法领域，它们也可以成为其他企业或经济组织的投资人。如《中华人民共和国合伙企业法》所规定的合伙企业，《德国商法典》《日本商法典》等所规定的人合公司（本质上类似于与英美法系中的普通合伙或有限合伙）均可以其字号名义为法律行为而享有权利和负担义务，以及作为诉讼主体而享有诉讼权利和承担诉讼义务。

根据中国大陆地区《保险法》第39条第2款之后一句，作为劳动关系一方当事人之非法人组织。例如，合伙企业以其全体员工投保团体人身保险时，不得指定该合伙企业为受益人。除此之外，笔者认为，尤其在普通合伙企业，基于合伙企业与合伙人之间的人格连带关系所决定的连带责任关系而构成一利益共同体。因此，由合伙企业投保的团体人身险，亦不能指定合伙人为受益人。此为《保险法》之疏漏，应在修法时填补这一漏洞。该规定同时表明，在非劳动关系中，非法人组织亦可指定自己为受益人或被指定为受益人，其理与上文关于法人作为受益人的论述相同。

（四）国家受益人

国家是一种特殊的法律关系主体，一般为公法上的主体，但国家也可以平等主体身份参与到民商事法律关系中而成为一方当事人，如因被侵权而成为债权人，因发行国债而成为债务人或者因受领无主财产而成为所有权人等。基于此，国家作为平等主体也有机会成为保险受益人。以国家成为保险受益人，一般是指在其他受益人都穷尽而无人受领保险金时，国家即为最后的受益人，就像国家受领无人继承的遗产一样。因此，在保险法上国家同样可以成为受益人，其实在保险受益人穷尽时国家成为最后受益人，就是适用物权法或继承法上无主财产或无人继承的财产归国家所有的法律规定而得出的结论。在保险受益人生成的途径或方法上应属于法定。关于此点，其详将在本书下编另有所论。

二、宠物作为保险受益"人"之探析

（一）问题的提出

自人类社会步入文明进程以来，作为地球其他物种的动物就伴随着人类共同生活在这个星球上。人类与动物早已成为休戚与共、唇齿相依的命运共同体，可以说，没有动物，人类将不能独善其身。从原始蒙昧时期的生存斗争，到农耕时代的驯化利用，直至工业文明时期的征服无度，再到信息时代的反思与重构，人类与动物的关系不断变化，人类对动物的认识也在不断地纵深化和多元化。对动物的态度反映着人类文明的程度，文明程度越高的社会越会重视对动物权利的保护。

英国《太阳报》2009年8月13日刊登了一份由宠物保险公司PetPlan编撰的2009年宠物"富豪"名单，上榜的共9位宠物"富豪"分别是5只狗、1只猫、1位黑猩猩、1头虎鲸和1只鸡。这9位宠物"富豪"是通过继承其主人的遗产而成为"富豪"的，他们继承的遗产的价值从最低360万英镑到最高2.246亿英镑不等。名列"富豪"榜首的是德国牧羊犬贡特尔四世，其继承了父亲贡特尔三世9000万英镑的遗产，而该笔遗产是贡特尔三世从其已故（1992年）的主人德国女伯爵卡洛塔·利本施泰因那里继承而来。①

① 据《小狗成千万富翁"吝啬女王"遗嘱令人大跌眼镜》的报道，2007年8月20日，另一宠物"富豪"的女主人，素有"吝啬女王"之称的美国纽约房地产大亨利昂娜·赫姆斯莱利在位于康涅狄格州的家中去世，为其爱犬"麻烦"留下了1200万美元的遗产，并将数百万美元给留了负责照顾"麻烦"的弟弟。《纽约邮报》报道，纽约州韦斯切斯特县一家法院公布了利昂娜·赫姆斯莱利的遗嘱。她在遗嘱中写道："'麻烦'死后，其遗体要埋葬在家族墓园内，在我的遗体旁。"女主人雇来专门照顾"麻烦"的保姆因被"麻烦"多次咬伤曾将"麻烦"告上法庭。"麻烦"于2010年12月去世，享年12岁，相当于人类84岁。在晚年最后的岁月里，它每天依然过着无忧无虑的生活。news.sohu.com/20070831/n251890890.shtml，最后访问时间：2020年5月22日。

据台北中广新闻网2014年12月22日报道，阿根廷法院裁定一头害羞的大猩猩可以享有部分人权。[①]

由中国香港的汉森机器人技术公司（Hanson Robotics）开发的类人（女性）机器人索菲亚，在2017年10月27日在沙特利雅得举行的"未来投资计划"(Future Investment Initiative)大会上，被沙特阿拉伯授予了公民身份，从而成为历史上首个获得公民身份的机器人。这一事件成为当时国内外媒体的报道的热点新闻，百度百科也以"索菲亚（历史上首个获得公民身份的机器人）"之名称收录。[②]

上述几则报道的主角——宠物，在社会生活中成了巨额遗产的继承者，有的因遗产继承纠纷而又成了诉讼法律关系的主体。更有甚者，非生命有机体的机器人索菲亚也被赋予了法律人格。上述几则报道的核心是人与非人类之动物或其他物的关系，由此向我们提出了一个重大的理论与现实问题——宠物是否可以成为法律关系的主体？宠物作为动物世界里特殊的一部分，与人的关系最为亲近，它们能给人带来精神上的愉悦与情感上的慰藉。有些人俨然已把自己所养的宠物当作家庭成员，并给他们起一些类似于人一样的名字，如贝贝、欢欢、团团和圆圆等，甚至亲昵地称呼为儿子、闺女、宝贝等，俨然就是朝夕相处的一家人。

养宠物在国外早已司空见惯，在当今中国亦蔚然成风。如果宠物的主人将其宠物指定为遗嘱继承者，该遗嘱的效力怎样？相似的问题是，如果被保险人于订立保险合同时将其宠物指定为受益"人"（为表述之方便以及与本文所用主题词相统一，以下也将宠物称为受益人），保险人是承保还是拒保？或者被保险人于合同订立时未指定受益人（受益人指定不是合同必备条款，也不是合同生效要件）而于合同生效后、保险事故发生前将其宠物指定为受益人（根据受益人指定的单方法律行为之性质，无须经保险人同意甚至也无须通知保险人），该指定的效力如何？保险事故发生时，保险人应以该宠物为给付对象吗？若就保险给付利益之归属发生纠纷时，法院是受理还是拒绝裁判？这一连串法律问题谁能断定不会出现在保险人、法官和学者等人的面前？

---

① 据《阿根廷20岁大猩猩被裁定可享有部分人权》的报道，该案主角大猩猩珊德拉在布宜诺斯艾利斯动物园已经待了20年，爱护动物团体为它请愿，要求动物园放它自由，法院有限度地裁准，如果动物园不上诉，珊德拉将被送往巴西的一个动物保护区，在更自由的环境里，颐养天年。http://news.163.com/14/1222/19/AE3F02NR00014AEE.html#163interesting，2014年12月22日访问。

② 《索菲亚》，百度百科，www.baidu.com/s?wd=%BB%FA%C6%F7%C8%CB%CB%F7%B7%C6%D1%C7&fr=wenku。

上述诸问题之焦点在于宠物可否成为法律关系之主体，由此延伸涉及的问题是，宠物成为法律关系主体有无障碍？宠物是否具有人一样的感情和理智才可以成为法律关系的主体？宠物成为法律主体之障碍是人的观念，还是现有法律体系（尤其是成文法体系）和法学理论体系的封闭性、排异性和保守性？是立法技术还不成熟还是实际操作上有困难？如果赋予宠物以法律主体地位，是利大于弊还是弊大于利？下文将逐一分析和解答上述问题。

（二）动物可否成为法律主体之观点综述

有中国大陆学者认为，宠物"是指猫、狗以及其他供玩赏、陪伴、领养、饲养的动物，又称作陪伴动物。"① 这一解释里所指宠物一般应是指个人或家庭养护的非食用动物。但从宠物的意义或功能上看，动物园里的动物也应属于或者类似于宠物，只不过是供大众观赏的宠物罢了。基于本书讨论的范围，将不涉及动物园里的动物。

2007年发生在奥地利的一动物组织请求法院宣布一黑猩猩为"人"而遭拒的案例颇值得人们思考。② 这一案例反映的问题表明，宠物（或其他动物）确有成为法律关系主体之特殊需求，否则类似该案黑猩猩的处境将陷于无能为力之尴尬处境。由于此等现象，在国际社会出现了为动物争取主体地位的主张与呼声，但同时也伴随着反对的声浪。

随着人类对自身与自然关系的认识的逐渐深化，人类的动物保护意识亦随之增强，因此呼吁给动物以主体地位之声音此起彼伏。考察理论上关于动物能否成为法律主体的各种见解，可概括如下：①法律人格论；②有

---

① 杨立新、朱呈义：《动物法律人格之否定——兼论动物之法律"物格"》，《法学研究》2004年第5期。

② 据《动物保护者为奥地利黑猩猩争取做人权利》的报道，2007年2月，奥地利一动物权益保护组织"反对动物工厂协会"为一头名为马修·亚斯·潘的黑猩猩提出诉请，要求法院宣布它为"人"，以便为其指定一名监护人，照顾它的生活。"反对动物工厂协会"指出，他们不要求法院宣布这头黑猩猩为真正意义的人，而是希望法院承认它为"自然人"，给予它一些法律权利，因为它有生计隐忧。原因是黑猩猩潘与另外一头黑猩猩于1982年从塞拉利昂被走私到奥地利，被海关截获。此后25年，它们一直住在维也纳一个动物避难所。但这个动物避难所已经宣告破产，随时可能关门，致使这两头黑猩猩的生计遇到了困难。动物保护组织说，这两头黑猩猩每月花费6800美元，因而迫切需要获得法律地位，以便成立一个基金接受捐助和得到监护。但在奥地利，只有人才可以接受私人捐助。两家奥地利法院先后驳回了"反对动物工厂协会"的诉请，理由是该组织在法律上没有资格替黑猩猩提起诉请。因为按照奥地利法律，只有监护人或者黑猩猩本"人"才能提起诉请。黑猩猩自然无法到法院提起诉请，而地方法院已经判决动物不能拥有监护人。最后"反对动物工厂协会"决定求助最高法院。it.sohu.com/20070929/n252422318.shtml，最后访问时间：2020年5月22日。

限法律人格论；③无法律人格论。[①]

1. 动物法律人格论

持"动物法律人格论"者以环境法学者为主，其认为动物和人一样应享有完全的法律主体地位，和人一样享有权利。该说主张"扩大法律主体人格范畴，动物和自然物也有生命权、健康权，也有生存和发展的权利，这是动物的具体人格权。在一般人格权中，动物和自然物也应有人格自由、人格平等、人格尊严的权利"。[②] 有更为激进的生态法学者主张"将一切生命体作为法律关系的主体，而自然人在生态法律关系中是作为被约束和被限制的对象而存在的……人不仅是权利的主体，还是自然界的权利的客体"。[③]

2. 动物有限法律人格论

基于"动物法律人格论"之局限，乃至于论者自身或无法自圆其说的困惑，有论者转而寻求折中的途径，即赋予动物有限法律人格。[④] 持该说者认为，可以赋予有限范围的动物（包括野生动物和宠物）以法律人格，但不包括专为人类提供肉、蛋、奶的动物；[⑤] 拥有法律人格的动物仅享有生命权和健康权等有限权利，不享有专属于人类的政治权利和精神性权利。但持该说的观点并不统一，尚在探索之中。[⑥]

3. 动物无法律人格论

所谓"动物无法律人格论"，即反对赋予动物以法律人格之主张。该说认为道德和法主体只能是人类而不是动物，只是应兼顾、平衡代际利益，将动物以特殊物看待，期能更妥善地保护之。[⑦]

4. 上述观点之评析

动物法律人格论与环境伦理学上的非人类中心主义主旨相同，即以非

---

① 参见杨立新、朱呈义：《动物法律人格之否定——兼论动物之法律"物格"》，《法学研究》2004年第5期。

② 王紫零：《非人类存在物法律主体资格初探》，《广西政法管理干部学院学报》2003年第5期。

③ 刘文燕、刘滨：《生态法学的基本结构》，《现代法学》1998年第6期。

④ 参见江山：《法律革命：从传统到现代——兼谈环境资源法的法理问题》，《比较法研究》2000年第1期。

⑤ 参见高利红：《动物不是物，是什么？》；载梁慧星 主编：《民商法论丛》第20卷，金桥文化出版（香港）有限公司2001年版。

⑥ 参杨立新、朱呈义：《动物法律人格之否定——兼论动物之法律"物格"》，《法学研究》2004年第5期。

⑦ 陈本寒、周平：《动物法律地位之探讨——兼析我国民事立法对动物的应有定位》，《中国法学》2002年第6期。

人类中心主义为理论基础。非人类中心主义不认为人在自然界中具有至高无上的统治地位，而是与自然界的其他成员居于平等地位，若刻意拔高人在自然界中的地位，这只是人类的狂妄自大和狭隘的物种利己主义。[①]动物法律人格论与环境伦理学上的非人类中心主义之动物权利主义观念、物种平等的自然法观念和众生平等的佛教观念相合。

但无论从理论上讲还是从人类社会现实状况来看，动物法律人格论似乎过于激进，恐怕在目前或未来相当长的时间内难以为人类的世俗观念所接受。若赋予所有的动物完全的法律人格，那么处于食物链最顶端的作为杂食动物的人类只能选择素食；若再赋予植物以法律人格，那么人类也就无充饥果腹之物了；若赋予动物以完全法律人格，那么如何不让肉食动物猎食其他动物？因此，贯彻此说的结果反而会走向动物完全法律人格论所希望的反面，即人与动物都无可食之物而都无法生存，这恐怕也不是动物完全法律人格论者的本意。若顺其自然，让动物保持天性，人类自己的待遇反而会低于动物。至少对于非素食主义者来说，在未找到代替肉类而可以提供相似的能量和营养的替代物之前，动物法律人格论难以行得通。

动物无法律人格论所秉持的是环境伦理学上的人类中心主义理念。以"人类中心主义"[②]为基础的"动物无法律人格论"，仍然是将动物置于法律关系客体之地位。这将不利于革新人类对于动物与自然所持的陈旧观念而无法正确处理人与动物和自然的关系，动物灭绝和生态失衡，最终导致人类自我毁灭的命运也不是耸人听闻的事。然而，固守人类为唯一法律主体之观念，在目前以及不远的将来，在社会经济生活和司法实践中，将对宠物（或其他动物）作为遗产继承人、信托受益人和保险受益人等案件的处理带来困惑。"'人类中心主义'是一个内涵十分宽泛的概念，在本体论层面，它认为人类在空间范围的意义上处于宇宙的中心；在认识论层面上，它认为人类在目的的意义上处于宇宙的中心，是宇宙间一切事物的目的；在价值论层面上，它认为人类总是按照自己的价值观解释和评价宇宙间

---

① 参见郭琰：《从环境正义看人类中心主义与非人类中心主义之争》，《经济与社会发展》2009年第2期。

② 人类中心主义，即人是中心，一切为人而存在；人是目的，不能把人当作工具；人是具有自由意志的唯一动物，人与自然物的根本区别在于人的意识，"意识"能意识到人拥有主动性、主导性、能动性和创造性；人不仅能够认识世界，还能创造和改造客观世界。总之，人是主体，自然是客体，人类可凌驾于自然之上。徐昕：《论动物法律主体资格的确立——人类中心主义法理念及其消解》，北京科技大学学报(社会科学版)2002年第1期。

的一切事物。"①动物无法律人格论之动物客体观，把动物仅仅当作满足人类利益（如作为肉食以满足食欲，作为工具以满足经济利用目的，甚至偷猎和残杀以满足暴利需求和感官心理刺激）需求的手段。动物无法律人格论无法解决人类将宠物指定为保险受益"人"所带来的现实问题。而且该观点所持动物不可能成为人类道德主体和法律主体之理由，也不具有充分的说服力。比如说法人的拟制技术（尤其是财团法人的创制技术）完全可以因应将宠物当作法律主体对待的现实需求。从本质上看，法人是人类为克服个人能力之局限而追求利益最大化的一种立法技术或制度发明，如股份有限公司的创设技术几乎没什么伦理色彩，法人也难以完全说是道德主体。如果说法人是为满足人类需求而创制的一种法主体，那么同样为满足人之需求为何不可赋予宠物以法律人格呢？

（三）本书倾向：修正的动物有限人格论

笔者认为"动物有限法律人格论"较为折中可行，但还需要有所修正：首先应考虑赋予宠物以法律主体地位，进而可以将受野生动物保护法所保护的野生动物（尤其是珍贵野生动物）作为法律关系的主体；二是若将家庭或农场里饲养的动物或专为人类提供肉、蛋、奶的动物转为宠物供养时，一样按宠物对待；非赋予法律人格之动物也应受到人类的友善对待，应给予其不低于世界动物卫生组织（OIE）倡导的"动物福利五大自由"之待遇。②理由详论如下。

1. 自然法之物种平等观和佛教之众生平等观

只要动物仍然被视为商品，那么将平等考虑原则应用于动物的利益就没有意义，正如将这一原则用于奴隶没有任何意义一样。③人类应持整体生态自然观念，将自己视为自然的一部分，应彻底改变对大自然一贯的居高临下，主人对奴才般恩赐的傲慢优越姿态，转而为"人类与自然环境之间平等、唇齿相依、一荣俱荣、一损俱损的关系，自然环境本身是可以成

① 郭琰：《从环境正义看人类中心主义与非人类中心主义之争》，《经济与社会发展》2009年第2期。

② 动物福利原则，百度百科：根据国际上通认的说法，动物福利被普遍理解为五大自由：①享受不受饥渴的自由，保证提供动物保持良好健康和精力所需要的食物和饮水；②享有生活舒适的自由，提供适当的房舍或栖息场所，让动物能够得到舒适的睡眠和休息；③享有不受痛苦、伤害和疾病的自由，保证动物不受额外的疼痛，预防疾病并对患病动物进行及时的治疗；④享有生活无恐惧和无悲伤的自由，保证避免动物遭受精神痛苦的各种条件和处置；⑤享有表达天性的自由，被提供足够的空间、适当的设施以及与同类伙伴在一起。

③ ［美]G.L.弗兰西恩：《动物权利导论——孩子与狗之间》，中国政法大学出版社2005年版，第2页。

为享有与人类具有平等的法律地位的法律关系的主体。"①之态度。因此，人类应当友善地对待动物并将其作为人类真正的朋友，必须抛弃以人类自我为中心的狭隘观念，奉行生态整体主义之观念，把动物作为自然中与人类平等的一员对待。根据自然法之理念，所有的人生而自由平等，而人类与生活在自然界里的动物，包括飞禽走兽都是自然法上之平等主体；被我们称为"婚姻"的男女结合及其子女的生育与繁衍，在动物中也存在类似情形。②佛教教义认为，众生平等，人与动物没有高下之分。因此，慈悲的对象不只是人类，也包括一切有情众生。③虽然人类不可能基于自然法物种平等观和佛教众生平等之教义而将所有动物以平等主体对待，但至少可以在实在法上首先可以赋予宠物以法律主体地位。

2. 法律与道德之正义和善良之价值追求

公正和善良是法律的精神品质。赋予宠物以法律人格可以激发和提升人类的道德水平和善良品质。在奴隶为法律关系客体环境下，主体可以将其当物一样随意对待，像对待牲畜一样生杀予夺。而当奴隶获得法律主体地位而与其他一切法律主体人格平等之后，即受法律的平等保护，任何人侵害其人身和财产权益都将承担侵权责任或承担刑事责任。同样道理，若宠物获得法律主体地位之后，人类对他们的观念和态度也会逐渐随之调适和受到规范。在生理上，动物和人一样具有生命，尤其是像黑猩猩一样的灵长类动物具有与人极为相似的体型特征、骨骼结构和基因状态。引人注目的是，日本科研人员曾经进行的一项测试显示黑猩猩之短时记忆能力强于人类④。

"人类中心主义"者认为动物无法律人格之理由是，其不具有理性和道德地位。对此，倡导人道待遇原则的英国法理学家、功利主义哲学家杰里米·边沁（Jeremy Bentham）就拒斥这样一种观点：因为动物被说成没有理性，有没有使用语言进行沟通的能力，所以人类可以将动物作为物来对

---

① 《法律与法律的未来——江山访谈录》，http//www.law-thinker.com(法律思想网)，2006年10月26日访问。

② ［意］桑德罗·斯奇巴尼 选编：《民法大全选译I.1：正义和法》（*COPPORIS IURIS CIVILIS FRAGMENTA SELECTA*），黄风 译，中国政法大学出版社1992年版，第35页。

③ 参见林伟：《佛教"众生"概念及其生态伦理意义》，《学术研究》2007年第12期。

④ CCTV.com消息(新闻联播2007年12月4日播出)：日本科研人员对三只5岁黑猩猩和12名大学生进行的测试表明，黑猩猩的短时记忆能力强于人类。实验中第一个游戏是从1到9的简单数字排列，第二个游戏难度增加，当碰触第一个数字的时候，其他八个数字将会被白色的方块所取代，考验大脑的短时记忆能力。虽然经过了6个月的训练，人类挑战者还是被三只黑猩猩打败。

待，不直接对动物负有任何道德义务。他坚决认为感觉或感受疼痛和痛苦的能力就足以证明动物具有道德地位。他的一段非常有名的话是："一匹成年的马或一条成年的狗远比生下来一天、一周、甚至一个月的小孩更有理性，也更能跟我们进行交流。但即便情况并非如此，那又说明说明呢？这里的问题不在于动物能否进行推理，也不在于它们能否说话，而在于它们能否感受痛苦。"[①]在心理上和情感上，动物也能感知喜怒哀乐。"君不见临宰之牛也会向刽子手下跪、泪流满面吗？老虎也会对恩人以礼相报吗？"[②]有感觉（sentience）就足以让一种动物有资格成为道德共同体的成员。伦理学家彼得·辛格（Peter Singer）也认为感觉具有道德意义。[③]"法律是善良公平之术"古罗马法学家塞尔苏斯进一步解释他这句名言时说："所谓善良，即是道德，所谓公平，即是正义。"[④]"法律的精神追求既为道德和正义，那么，正义地对待动物必然也会成为法律所追求的目标之一。"[⑤]因此，人道地对待动物是善的表现，是法律和道德对善的共同追求。

"人类中心主义"者总是把理性作为获得道德关怀的充要条件，因而伦理道德只能适用于人际关系，如果说人对自然有什么伦理可言，那最多只是一种间接责任或隐喻。但是"非人类中心主义"者认为："从道德发展的历史来看，道德的进步过程本来就是道德关怀的对象不断扩大的过程，奴隶、黑人、妇女等在历史上就曾经不是道德所要考虑的对象，但时至今日，这种看法早已被扫进了历史的垃圾堆。同样，将来总有一天人们会认识到，现有的那种否认人对动物存在道德关系的观点也同样会被证明是错误的。"[⑥]

3. 因应社会生活之需要

作为与人之间关系最亲近的宠物，其供养人若将其指定为保险受益人

---

① ［美］G. L. 弗兰西恩：《动物权利导论——孩子与狗之间》，中国政法大学出版社2005年版，第2页。

② 徐昕：《论动物法律主体资格的确立——人类中心主义法理念及其消解》，《北京科技大学学报》（社会科学版）2002年3月第18卷第1期。

③ ［美］G. L. 弗兰西恩：《动物权利导论——孩子与狗之间》，中国政法大学出版社2005年版，第2页。

④ ［意］桑德罗·斯奇巴尼 选编：《民法大全选译I.1：正义和法》（*COPPORIS IURIS CIVILIS FRAGMENTA SELECTA*），黄风 译，中国政法大学出版社1992年版，第34页。

⑤ 高利红：《动物不是物，是什么？》，载《民商法论丛》第26卷。

⑥ 郭琰：《从环境正义看人类中心主义与非人类中心主义之争》，《经济与社会发展》2009年第2期。

的情况在中国也难免会出现。[①]美国学者斯坦普尔（Jeffrey W.Stempel）认为，"被保险人可以指定任何人或物为受益人"。[②]《巴伦保险术语词典》在保险受益人词条中解释道："任何人，包括亲属、非亲属、宠物、慈善机构、公司、受托人、合伙人，皆可被指定为受益人。"[③]值此情形，保险人是承保还是拒保？若拒保，被保险人的选择可能是放弃投保，保险人将因此丧失一部分客户而使其业务受到影响；或者被保险人不得已而另行指定受益人。但是，若被保险人于投保时未指定受益人，而在保险事故发生之前指定其宠物为受益人，或者将原先指定的受益人变更为宠物，而保险受益人指定与变更为无须征得保险人同意和无须通知保险人（非通知不得对抗保险人而非生效要件）的单方法律行为，在保险事故发生后，保险人是拒绝以宠物为受益人而支付保险金，还是视为未指定受益人而当作被保险人之遗产而支付给被保险人之继承人呢？若支付给继承人，想必并不符合被保险人之真实意愿，否则其为何不以继承人为受益人而偏以宠物为受益人呢？再者，若将宠物作为受益人之指定视为未指定或无效指定，将保险金作为被保险人之遗产处理，而又无继承人受领，或继承人放弃受益权，又当如何处理？如果保险人持有该笔保险金，则构成不当得利；如果作为无主财产而归国家所有，未必符合被保险人之真实意愿。因此，拒绝被保险人将宠物指定为受益"人"有悖于被保险人的意思自治；保险人拒绝对宠物受益"人"为保险给付势必会造成被保险人死后其留下的宠物生活无保障之困境。

（四）赋予宠物法律人格无立法技术障碍

法律人格创制的历史沿革表明，赋予宠物以法律人格并不存在立法技术上的障碍。"法律主体作为一个法律上的概念，是法律理论对于立法进行抽象的结果，其本质就是对人的价值进行肯定；而将动物作为物则是对动物利益和价值的完全否定。实际上，主体的概念是法律拟制的，它的范

---

① 统计数据表明，有越来越多的美国人在遗嘱中指定宠物为继承人，以确保他们的动物朋友在自己去世后能得到很好的照顾。根据美国宠物产品协会的统计，在遗嘱中提及宠物的美国人的数量正在逐年增加。截至2012年，有68%的美国家庭拥有宠物，在遗嘱中提及自己宠物猫和狗的主人均达到9%。参见《我的遗嘱只有一条：猫继承我所有遗产》，（知乎）zhuanlan. zhihu.com/p/63033985，最后访问时间：2020年5月22日。

② Jeffrey W.Stempel, *Interpretation of Insurance Contracts: Law and Strategy for Insurers and Policyholders*, Little, Brown and Company, 1994, pp.360~361.

③ Harvey W. RubinPh.D.,CLU,CPCU, *BARRON'S Dictionary of Insurance Terms*, Kaplan,Inc.,2013, Sixth edition, p.48.

围也是不断变化的"。①事实表明，法律主体的演进呈现出两个轨迹：第一是作为生命有机体的法律主体之自然人在生物意义上的人的内部发展，即从最初的贵族或特权阶层才有条件成为法律主体到包括奴隶、平民、妇女、子女甚至尚未出生的胎儿等所有生物意义上的人也尽皆成为法律主体；第二是法律主体的范围在生命有机体的人（human being）之外向组织体的扩展。在第一个轨迹中，即在生物人内部，最初只有一小部分人才能成为法律主体，这部分人实际上就是具有权势的贵族阶层。在古罗马时期，只有家父是法律主体，配偶和子女没有法律人格；奴隶则被视为家父的财产，即会说话的工具。一言以蔽之，不享有法律人格的生物人只能处于法律关系客体的位置。这种人与人之间巨大差别的状况与天赋人权的观念格格不入。作为法律客体的生物人经过不懈的努力和不挠不屈的抗争，最终也取得了法律主体的地位。时至今日，地球上所有的生物人都成了法律上的主体。正如《公民权利和政治权利公约》所作的庄严规定：人类不分种族、肤色、宗教信仰、文化文明程度、教育状况、年龄、性别，一律享有平等的公民权利 和政治权利。②在法律主体演变的第二个轨迹中，非生物人的各种组织也获得了法律主体地位，在法律术语上，他们叫法人。如果说社团法人是以生物人为其成立基础，其背后还有自然人的影子，那么财团法人则完全以财产为成立基础。最初，法律仅赋予极个别团体或组织以法律主体地位，这种地位实际上也是一种特权，如公司之设立最初所采特许主义即是。同样，通过法律革命，其他组织也获得了法律主体地位。从公司设立顺次经过的特许主义、自由主义、核准主义和准则主义之历史，也可以看出，团体或组织的法律主体地位之取得，也经历了一个由个别到普遍，范围由小到大的演变过程。

江山先生在论述法律主体的演变过程时说："最早的法律是以保护特权为目的的，特权者其特权的享有并受到法律的保护，全在于他具有一个法律所赋予的人的资格，这个资格又称为主体。当武士和商人需要主体资格，不得不妥协时，苏美尔的贵族们还是明智地让他们成为主体；当平民和奴隶们需要法律资格时，希腊和罗马贵族最终也作出了明智的让步……当团体、机构和诸如此类的组织需要法律人格时，法律最终也赋予了它

① 高利红：《动物的法律地位研究》，中国政法大学出版社2005年版，第242页。

② 《公民权利和政治权利国际公约》第2条："一、本公约每一缔约国承担尊重和保证在其领土内和受其管辖的一切个人享有本公约所承认的权利，不分种族、肤色、性别、语言、宗教、政治或其他见解、国籍或社会出身、财产、出生或其他身份等任何区别。二、本公约缔约国承允遇现行立法或其他措施尚无规定时，各依本国宪法程序，并遵照本公约规定，采取必要步骤，制定必要之立法或其他措施，以实现本公约所确认之权利。"另参见《联合国宪章》第1条。

们。"①这反映了法律因时因势而变革的特征。《牛津法律大辞典》亦明确地表示："从逻辑上讲，并非不能将法律人格赋予动物……其他实体。"②江山先生把法律主体的这一演变过程称作法律革命，其实法律的每一个进步从广义来说都是革命。如果说自然法的物种平等观念是法律的理想，那么实在法在主体上的革命就是在朝着自然法的理想前进。法治文明的进步，就是不断去特权化的过程。人类尊享法律主体地位相较于屈居客体地位之动物就是特权。就此而言，关于法律主体的正在或即将发生的革命就是动物争取法律主体地位的革命。

（五）宠物法律主体之立法与理论动态

社会生活实践和需求表明，宠物作为与人类最亲近的动物之一族最应取得法律主体地位。

第一，立法已表现出动物向法律主体方向运动的端倪。在成文法国家，虽然尚无任何一部法律明确赋予宠物以法律人格，但已有立法表现出朝此方向进步的迹象。如《奥地利民法典》在原第285条关于物的定义之后新增第285 a 条规定："动物不是物。它们受到特别法的保护。关于物的规定仅于无特别规定的情形适用于动物"。③《德国民法典》新增之第90 a条"动物"之规定为："动物不是物。它们由特别法加以保护。除另有其他规定外，对动物准用有关物的规定。"④《瑞士民法典》第641 a 条规定："1.动物不是物。2.对于动物，只要不存在特别规定，适用可适用于物的规定"。又于继承法编第482条新增第4款："以死者名义给动物以赠与的，按相应的附要求处分处理，以适合动物的方式照料该动物。"⑤

"客体是与主体相对应的概念……从哲学意义上，它源自于古希腊普

---

① 江山：《法律革命：从传统到现代——兼谈环境资源法的法理问题》，《比较法研究》2000年第1期。

② D.M.Walker 主编：《牛津法律大辞典》，光明日报出版社1988年版，第688页。

③ 1988年3月10日，奥地利国会会议通过一部关于动物法律地位的联邦法律，专门对《奥地利民法典》做出修正。该法典原第285条 物 的定义为："一切与人相区别且供人使用者，在法律意义上称为物"。参见周友军、杨垠红 译：《奥地利普通民法典》，周友军 校，清华大学出版社2013年版，第47页。

④ 《德国民法典》于1990年8月20日根据《关于在民事法律中改善动物的法律地位的法律修正案》，在民法典中增加了三个条文，除本书正文所引用的第90a条之外，第251条第2款第2句规定，"治愈受害动物所发生的费用，不因其明显超过动物价额而为过巨"；第903条第2句规定，"动物的所有人在行使其权限时，应遵从关于动物保护的特别规定"。

⑤ 2002年12月4日，瑞士通过了一个对民法典、债法、刑法及联邦债与破产法进行修正的《动物基本条款》，其中涉及民法的有9个条文，正文所引的第641a条和482条新增第4款是关于动物的法律地位的亮点。

罗泰拉'人是万物的尺度'。除人之外皆为物，并且物之价值取决于对人的有用性。把人与物区分开来，将人主体化，将物客体化。这奠定了至今仍然占主导思维方式的主客体二分法。这种哲学上的思考，经由罗马法见诸法律。其范围应该是十分清楚的，除了人之外，自然就是物。物与客体的范围是完全一致的……"①如此说来，这似乎意味着动物非物，即非客体，结论就是：动物是主体或准主体。

第二，在司法实践中，尤其在判例法国家，将动物作为诉讼主体的案例并不鲜见。美国马萨诸塞州一位84岁的老妇人西达·戴顿死后，尸体被其所喂养的猫吃掉了。法官最后判了这只猫的死刑。美国普林斯顿市有一条叫"波"的狗，常欺负别人家的狗，导致数位居民联名起诉到法院；经过陪审团审判，裁决"波"无罪释放。这些案例表明在司法实践中已通过判例确认了动物的法律主体地位，赋予了动物法律人格。②萨达卡特·卡德里所著一书之第五章"动物、尸体和物品的审判"专门描述了对动物和物品等"非人类"以及对死尸的审判。根据书中的描述，那时的西方国家对非属于人类的被告的审判相当正式而严肃，依循正当的司法程序，俨然对人类的审判，并且往往要为非人类的当事人聘请律师，这些律师中不乏杰出的法学者。③

在法学理论上，除环境法学者外，还有民商法、经济法和法理学学者关于动物可以成为法律主体的主张和论证。学者徐国栋在《绿色民法典草案》建议稿序编之第三题"物"第21条"定义"中规定："严格意义上的物是作为人的活动对象的无机物、植物和畜养的食用动物"，第24条"动物的法律地位"规定："动物要么在畜养的食用动物的范畴之内，要么在这一范畴之外。非畜养和食用的动物是处于人与物之间的生灵，享有一定的由动物保护机构代为行使的权利。民事主体负有仁慈对待上述两类动物的义务"；第四分编关于"对动物所做的遗嘱处分"的第166条承认了以动物为受益"人"的遗嘱处分的有效性，这些条文所展示的旨趣与"动物有限主体说"之观点接近。④江山先生在其《法律革命》一文深有见地描述了法律主体的演变过程，并且预言法律主体从人类到动物的扩展将是法律

---

①　高利红：《动物不是物，是什么？》，载《民商法论丛》第26卷。

②　参见杨立新、朱呈义：《动物法律人格之否定——兼论动物之法律'物格'》，《法学研究》2004年第5期。

③　参见［英］萨达卡特·卡德里：《审判的历史——从苏格拉底到辛普森》，当代中国出版社2009年版，第132~159页。

④　参见徐国栋：《认真透析〈绿色民法典草案〉中的"绿"》，《法商研究》2003年第6期。

的进一步革命。学者高利红更是在其博士论文《动物的法律地位》中对动物成为法律主体作了系统论述。还有其他诸多有相同主张的学者不再一一列举。

既然立法技术和逻辑上可以将法律人格赋予动物……其他实体，[①]而行之于立法实践却阻力重重，只能是人私心里的世俗观念在作梗。

法律人格的核心构成要素是身份和能力，能力包括权利能力和行为能力。由此人们或许当然地认为，宠物等非人类生命有机体不具有意思表示和履行义务、承担责任之类的行为能力。但没有行为能力并不能成为妨碍其成为主体的理由，婴儿（乃至胎儿）和精神病人没有行为能力，在实在法上不亦为当然的法律主体吗？[②]"看来关键的问题不是它们的能力问题，而是已占据主导地位的我们的盲视和无知。试想当年的贵族们不也把奴隶当作会说话的工具吗？给奴隶以法律人格曾是何等艰难、困惑之事，罗马人、希腊人竟然破天荒而为之，不是很值今人学习吗？"[③]

"动物无法律人格论"者认为："假若动物享有法律权利，那么动物也必然应承担法律义务。"[④]否则，即违背了权利与义务相统一的原则。实则，这是对权利与义务相统一的原则的片面理解。所谓权利与义务的对应或统一，并不一定意味着某一法律主体在享有某项权利之同时必须以承担相应的义务为对价。享有权利以负担对待给付义务为条件的情形只存在于双务有偿法律行为之中，而在单务法律行为、无偿法律行为和绝对权法律关系，一方当事人只享有权利而并不负担相对应的（给付）义务。如在纯获利益的赠与合同中，受赠人只享有受赠与的权利而不负对待给付义务，而赠与人只负有给付义务而不享有对应的权利；在绝对权法律关系，如物权和人格权法律关系，物权人和人格权人以不特定的世人为义务主体而享有排除世人干涉的支配权，其对世人并不负担什么义务。又如在保险合同，第三人作为受益人享有保险金请求权而不负担对价性义务。因此，在具体的法律关系中，往往权利和义务是分属于不同的主体的。所谓的权利义务统一或对应，是从总体或宏观上讲的，而不是就具体的法律关系而言，能量守恒定律也适用于作为法律资源或利益的权利和义务。宠物作为法律关系之

---

① 参见江山：《法律革命：从传统到现代——兼谈环境资源法的法理问题》，《比较法研究》2000年第1期。

② 同上。

③ 同上。

④ 杨立新、朱呈义：《动物法律人格之否定——兼论动物之法律"物格"》，《法学研究》2004年第5期。

主体，犹如无行为能力的未成年人或精神病人一样只享有权利，其对应的义务主体就是其供养人和我们人类。宠物不需要对供养人和人类履行什么义务，就像婴儿不需要对其父母或他人履行义务一样。正如有学者所言："所谓权利与义务一致原则，在私法领域并不存在。就民事关系而言，有权利未必有义务，有义务未必有权利，即使民事主体双方彼此之间互享权利互负义务，其权利义务之间也未必有对价关系或牵连关系。因此不存在所谓行使权利的同时应履行义务。"[①]

（六）宠物作为保险受益"人"的暂行之策——判例式司法

已如上文所举诸实例，在国外，人们将宠物指定为保险受益人、遗嘱继承人或信托受益人之事例已屡见不鲜。在中国，如果被保险人指定宠物为受益人，保险人承保并于保险事故发生时，依被保险人的指定而给付保险金的话，该宠物的受益权即应受到法律保护。若他人侵犯该宠物受益"人"之保险受益权，其监护人或受托人诉请司法救济，法院是拒绝受理起诉还是受理后而拒绝裁判？在法治发达国家，"法官借口法律无规定、规定不明确或不完备而拒绝审判者，得以拒绝审判罪追诉之"。[②]如《瑞士民法典》引言之"一：法律的适用"第1条第2款和第3款规定："（2）无法从本法得出相应规定时，法官应依据习惯法裁判；如无习惯时，依据自己如作为立法者应提出的规则裁判。（3）在前一款的情况下，法官应依据公认的学理和惯例。"[③]法国、瑞士皆为典型的大陆法系国家，以成文法为法的主要渊源。然而为弥补法之缺漏，法律赋予法官以立法者身份而依据公认的学理和惯例裁判的权力。其实在德国、我国台湾地区等大陆法系国家或地区，在制定法之外，司法实践中也存在法院创造判例的做法，而且越来越频繁。由此表明，在大陆法系国家法官也可以通过判例确定裁判规则，这与英美法系国家法官造法之司法功能接近或趋同。司法作为解决纠纷的最后一条途径，若法官拒绝裁判，何以使人相信法律的公正与善良从而树立对法律的信仰？基于此，若在保险（法）领域，被保险人将宠物指定为保险受益主体的保险合同发生纠纷时，法官即不得以立法未规定宠物为主体而拒绝裁判案件。这样，通过判例可以妥当解决以宠物为保险受益主体的特殊案件，也不会对以成文法为基础构成的法律体系和法学体系造

---

① 李宇：《民法总则要义：规范释论与判例集注》，法律出版社2017年版，第13页。

② 罗结珍　译：《法国民法典》，中国法制出版社1999年版。

③ 殷生根、王燕　译：《瑞士民法典》，中国政法大学出版社1999年版，第3页。

成冲击与破坏。

如果说将宠物作为有限的法律主体仍然受阻于人们世俗、偏执的观念和以成文法为基础构成的法律体系和法律理论体系的封闭性和排异性，那么在以宠物为保险受益"人"等类似的特定的法律关系中，以判例法的司法模式处理此类案件，将是现阶段妥当的司法对策。如此，既可保持成文法的相对稳定性，又为其因应现实需求而与时俱进获得一定的妥当性。

2020年5月28日颁布的《中华人民共和国民法典》第16条也给宠物为保险受益人案件的处理提供了参考或准用的依据，可相应地表述为：涉及遗产继承、受领保险金或接受赠与之宠物（或其他动物）利益保护的，视宠物（或其他动物）有民事权利能力。[①]

（七）以宠物为保险受益"人"的实务操作

现有的法律技术规则可以解决宠物的权利行使和保护问题。首先，民法的代理或监护制度可以适用于宠物。即被保险人可以通过授权或在遗嘱中为宠物设立代理人或监护人。[②] 其次，信托制度可以适用于宠物为保险受益"人"的安排，即由宠物作为保险金信托受益人，其代理人或监护人可以作为委托人或受托人，但不得同时兼任委托人与受托人，以利于保护宠物的权利。同时为防止宠物之监护人或代理人懈怠或为损害宠物利益之行为，被保险人还可以设立监察人以为监督。

事实上，多年来动物权利主义者一直在致力于帮助动物获得继承并花费人类金钱的权利。在美国，已有46个州允许设立宠物信托。2005年6月，美国夏威夷州州长签署一项法令，允许宠物继承主人的遗产。虽然意大利法律在这一问题上持否定态度，但并不排斥通过第三方监管的模式使宠物享受一定的财产利益。[③]

根据美国、日本等有关自然（当然包括动物）的权利诉讼案件来看主要有如下几种类型："一是代理人（监护人）模式，即以环境保护团体或个人作为自然物的代理人为原告，具有无行为能力人的监护人的地位和作用；二是信托人模式，即作为自然物的受托人，由团体或个人为原告；三

---

① 《中华人民共和国民法典》第16条规定："涉及遗产继承、接受赠与等胎儿利益保护的，胎儿视为具有民事权利能力。"

② 野生动物或丢失以及被抛弃的其他动物，可以由动物保护组织或其他公益性组织作为其代理人或监护人；其他动物由其供养人担任代理人或监护人；动物园里的动物由所在动物园作为其代理人或监护人。

③ 参见《我的遗嘱只有一条：猫继承我所有遗产》，（知乎）zhuanlan.zhihu.com/p/63033985，最后访问时间：2020年5月22日。

是自然物及其受托人作为共同原告模式；四是准无权利能力财团的模式，即由管理人保护团体作为代表人"。[①] 这些模式可供我们参考。

综上，赋予宠物（或其他动物）以法律人格之障碍不在动物与人的不同，也不在法律技术，而是人类的世俗观念或者自私心在作祟。宠物作为动物世界中与人类关系最近的一部分，可以尝试首先从他们开始被赋予法律主体资格。宠物可以作为法律主体而享有权利，那么其作为保险受益人也就顺理成章、水到渠成了。

---

① 杨立新、朱呈义：《动物法律人格之否定——兼论动物之法律‘物格’》，《法学研究》2004年第5期。

第三章　保险受益人之维度探析

从上述关于保险受益人之中外立法和学说的考察与梳理可以看出，对保险受益人理解的主要分歧在于保险受益人存在的保险领域或保险合同种类，即保险受益人是仅存在于人身保险乃至仅存在于人寿保险或以死亡为保险给付条件的人身保险，还是既存在于人身保险，也存在于财产保险；其次，保险受益人是否仅限于第三人（经由指定、约定或法定而产生），被保险人或投保人是否可同时为受益人。

本文认为，凡保险，皆有保险受益人存在。其一，无论人身保险还是财产保险，被保险人基于其保险标的之人格权人（人身保险）或财产权人（财产保险）而为当然的受益人，即固有意义上的受益人或第一受益人：在人身保险，保险标的——被保险人之生命、身体和健康的完整性乃被保险人之利益之所在；在财产保险，保险标的——财产及其有关利益，为被保险人财产权（物权或债权等）之客体或标的物。其二，保险给付请求权乃被保险人之固有权利，该权利为财产权，基于私法之意思自治原则，被保险人可以将此权利让渡与第三人，此乃被保险人对其保险契约利益之处分，法律当无限制之必要。其三，在被保险人死亡而未指定受益人，或受益人指定不明或无效，以及受益人丧失受益权等情形下，若法律或实务中以被保险人之继承人为受益人时，此即法定（第三）受益人之法例。上述诸问题，下文即就逐一加以探究。

一、人身保险受益人之维度

人身保险，包括以人之寿命为保险标的之人寿保险；以人之身体之完整性为保险标的之伤害保险；以人之生命有机体功能完好为保险标的之健康保险以及以人之生死为保险事故，以保险金为被保险人之养老或其子女生活、教育费用之开支或为家属之抚恤之用等为目的之年金保险。

（一）人寿保险之受益人

中国大陆地区《保险法》未就人寿保险设立定义性条文。中国台湾地区《保险法》第101条规定："人寿保险人于被保险人在契约规定年限内死亡，或届契约规定年限而仍生存时，依照契约负给付保险金额之责。"在保险实务上，人寿保险分为生存保险、死亡保险与生死混合保险。因此，人寿保险分为以被保险人之死亡为保险事故和以被保险人之生存为保险事故两类。其中以被保险人之死亡为保险事故而为保险给付条件者，被保险人因死亡而自然不能主张和受领保险契约所生利益，受领保险金给付之受益人必为被保险人之外的人，故有必要另行指定受益人以受领保险金之给付，此为传统意义上受益人之由来。其中以被保险人之生存为保险事故而为保险金给付条件者，被保险人若不指定受益人，其自身即为受益人即法定之固有受益人或法定第一受益人；[1] 被保险人作为固有受益人在中国大陆和台湾地区保险法中均有定义性之规定，但何故又在受益人之定义性规定中有"被保险人……可以（均得）为受益人"之表述？是否为画蛇添足之举？[2] 基于私法之意思自治原则，被保险人也可指定受益人而享有保险契约利益。人寿保险除承保死亡之危险外，还承保生存之危险。生存之所以亦为危险，是因为被保险人工作能力会随年龄渐长逐渐衰退而导致经济生活不堪负荷之虞。因此，生存保险金之给付既可以被保险人为对象，也可以第三人为给付对象。但保险实务上，于生存保险，保险公司所拟保险单大多仅以被保险人本人为受益人，而不接受第三人为受益人之指定，是否有违被保险人之意愿，因而其合理性及合法性并不是毫无疑问之处。在生死混合险之场合，因保险实务上生存险常与死亡险搭配销售，因此亦容许生存保险指定受益人。基于上述，于人寿保险，无论死亡险还是生存险既有被保险人为受益人之存在，也有以被保险人之外的第三受益人（或经由指定，或法定）之存在。

（二）伤害保险之受益人

伤害保险在中国大陆地区《保险法》中未设定义，而包含于人身保险之中。中国台湾地区《保险法》第131条规定："伤害保险人于被保险人遭受意外伤害及其所致残废或死亡时，负给付保险金额之责。"由于伤害保险中亦有以死亡为保险金给付之条件，此与人寿保险之死亡给付相同，故

---

[1]　参见《中华人民共和国保险法》第12条第5款；中国台湾地区《保险法》第4条。

[2]　参见《中华人民共和国保险法》第18条第3款；中国台湾地区《保险法》第5条。

有指定受益人之必要。因此，中国台湾地区《保险法》第135条准用第110条至第116条有关受益人之部分，于伤害保险亦有适用；伤害保险中非死亡之医疗或残疾之给付，保险实务上因以被保险人为直接遭受损害而为填补对象之故，一般不接受第三人为受益人之指定，但若被保险人有使第三人受益之意，何故拒绝之？因此，本文认为，指定受益人亦可存在于非死亡给付之伤害保险中。如《法国保险合同法》《日本保险合同法》《德国保险合同法》第7章意外伤害保险章等规定关于伤害保险之保险金给付对象就包括第三受益人。[①]我国保险法以及保险实务可借鉴此等国家之保险法规定以因应被保险人之需要。

（三）健康保险之受益人

健康保险，在中国大陆地区《保险法》亦未单独设定义性条文，而为人身保险所包含。中国台湾地区《保险法》第125条规定："健康保险人于被保险人疾病、分娩及其所致残废或死亡时，负给付保险金额之责。"此与伤害保险之保险事故有相似之情形，既应有指定受益人之必要，亦应有指定受益人之许可，只要被保险人有使第三人受益之真实意思表示。基于此，本文认为，于健康保险，以被保险人死亡为保险事故者，受益人必为第三人，即由被保险人指定或基于法律规定而产生；非以死亡为保险事故者，被保险人通常即为受益人。在保险实务上，与伤害保险一样，保险公司一般也不接受受益人之指定，但也不应排除被保险人指定受益人之存在。[②]

（四）年金保险之受益人

中国大陆地区《保险法》未规定年金保险之险种，但保险实务上已存在此险种多时。中国台湾地区《保险法》第135条第1款规定："年金保险人于被保险人生存期间或特定期间内，依照契约负一次或分期给付一定金额之责。"第135条第3款规定："受益人于被保险人生存期间为被保险人本人。保险契约载有于被保险人死亡后给付年金者，其受益人准用第110条至第113条规定。"年金保险原属于生存保险之一，然而保险契约也可约定被保险人死亡后给付年金，此乃因应实际生活中将年金作养老、子女教育、退休、抚恤等不同用途之规划。因此，当有此约定时，自有指定受益人之必要，故准用保险法有关受益人之部分；至于中国台湾地区《保

---

① 参见《法国保险合同法》L.131–2条、《日本保险法》第71条（为第三人利益的伤害疾病定额保险契约）、《德国保险合同法》第183条（导致保险事故发生）第2款。

② 参见《日本保险合同法》第71条（为第三人利益的伤害疾病定额保险契约）第1款。

险法》第135条第3款将被保险人作为生存年金保险给付之受益人的规定，究为强制性规定或任意性规定，难以判断。但依私法之意思自治精神角度言之，只要被保险人自愿，当无禁止其指定受益人之理由。《法国保险合同法》L.132-8条也表明年金保险中有受益人之存在。[①]

（五）本书见解

以死亡为保险金给付条件之人身保险，有指定受益人之必要，这一点当无异议。但非以死亡为保险金给付条件之场合，是否应有受益人指定之情形，则有持异议者。如江朝国先生认为："从保险制度之发展观，保险契约旨在填补被保险人之损害，于人身保险中，包括人寿保险、健康保险及伤害保险常有以被保险人死亡为保险事故发生之要件（中国台湾地区《保险法》第101条、第125条和第131条），故除了要保人、被保险人之外，尚须有受益人存在之必要，以于保险事故发生时（被保险人死亡），受领保险契约之利益（保险给付金额）。"这一观点，除了不认为财产保险有（指定）受益人之存在外，于人身保险，也认为仅有死亡给付之保险才有受益人指定之必要。这种观点，首先未将被保险人归入受益人之列，即把受益人仅限于指定受益人；其次，认为不以被保险人死亡为保险事故时，即无须指定受益人，这不符合被保险人对其保险契约利益处分之自由。这一观点与中国大陆和台湾地区保险法受益人的概念不符。中国大陆和台湾地区保险法受益人的定义性条文均规定被保险人和投保人可以是受益人；那么被保险人是受益人的情形应当是除以死亡为保险事故的人身保险合同之外的人身保险合同，即生存保险、健康保险和人身意外伤害保险的被保险人。这种情况下，被保险人可以在受益人栏下填写自己的姓名，其实也可不必填写。因为受益人一栏空白即意味着被保险人无意使第三人受益。依据保险法之规定，被保险人即为受益人。根据我国现行《保险法》第18条和第26条"人寿保险以外的其他保险的被保险人或者受益人，向保险人请求赔偿或者给付保险金的诉讼时效期间为二年，自其知道或者应当知道保险事故发生之日起计算"之规定可以看出，人身保险合同之受益人，既存在于人寿保险合同之死亡保险合同，也存在于人身保险之健康保险合同、伤害保险合同之中。只是以死亡为保险事故的人身保险合同的受益人通常为被保险人指定的人，而非以死亡为保险事故的人身保险合同除被保

---

① 《法国保险合同法》L.132-8条规定："（1）被保险人的死亡年金应当付给一个或多个特定的受益人。（2）在偿付保险年金时，上述条款所提及的受益人，应当具有保险利益。"

险人为固有的受益人之外，被保险人还可以指定他人（投保人或任意第三人）为受益人，实际上是将自己作为受益人的权利让渡给了他人。

综上所述，在人身保险领域，无论于以死亡为保险事故之保险中，还是非以死亡为保险事故之保险中，除以被保险人本人为固有受益人之外，亦有指定受益人之可能，但无否认受益人指定之理。

二、财产保险受益人之探析

以本章所考察的范围为限，在财产保险，世界诸国和地区之保险法和判例几无指定受益人之例。盖因在财产保险，大多以被保险人为保险金权益归属人，鲜有另行指定受益人之机会。基于此，在保险法理论上持财产保险可指定受益人之观点者亦寥寥无几。然而，财产保险之保险金给付请求权为纯粹之财产权而具有可转让性，基于意思自治原则，被保险人对其享有的该财产权应有处分之自由。此外，在保险实务中，被保险人于保险事故发生前死亡或死于保险事故之情形并非不可能出现，故而存在于财产保险指定受益人之必要与可能。尤其在中国，随着房产和汽车等高价值商品借贷消费业务之兴起，在与此相关的财产保险合同中，被保险人将其贷款金融机构（债权人）或财产担保权人指定为财产损失险受益人的情形较为常见。然因在保险法上并无财产保险可指定受益人之明确规定，那么，保险标的物在保险期间发生保险事故后，指定受益人条款的效力将如何认定？指定之受益人是否享有直接请求保险人给付保险金之权利，或者被保险人和指定之受益人争相请求保险人给付保险金时，保险人究竟应将保险金给付于何者？此等问题在理论上存在争议，在司法实践中也存在同案异判之现象。基于此，下文拟从保险法原理与保险司法实务相结合之角度对此等问题进行研讨，试图得出一客观、合理而又合乎逻辑的结论。

（一）财产保险受益人指定效力之裁判

1. 财产保险受益人指定效力之肯定裁判

中国太平洋财产保险股份有限公司葫芦岛中心支公司与兴城市兴晟运输有限公司保险合同纠纷案[①]

[①] 参见《中国太平洋财产保险股份有限公司葫芦岛中心支公司与兴城市兴晟运输有限公司保险合同纠纷一案二审民事判决书》(2017) 辽 14 民终 1835 号；兴城市人民法院 (2017) 辽 1481 民初 1583 号民事判决书。

案情简介：2015 年 6 月 18 日，兴晟运输有限公司（被挂靠单位）以刘林松（挂靠人）所购辽 P××× 号福田牌汽车为保险标的向太平洋保险公司（以下简称保险人）投保了交强险、车损险、第三者商业责任险等保险，并在保险单中特别约定以兴城长兴村镇银行股份有限公司（保险车辆购置款之贷款人）为车损险"第一受益人"以抵偿刘林松所借购车款。在保险期间保险车辆与他人所驾驶车辆发生交通事故，保险人向车主刘林松支付车损险保险金 13 万多元，而未向指定受益人支付该笔保险金。因兴晟运输有限公司替刘林松偿还了购车款，兴城长兴村镇银行股份有限公司之债权完全实现，故而将其作为第一受益人之保险金给付请求权转让与还款人兴晟运输公司，但保险金实际受领人刘林松并未将该笔款项偿还于兴晟公司，兴晟公司因此以保险人为被告起诉于法院。

裁判要旨：一审和二审法院均认为，案涉保险合同乃当事人真实意思表示，其内容未违反法律的禁止性规定，就财产保险指定受益人之约定有效，应受到法律保护，各方当事人应严格履行合同义务。兴晟公司作为投保人依约履行了保险费给付义务，保险人在发生保险事故时亦应按照保险合同的约定向特别约定的第一受益人履行保险给付义务。

同类案例之裁判：由西安市碑林区法院初审、西安市中级人民法院终审的"中国人民财产保险股份有限公司西安市分公司与西安市新城区农村信用合作联社兴庆信用社、吕艳良财产保险合同纠纷"一案之裁判，二审在维持初审法院判决的基础上认为："财产险受益人的约定在不损害他人利益的情况下，是保险合同当事人处分自己权利的行为，不应一概以法律无明确规定认定无效。"[1]湖北省鄂州市鄂城区人民法院就"卫冲与中国太平洋财产保险股份有限公司鄂州中心支公司财产损失保险合同纠纷"一案做出的（2015）鄂鄂城民初字第02833号判决书认为："从保险合同受益权的性质而言，受益权是指受益人对保险金的请求权即请求保险人按照合同约定为金钱给付的权利，被保险人可享有保险金请求权，也可以通过转让使得第三人成为保险受益人，这是被保险人对自身权利的一种自由处分，当事人在保单中做出的'第一受益人'的特别约定不违反民法基本原则……"[2]因此，受益人就保险金享有实体请求权，亦享有诉权。该案经一审重审，除案件事实有重新认定之外，对受益人指定之效力的判决未变，又经二审终审，判决维持了原判。终审法院就受益人指定之效力的裁判要

---

[1]　西安市碑林区人民法院（2014）碑民初字第00362号民事判决书；西安市中级人民法院（2014）西中民四终字第00293号财产保险合同纠纷二审民事判决书。

[2]　湖北省鄂州市鄂城区人民法院（2015）鄂鄂城民初字第02833号判决书。

旨为:"上诉人卫冲作为保险合同特别约定的第一受益人享有请求保险人太平洋财保鄂州公司支付保险金的权利。"[①]

2. 财产保险受益人指定效力之否定裁判

中国银行股份有限公司吉水支行诉中国人寿财产保险股份有限公司吉安市中心支公司财产保险合同纠纷案

案情简介:张淑华因购买家用小车向中国银行吉水支行借款10万元,并以所购车辆抵押担保该笔债务;其又以所购车辆为保险标的向中国人寿财产保险股份有限公司吉安市中心支公司(以下简称保险人)投保了全额险,并在保单上做出了"本保险单第一受益人为中国银行股份有限公司吉水支行"之特约。在保险期间内,保险车辆先后发生三次事故,保险人累计赔付42332元。后来,中国银行吉水支行以借款人张淑华未按期还款为由,向吉水县人民法院提起诉讼,判决生效后,吉水县人民法院依法将保险车辆拍卖而将款项用于清偿张淑华所负债务,但仍有28493.17元债务未清偿,故中国银行吉水支行作为保单指定的第一受益人请求法院判令保险人承担清偿责任。江西省吉水县人民法院做出判决:限保险人于判决生效后10日内,向受益人中国银行吉水支行支付款28493.17元,以清偿张淑华所负债务。[②]

终审裁判要旨:二审法院吉安市中级人民法院认为,受益人是人身保险合同中由被保险人或者投保人指定的享有保险金请求权的人,保险法并无财产保险有所谓受益人权利、义务的相关规定。[③]故二审法院以涉案保险标的之车辆不能参照人身保险受益人之相关规定确定合同当事人之权利义务为由,判决驳回了中国银行吉水支行以"第一受益人"身份之诉请。

同类案例之裁判:"中国大地财产保险股份有限公司、抚顺胜任担保公司与清原满族自治县龙源木业有限公司、抚顺银行股份有限公司清原支行财产保险合同纠纷"一案二审民事判决书(维持了一审法院判决)之裁判要旨:"虽然财产保险合同中指定受益人不为法律所禁止,但其与人身保险合同中的受益人并不当然具有相同法律内涵,案涉保险合同并未约定受益人享有直接向保险人主张保险金的权利,即该权利本身并不存在,因此本案中抚顺银行作为财产保险合同中约定的受益人,不能直接行使保险

[①] 参见湖北省鄂州市鄂城区人民法院(2016)鄂0704民初1935号判决书;湖北省鄂州市中级人民法院(2017)鄂07民终98号判决书。

[②] 参见江西省吉水县人民法院(2014)吉民初字第164号民事判决书。

[③] 参见江西省吉安市中级人民法院(2014)吉中民二终字第153号判决书。

金请求权。"[①]该裁判要旨表明，法院一方面并不否定财产保险可以指定受益人，但却否认受益人享有向保险人请求给付保险金的权利。然而，指定受益人之实质就是被保险人对其保险金给付请求权的处分，因此法院的判决实质上否定了财产保险指定受益人的效力。

在"李文振与中国人民财产保险股份有限公司孝感市分公司财产损失保险合同纠纷案"中，案审法院民事裁定书也持相同的裁判观点。[②]另在"罗源光与中国人民财产保险股份有限公司黄石市分公司财产保险合同纠纷"一案，法院也做出了否定财产险指定受益人之效力的判决。[③]针对"泗县二建混凝土有限公司与中国平安财产保险股份有限公司合肥中心支公司财产损失保险合同纠纷"一案，法院判决认为，在财产保险合同中，"当事人虽在投保时特别约定中国康富公司为第一受益人，对于该财产保险合同受益人的权利，保险法没有规定，保险合同双方当事人在保险合同中亦无明确约定，而保险合同条款及保险法均规定被保险人享有保险金请求权，故本案不能排除泗县二建公司对保险金的请求权"。[④]

3. 财产保险受益人指定效力之折中（模糊）裁判

罗仙平与中华联合财产保险股份有限公司台州市路桥支公司财产损失保险合同纠纷案

案情简介：2015年4月21日，罗仙平为其新购置的机动车在中华联合财产保险股份有限公司台州市路桥支公司（以下简称保险人）处投保了车辆损失险、车辆损失险不计免赔险、车上人员责任险、第三者责任险等险种，其中车辆损失险的保险金额为120500元，同时在保险合同中将购车款之贷款人中国工商银行股份有限公司义乌分行指定为受益人。2015年10月21日18时56分许，保险车辆在行驶过程中起火烧毁。被保险人罗仙平因请求保险人给付车辆损失保险金被拒而向浙江省台州市路桥区人民法院提起诉讼。保险人抗辩认为，被保险人既已指定中国工商银行义乌分行为保险受益人，因而不再享有保险给付请求权，保险金请求权人应为受益人。因此，请求法院驳回被保险人之诉讼请求。

裁判理由：原审法院认为，虽然保险合同约定银行为受益人，但保险人并无证据证明合同特别约定的内容已经征得被保险人同意；即使约定属

---

① 辽宁省抚顺市中级人民法院（2016）辽04民终830号判决书；另参见辽宁省清原满族自治县人民法院（2016）辽0423民初44号民事判决书。

② 参见湖北省孝昌县人民法院（2017）鄂0921民初74号判决书。

③ 参见黄石市黄石港区人民法院（2017）鄂0202民初2423号民事判决书。

④ 安徽省泗县人民法院（2014）泗民二初字第00018号判决书。

实，亦不能以此否认被保险人的保险给付请求权，[①]根据《浙江省高级人民法院关于审理财产保险合同纠纷案件若干问题的指导意见》(以下简称《指导意见》)第15条之规定[②]，被保险人亦同样具有保险金请求权，只有在被保险人怠于行使请求权时，受益人方可主张权利。[③]基于上述理由，法院未采纳保险人之抗辩，判定保险人向被保险人履行保险给付义务，而不应向受益人给付保险金。

保险人不服原审判决而上诉于浙江省台州市中级人民法院。二审法院认为："在财产保险合同中约定受益人条款的，发生保险合同纠纷，在受益人与被保险人非同一人的情形下，被保险人、受益人均可以作为原告向保险人主张权利。"[④]

法院裁判观点之自相矛盾：该案一审和二审法院均以浙江省高院《指导意见》第15条为裁判依据，但《指导意见》第15条之规定不合逻辑且违背保险法原理，也不符合民商法之基本原理。原因分析如下。

第一，根据中国大陆地区《保险法》第12条第5款前一句"被保险人是指其财产或者人身受保险合同保障，享有保险金请求权的人"之规定，被保险人享有法定保险给付请求权。亦如中国台湾地区《保险法》第4条前段"被保险人，指于保险事故发生时，遭受损害，享有赔偿请求权之人"之规定，被保险人亦享有法定保险给付请求权。被保险人之保险金请求权乃可让与之金钱债权，因而可以透过指定受益人而将该权利处分于第三人，并于保险事故发生之际，受益人即对保险金取得既得权。因此，在指定的受益人对保险金已享有既得权之条件下，被保险人之保险金请求权即已消灭。

第二，既然被保险人已将保险金请求权处分于受益人，且受益人已享有既得权之条件下，被保险人即不再享有向保险人主张给付保险金的权利，因而也不存在两者同时对保险金享有权利之可能，惟受益人享有并可主张该权利。因此，如果受益人对保险金已经享有既得权的条件下，被保险人再向保险人请求给付保险金的，保险人可以拒绝，否则在受益人主张保险金时，保险人就会承担双重给付的风险。

---

① 参见浙江省台州市路桥区人民法院（2016）浙1004民初221号民事判决书。

② 《浙江省高级人民法院关于审理财产保险合同纠纷案件若干问题的指导意见》第15条："财产保险合同中约定受益人条款的，在受益人与被保险人非同一人的情形下，被保险人未主张保险金请求权时，受益人可以作为原告向保险人主张权利"。

③ 参见浙江省台州市路桥区人民法院（2016）浙1004民初221号民事判决书。

④ 浙江省台州市中级人民法院（2016）浙10民终1038号二审民事判决书。

第三，二审法院的裁判意见，即在被保险人和受益人非同一人时，二者均可以作为原告向保险人主张权利，也会产生歧义：一是在诉讼法上被保险人和受益人均有诉讼主体资格，当然都可以原告名义对保险人提起诉讼而请求保险金给付；二是在实体法上被保险人和受益人均享有保险金请求权。但已如上述，被保险人若已将保险金请求权全部处分于受益人，则权利之主体已由被保险人变更为指定之受益人，被保险人在实体法上即不再享有该权利，这与被保险人和受益人均可以原告名义起诉是完全不同的两回事。指定受益人所享有的权利是被保险人通过单方法律行为，即处分行为所授予的，而非由法律所赋予。因此，只要基于被保险人的真实意思表示指定的受益人，该受益人即享有保险金请求权，法院即不应否定财产保险指定受益人之效力。

（二）财产保险有无受益人之学说

关于财产保险是否有受益人存在的问题，有肯定和否定两种截然相反的观点。首先，在中国台湾学界，持肯定与否定两种观点的学者似乎旗鼓相当。

1. 财产保险受益人肯定说

在中国台湾学者中持财产保险受益人肯定说的理由大致有两点：一是中国台湾地区《保险法》第5条并未出现将受益人限于人身保险合同之字眼，而且该条规定于总则之中，根据总则规定之效力应贯穿于分则之原则，则受益人的概念和相应规则亦应同时适用于人身保险和财产保险；二是受益人之指定乃单方法律行为，贯彻私法自治原则，保险契约亦当无例外。基于上述，被保险人当然可以指定他人（包括投保人）为受益人。持肯定说之学者，如郑玉波先生举例说："在财产保险中亦不妨有受益人之指定，例如甲就自己之货物，自订水险契约，而以丙为受益人，有何不可。况且本法（中国台湾地区《保险法》）总则及保险契约通则中，均设有关于受益人之规定（中国台湾地区《保险法》第3条、第22条和第45条），此等规定自得适用于财产保险契约。可见财产保险契约，并非绝对没有受益人的问题。又由中国台湾地区《动产担保交易法》第16条7款，第26条7款，第33条7款之规定观之，亦可确知财产保险亦得有受益人而无疑义。"[1] 另有学者认为："有继承人为受益人者，如要保人为自己利益而将自己房屋投保火险，不幸火灾发生，人与之俱焚，受领保险金者即为其继承人。又有

---

① 郑玉波:《保险法论》，三民书局2003年版，第19~20页。

受让人为受益人者，若要保人为自己利益而将自己之货物投保运输保险，如其为指示式契约，受让人实际处于受益人之地位。"①持相同见解的中国台湾学者还有陈顾远等。②

2. 财产保险受益人否定说

持财产保险受益人否定说的中国台湾代表性学者有江朝国先生，其观点已如上述③；又如杨仁寿先生所言："财产保险契约之性质，既在'禁止得利'，则于保险事故发生时，受损害填补人不得因而得利，除被保险人之外，则别无所谓受益人。被保险人即受益人，受益人即被保险人……享有赔偿请求权之人，除被保险人之外，并无另有所谓受益人存在。"④

中国大陆学者因受我国《保险法》第18条将受益人限于人身保险合同的规定和中国台湾学者否定说的双重影响，持财产保险受益人否定说者居多，极少部分学者持肯定见解。如有学者认为："保险受益人制度不仅适用于人身保险，也应适用于财产保险。"⑤

国外持财产保险受益人否定说的学者有如日本的朝川幸夫、大林良一等，他们认为受益人仅存在于人身保险，财产保险则否。⑥从前述英美法系学者关于保险受益人之描述中可知，受益人似乎亦仅存在于人身保险中。

（三）本书见解

笔者认为，在财产保险，除法定受益人之被保险人外，亦存在指定受益人。

1. 财产保险（指定）受益人之立法例及官署的解释

其一，中国台湾地区《保险法》关于受益人规定之第3条、第5条、第22条和第45条均处于总则及保险契约通则中，诚如郑玉波先生所说，"此等规定自得适用于财产保险契约"。该法复于第18条规定："要保人破产时，保险契约仍为破产债权人之利益而存在（即以破产债权人为保险契约利益归属人或受益人）……"中国台湾地区《动产担保交易法》第16条

① 袁宗蔚：《保险学：危险与保险》，首都经济贸易大学出版社2000年版，第206页。
② 陈顾远：《保险法概论》，正中书局1977年版，第56页。
③ 参见江朝国：《论被保险人有无指定受益人之权》；载江朝国：《保险法论文集》（三），台北瑞兴图书股份有限公司2002年版，第339~345页。
④ 杨仁寿：《从财产保险契约之本质论为他人利益保险》，《法令月刊》第46卷(9)，第5页。
⑤ 权衡：《保险受益权刍议》，《江南大学学报》（人文社会科学版)2004年6月第3期。
⑥ 参见郑玉波：《保险法论》，三民书局2003年 修订第5版，第19~20页。

规定，"若有保险者，其受益人应为抵押权者之记载"；第27条规定，"若有保险者，其受益人应为出卖人之记载"；第33条规定，"若有保险者，其受益人应为信托人之记载"。财产保险受益人肯定说也为中国台湾地区"最高法院"裁判所肯定。[①]

其二，《俄罗斯联邦民法典》第930条至第932条也有财产保险受益人的规定。其中，第930条（财产保险）规定："1.为依据法律、其他法律文件或者合同对投保财产享有利益的人（投保人或受益人）之利益，可以按照财产保险合同对该财产投保。2. 当投保人或受益人对所投保的财产没有保险利益时，所订立的保险合同无效。3. 为受益人的利益订立的财产保险合同，可以不指出受益人的姓名或名称。在订立这种合同时，应向投保人签发保险单作为凭证。在投保人或者受益人依该合同实现权利时，必须向保险人提交该保险单。"[②]

其三，中国大陆原保监会曾在《中国保险监督管理委员会关于保证保险合同纠纷案的复函》（保监法〔1999〕16号）关于保证保险的答复即将被保证人（债务人）作为被保险人，而将债权人作为受益人。[③]在英美保险法理论上即将债权人为受益人的类型称为"creditor beneficiary"。[④]最高人民法院在其发布的司法解释征求意见稿中即将作为基础法律关系之债权债务关系的债权人作为保证保险之受益人。[⑤]

即使是持财产保险受益人否定说的学者，如江朝国、杨仁寿等并不否认财产保险的被保险人即为受益人。[⑥]梁宇贤先生也认为"一般财产保险契约，均以被保险人为当然受益人，唯人寿保险契约，除被保险人外，则

---

① 中国台湾地区"最高法院"在1985年台上字第2586号判决中，对受益人的法律地位做了解释，"按保险法第5条规定：'本法所称受益人，指被保险人或投保人约定享有赔偿请求权之人，要保人或被保险人均得为受益人。'此项于保险法总则之规定，于财产保险及人身保险均有其适用，保险法于保险契约之通则，财产保险与人身保险亦均设有关于受益人之条文，不因其为财产保险，而否定受益人之存在。原审就此所为之法律见解，尚属可议"。

② 黄道秀 等译：《俄罗斯联邦民法典》，中国大百科全书出版社1999年版，第383页。

③ 《中国保险监督管理委员会关于保证保险合同纠纷案的复函》（保监法〔1999〕16号）对保证保险的答复为："是指由作为保证人的保险人为作为被保证人的被保险人向权利人提供担保的一种形式，如果由于被保险人的作为或不作为不履行合同义务，致使权利人遭受经济损失，保险人向被保险人或受益人承担赔偿责任。"

④ See Muriel L.Crawford, *Life and Health Insurance Law*, McGraw-Hill Companies,Inc.eighth edition, 1998, pp.201~202.

⑤ 《最高人民法院关于审理保险纠纷案件若干问题的解释（征求意见稿）》（2002年12月8日）第34条（保证保险性质及当事人）第2款规定："保证保险法律关系的当事人为保险人（保险公司），权利人（债权人、受益人），投保人（合同的债务人、被保证保险人）。"

⑥ 杨仁寿：《从财产保险契约之本质论为他人利益保险》,《法令月刊》第46卷(9)，第5页。

另有受益人。"①由此看来，财产保险是否存在受益人之争议的焦点在于是否有指定受益人。

2. 财产保险指定受益人的合理性

如上文所述，在非以死亡为保险给付条件的人身保险中，除被保险人作为固有受益人之外，其亦可通过指定第三人为受益人之方式而处分其保险给付利益。这是权利人基于意思自治对其财产权益处分自由的表现。第一，有必要将财产保险与非以死亡为保险事故的人身保险之异同做比较。两者之共同点如下：其一，被保险人乃附着于保险标的之上保险利益的归属人（财产权人或人格权人），因而为固有之受益人；其二，因被保险人在保险事故发生时生命仍然存续，因而一般无须指定他人为受益人受领保险金，而由其自己行使保险金给付请求权。两者之不同有如下几端：第一，这两类保险的保险标的不同，一者作为保险标的的被保险人之生命、健康及其身体的完整性与被保险人互为依存，合为一体；二者作为保险标的之财产及其有关利益与被保险人之人身相分离而独立存在。第二，保险契约关系主体不尽相同：在人身保险，投保人和被保险人往往异其主体而分别存在，除被保险人对保险标的当然具有保险利益之外，投保人若同时为受益人时，须对保险标的具有保险利益（基于法定身份关系或物权、债权等财产关系）；在财产保险，投保人与被保险人大多合二为一而为同一主体，即投保人就是被保险人，被保险人就是投保人。在财产保险之保险单中或保险公司印制的保险条款中一般无指定何人为被保险人之条款，指定与否并无实际意义。第三，保险金额的确定依据不同：于财产保险，保险金额以保险标的之实际价值确定，故保险金之给付限额采用损失补偿原则以禁止不当得利，因而保险金额超过保险标的价值的部分无效；于人身保险，基于人格利益无价之性质和理念，作为保险标的之被保险人生命、健康和身体之完整性因不以金钱衡量其价值，保险金额之确定并无高低限制，而于投保时由合同当事人协商确定一具体之金额（即所谓定额保险），因而不适用不当得利、重复保险、超额保险以及保险代位权等规则。

一言以蔽之，无论财产保险和非以死亡为保险事故之人身保险之异同如何，二者的共性在于，基于不同保险标的而成立的保险契约所产生的保险金请求权均为财产权，且具有可让与性。职是之故，被保险人皆有权透过指定他人为受益人之途径而移转其保险给付利益。在人身保险，被保险人可以指定受益人，而在相似情况下否认被保险人于财产保险指定受益人

---

① 梁宇贤：《保险法新论》（修订版），中国人民大学出版社2004年版，第42页。

的观点和做法实难令人信服。

意思自治或作为私法之基本理念，乃私法主体行使或处分其私权之自由的表现。在不违背法律的禁止性规定、公序良俗和他人合法权益的条件下，法律应尊重被保险人对其保险金请求权的处分而肯定该行为有效。正如法院在"卫冲与中国太平洋财产保险股份有限公司鄂州中心支公司财产损失保险合同纠纷"一案判决书中所表达的观点："被保险人可享有保险金请求权，也可以通过转让使得第三人成为保险受益人，这是被保险人对自身权利的一种自由处分，当事人在保单中做出的'第一受益人'的特别约定不违反民法基本原则……"[①] "在一个公正的社会中，个人自由权具有对其他价值——机会均等、一般福利、社群、家庭等价值的优先性。"[②] 一般而言，在财产保险，发生道德危险的概率往往小于人身保险，至少不会高过人身保险。因为，财产保险相对于人身保险，实行损失补偿原则，且保险期间大多比较短（长则一年，短则一周或几天），危险发生后勘验定损比较容易。保险契约法，无论在民商分立私法体制为商法之一部分，或者民商合一立法体制为民法之特别法，皆属私法之范畴，故保险契约作为平等主体当事人之间规范保险关系之协议，统一遵循意思自治原则。因而，被保险人作为保险契约关系之主体，亦当然有权处分其保险契约利益（保险给付请求权），尤其以指定他人为受益人之典型方式而授予当事人以保险金请求权（又称受益权）。

3.财产保险指定受益人的必要性

在保险理论和实务中，虽然财产保险不以人之死亡作为保险事故发生或请求给付保险金之条件，但有被保险人于保险事故发生前死亡或因保险事故的发生而丧生之可能，如被保险人葬身于保险事故之保险标的（如房屋）倒塌或火灾等。职是之故，否定被保险人于财产保险契约指定受益人之效力，而根据中国大陆和台湾地区保险法之现行规则，保险金只能根据继承法作为遗产而由被保险人之继承人继承，这一结果并不一定如被保险人之所愿。另一方面，在前述情况，若被保险人亦无继承人受领保险金，是否意味着保险人免除保险给付义务？若如此，保险人是否构成不当得利？抑或由国家作为法定受益人受领保险金或根据物权法或继承法规则取得保险金之物权？若如此，更难谓符合被保险人的真实意愿。

基于上述，笔者以为，法律有必要尊重被保险人之意思而赋予其指定

---

① 湖北省鄂州市鄂城区人民法院（2015）鄂鄂城民初字第02833号判决书。

② ［美］莱利斯·雅各布：《民主视野》，中国广播电视出版社2000年版，第129页。

财产保险受益人以法律效力。

随着《中华人民共和国外商投资法》的实施和外资准入限制负面清单的采用直至全市场开放，保险市场的竞争亦将更加激烈，保险产品的开发和推出亦将如雨后春笋。于此背景下，对财产保险指定受益人的这一合理行为否定其法律效力，无疑将会妨碍保险产品的推陈出新和阻碍保险市场的繁荣。而且，随着互联网的普及和人工智能的采用，为便利保险契约利益之流转，保单的证券化也为大势所趋。作为一理性经济人，其深知，财产效用的最大化或其利益的增值唯有通过流转才能实现。动产、不动产和无形财产权利的证券化正是人们获取财富和处分财产权益之欲望所催生的结果。在保险市场，被保险人作为当然的受益人将其财产契约之保险给付请求权以指定受益人的途径而让渡，乃再自然不过的行为，亦将屡见不鲜。

综上所述，由立法明确规定或司法肯认财产保险指定受益人之效力乃顺乎人意的合理之举。

4. 财产保险指定受益人之实例

其一，物之担保人为强化其对所负债务之担保力，以担保物为保险标的订立保险契约而指定担保物权人（债权人）为受益人，在担保物权人因担保物毁损灭失（保险事故发生）而不能使其债权受清偿时，保险人即依受益人指定之条款向担保物权人给付保险金。很多情况下，火灾保险和海上保险是由投保人替"可能相关的人的利益"投保的，意向中的受益人通常是一个有待确定的人，该人可能是保险标的财产中某些利益的买受人。该受益人一旦能被确定，其权利即可到处得到承认。[1]本章前引诸案例即为此等类型之体现，虽然各地法院对以债权人为受益人指定之效力分别有肯定、否定和折中等不同判定，这些案例已表明现实社会经济生活对财产保险指定受益人的需求。法律作为上层建筑之重要组成部分应以促进社会经济发展和繁荣为目的，因此那些对财产保险指定受益人之效力予以否认之判决确实值得怀疑。

其二，保险实务中被保险人死于保险事故发生之前或罹难于保险事故的情形难以避免，尤以被保险人死于保险事故且损失继续扩大为典型。但是，若事先于财产保险合同中指定受益人，便可避免不必要或未来得及办理保险合同变更手续之困境，从而解除被保险人后顾之忧，以有利于指定之受益人善后和行使保险契约之权利。

---

① ［美］A.L.科宾:《科宾论合同》(下册)，王卫国 等译，中国大百科全书出版社1998年版，第232页。

其三，生产商或经销商为促销产品而以产品为保险标的与保险人订立保险契约，以产品的消费者为保险受益人。例如，某汽车制造公司与保险人订立保险契约，根据约定，保险人向所有从该汽车制造公司购买汽车的消费者承保因火灾和盗窃所造成的损失。[①]在此保险契约中，即以每一汽车的买受人为该保险受益人。

综上所述，人身保险或财产保险，除以被保险人为法定第一受益人或固有受益人之外，亦可指定受益人。第一，被保险人作为对保险标的具有保险利益之人（物权人或债权人），在未有指定受益人存在时，其本人即为当然或法定之受益人。第二，以意思自治为基础并合于公序良俗之条件下，被保险人有权将具有可移转性之保险金权利以指定受益人之方式予以处分。以死亡为保险给付条件之人身保险和虽不以死亡为保险给付条件，但被保险人于保险事故发生前死亡或死于保险事故的财产保险，即存在指定受益人之必要。财产保险与人身保险的受益人只是存在的方式有所不同：在财产保险，以被保险人作为法定或固有受益人为常态，而以指定受益人为非常态；在人身保险，尤其以死亡为保险事故的人身保险，以指定受益人为常态，而以被保险人作为固有受益人之存在为非常态。因而在财产保险实务中，保险单作为定型化之合同，一般无（指定）受益人之条款，即受益人（指定）非为必要记载事项，但若为受益人之记载，亦无不可。若保险契约未指定受益人，则保险金即为被保险人之固有权益。在人身保险实务中，尤其是以死亡为保险给付条件时，常有指定受益人之条款，若有受益人之记载者，于保险事故发生时，即由记载之受益人受领保险金。反之，保险金则仍由法定受益人或固有受益人之被保险人享有。

除上述之外，在财产保险和人身保险，若法律特别规定有受益人之情形，此即所谓的法定受益人。其详本书另有后论。

---

① ［美］A.L.科宾：《科宾论合同》（下册），王卫国　等译，中国大百科全书出版社1998年版，第232页。

第四章　保险受益人之特定要素探析

学界在论及受益人之资格时几乎都有这样的表述，即受益人之资格，法律上无任何限制，自然人、法人均无不可。[①] 盖因受益人在法律上仅为单纯享受权利之人，只要具有权利能力，即可为受益人。[②] 如有学者认为："受益人无须与被保险人或要保人有一定关系之存在，亦无资格上之限制。"[③] 如果说凡为法律上之人格者，或者说只要是法律上能够享受权利之人，无论自然人、法人或非法人组织均可成为受益人的话，那么在此意义上，可以说受益人无资格限制。但是，除民事主体皆可为保险受益人之外，受益人是否别无任何条件或某种限制？笔者认为，答案不能如此武断。首先，成为受益人最重要的条件应是：须对保险标的具有保险利益。换言之，如果把具有权利能力作为保险受益人之普适要件的话，那么具有保险利益就是其特别或核心要件了。其次，在指定受益人的范围上，尤其在团体人身保险和其他特种保险，中外保险法几乎都有将指定受益人的范围限于被保险人之亲属或法定继承人的规定。下文将着重从保险利益功能之视角，探讨保险利益是否为受益人之条件，或者说保险利益之存在和规制对象是否为（或包括）保险受益人。

一、特种保险受益人之特定身份

指定受益人本是被保险人或指定权人对保险金给付请求权的处分，原则上遵循意思自治之法理，法律一般不加干涉。他人，包括投保人与保险人均无权干涉被保险人对受益人的指定。但有时法律上基于政策上之考

[①]　参见郑玉波：《保险法论》，刘宗荣 修订，三民书局2003年版，第175页。

[②]　参见施文森：《财产与人身保险》，正中书局1980年版，第32页。

[③]　施文森：《保险法论文》（第一集），三民书局1988年版，第224页；梁宇贤：《保险法新论》（修订新版），中国人民大学出版社2004年版，第234页。

虑，须对受益人之资格加以限制，此类限制于社会保险最为常见。[①]在团体人身保险或为特定职业者所设保险中，法律往往对投保人或被保险人指定受益人的范围设有限制，即受益人应为被保险人本人或者在被保险人之近亲属中指定。如中国大陆地区《保险法》第39条第2款即对劳动关系中的用人单位以其雇员为被保险人所订立的团体人身保险合同，规定受益人的指定仅限于劳动者本人或其近亲属。法律设此限制性规定的目的主要是为了保护被保险人及其近亲属的利益，同时为避免作为投保人的法人或非法人团体将自己指定为受益人而诱发道德危险或者防止投保人利用自己的优势地位损害员工的利益。又如中国台湾地区《军人保险条例》第6条即将受益人的指定限定在被保险人本人（以军人之退伍或残废为给付条件）与其近亲属范围以内。法律设此限制，乃由此种保险的性质与目的所决定，即保障军人自身及其近亲属利益以解除其后顾之忧。世界其他国家如美国、加拿大、日本等均有类似规定。

二、受益人应否具有保险利益？

（一）保险利益之意义

保险利益（insurable interest），或称可保利益，是指保险契约关系之主体（包括保险契约当事人与关系人）对于保险标的所存在的利害关系。英国《1774年人寿保险法》最早在立法上将保险利益作为保险合同的有效要件，并且应将与保单有利害关系之人（保单持有人或受益人）之姓名记载于保单之上，否则保单无效。该规定之目的在于禁止赌博和防阻道德危险。[②]人身保险之保险利益作为保险契约之生效要件，从此而为各国保险法所明确规定。英国《1906年海上保险法》第5条规定，除法律另有规定外，任何人对于海上商务活动有利害关系存在者，即属有保险利益。所谓利害关系，系指该人与海上商务活动间存有法律上或衡平上之关系或其财产可能遭遇损失危险，亦即该人因标的财产安全送达而获益，因标的财产

---

① 参见施文森：《财产与人身保险》，正中书局1980年版，第32页。

② 《1774年人寿保险法》第1条规定："自本法通过后，任何个人或政治或商业法人团体不得以利用保险或从该保险受益之人以不具有利益之人的生命或任何其他事故投保，或以赌博之方式投保。任何违反本条意旨之保险，一概无效。"第2条规定："任何以他人之生命或其他事故投保而签发之保险单，未于保险单上载明对该保险单有利益之人或利用该保险单之人或自该保险单受益之人之姓名者，无效。"

毁损或遭扣押而受损害。① 根据美国某些州保险法之规定及某些学者之见解，保险利益乃这样一种利益，即法律要求保险单之受益人对保险标的物或被保险之人所具有的利益，以免保险契约被当作赌博或保险事故之诱发因素而被确认为无效。② 自此以后，保险利益作为财产保险契约之有效要件而为各国保险法所遵循。因此，保险利益之要求使保险与赌博相区分而彼此泾渭分明，并以此起着防阻道德危险的作用，并进而成为保险法之基本原则之一。

（二）保险利益之功能

保险利益作为保险法之基本原则，其功能在于：第一，防止赌博。该功能同时适用于财产保险和人身保险。"赌博是单凭偶然事件，来决定输赢的行为，往往与公序良俗相违背，常为法所不许。"③ 在中国大陆，赌博一直被视为一种恶习而为一切法律所禁止。保险契约若不以保险利益为前提，即与赌博无异。试想，若就与自己毫不相干之他人财产投保火灾险或盗窃险，或就与自己毫无关系之他人之生命、身体和健康而投保人身险，而使自己受益，此与赌博有何不同？所以，自英国《1774年人寿保险法》《1906年海上保险法》将保险利益作为保险契约效力要件以来，世界各国和地区保险法无不相继采用，以避免保险沦为赌博。第二，防止道德危险。所谓道德危险（moral hazard），或曰主观危险，是指保险契约主体，因图谋保险金，以作为或不作为之行为，造成或扩大的危险。④ 此功能亦同样适用于财产保险和人身保险。例如，若就与自己毫不相干之他人财产投保火灾险或盗窃险，或就与自己毫无关系的他人之生命、身体和健康而投保人身险，然后制造保险事故而领取保险金，这与谋财害命有何不同？因此，若法律对保险契约主体于保险标的无保险利益之要求，必然会诱发道德危险频生，致保险制度之价值丧失而沦为毁财害命之工具。第三，"填补被保险人具体性之损害或防止复保险、超额保险，避免不当得利情形之

---

① 原文为：Subject to the provisions of this Act, every person has an insurable interest who is interested in marine adventure.In particular a person who is interested in a marine adventure where he stands in any legal or equitable relation to the adventure or to any insurable property at risk therein, in consequence of which he may benefit by the safty or due arrival of insurable property, or may be prejudiced by its loss, or damage thereto, or by the detention thereof or may incur liability in respect thereof.

② See John F.Dobbyn, *Insurance Law in a Nutshell*, West Group/法律出版社/, 3rd edition, 2001, p.82.

③ 郑玉波：《保险法论》，刘宗荣 修订，三民书局2003年版，第66页。

④ 参见郑玉波：《保险法论》，刘宗荣 修订，三民书局2003年版，第67页。

发生"。①所谓保险利益，是保险事故不发生时，保险标的之权利人所享有的利益，而非保险事故发生后之利益。因此保险事故发生后，被保险人请求补偿之数额，即应受保险利益之限制。该功能于财产尤其适用，因在财产保险，保险利益以可用金钱衡量的保险标的之价值为度量标准。

（三）保险利益之分类

根据中国大陆地区《保险法》（2015）第12条第6款和2002年《保险法》第12条第4款②之规定，保险利益是保险契约主体对财产保险之标的——财产及其利益和人身保险之标的——人的寿命和身体所存在的合法利益。另中国台湾财团法人保险事业发展中心所编纂的《保险英汉词典》对保险标的（subject-matter insured）的解释为："系指保险契约所承保的客体，可能为财产、货物、人、赔偿责任或活动等。这些标的之损失会带来被保险人财务上的损失，因保险而转嫁给保险公司，由保险公司负赔偿责任。"在此，且先将保险利益之存在的主体搁置一旁，留待下文详论。被保险人须对作为保险标的之财产、生命或责任等具有保险利益。③分而言之，在财产保险，被保险人对保险标的或以所有权人、抵押权人、债权人等之地位而具有保险利益；在人身保险，被保险人对保险标的——自己的生命、身体之完整性和健康具有无限之利益，④同时被保险人基于其保险标的之上所存在的保险利益之权利主体地位可以指定他人为保险契约之受益人；对

---

① 江朝国:《保险法基础理论》，中国政法大学出版社2002年版，第72页。

② 《中华人民共和国保险法》（2002）第12条第4款规定："保险标的是指作为保险对象的财产及其有关利益或者人的寿命和身体。"2009年修订后的《中华人民共和国保险法》及以后再次修订的2015年《保险法》均取消了2002年《保险法》第12条关于保险标的之定义性规定。原因应该是学界对基于保险标的而将保险划分为人身保险和财产保险的质疑而倾向于以保险金给付的方式将保险划分为补偿型保险和给付型保险。

③ John Birds & Norma J. Hird, *Birds' Modern Insurance Law*, 5th edition, Sweet and Maxwell, 2001, p.14. John Birds, *Birds' Modern Insurance Law*, Thomson Reuters Uk limited, 10th edition, 2016, p.10.

④ See Warnock v. Davis, 104 U.S. 775, 779 (1881) (将保险利益界定为"对被保险人生命之延续的合理期待利益或好处"); Mut. Sav. Life Ins. Co. v. Noah, 282 So. 2d 271, 273 (Ala. 1973) (解释道："任何人对自己之生命具有无限之保险利益");Miller v. Travelers' Ins. Co., 144 N.E. 554, 554 (Ind. App. 1924)(此案探讨了普通法上此等利益之类似性质);Hoffman v. Fed. Reserve Life Ins. Co., 255 P. 980, 981 (Kan. 1927) (宣称 "被保险人对自己之生命具有无限的保险利益");Pierce v. Metro. Life Ins. Co., 187 N.E. 77, 78 (Ohio Ct. App. 1933);Pittsburgh Underwriters v. Mut. Life Ins. Co. of N.Y., 27 A.2d 278, 280 (Pa. Super. Ct. 1942) ("每个人对自己之生命具有无限之保险利益是自然的事"，引自 Haberfeld v. Mayer, 100 A. 587, 588 (Pa. 1917));Ellison v. Indep. Life & Accident Ins. Co., 58 S.E.2d 890, 892 (S.C. 1950); Peeler v. Doster, 627 S.W.2d 936, 940 (Tenn. 1982); Vance & Anderson, supra note 10, 31,,p.188.转引自 Peter Nash Swisher, *The Insurable Interest Requirement for Life Insurance: A Critical Reassessment*, Insurance Law Annual, Drake Law Review,Winter, 2005,53 Drake L. Rev. 477.

他人生命的保险利益来源于：①经由血缘或婚姻而密切联系的人之间产生的亲情和爱情；②其他任何人"对被保险生命之延续、健康和身体的安全所具有合法和实质性的经济利益"。①基于此，本文将保险利益分为：①经济利益和情感利益，或物质利益与精神利益；②具体利益和抽象利益；③直接利益和间接利益；④固有利益和派生利益。以下分述之。

1. 经济利益和情感利益

所谓经济利益（pecuniary interest），是指可以金钱衡量的物质利益，凡基于经济关系（business relationship）所产生的利益均属之。保险利益存在的场合或存在的方式因法律关系或保险标的之不同而有别。如主体对财产保险之保险标的——财产及财产权利所存有之利益；基于债权债务关系，债权人对债务人之生命、身体及健康所存有的利益；基于雇佣关系，雇主对雇员之生命、身体及健康所存有的利益；基于委任或劳动关系，公司对其重要雇员（key employee）之生命、身体及健康所存有之利益等。经济利益作为保险利益，可以金钱为度量标准，受不当得利原则之规制而有重复保险之分摊、超额保险之禁止和保险代位权或委付等规则的适用。

所谓情感利益（Emotional interest），或者精神利益，是主体彼此之间基于血缘亲情关系或婚姻关系而产生的情感支持和依赖、精神鼓励和慰藉以及内心愉悦等利益。在美国和加拿大，法律认为，确定的亲属关系在被保险人和受益人之间产生保险利益。在亲属之间自然存在的情感纽带和经济依赖足以推定彼此之间具有保险利益。在这些情况下，即使受益人对被保险人不具有经济利益，仅爱和情感的纽带也足以产生保险利益。因此，根据大多数司法管辖区的法律，被保险人的配偶、父母、子女、祖父母、孙子女、兄弟姐妹等对被保险人具有保险利益。②基于亲情珍贵和爱情无价的心理体验，情感利益无法以金钱度量之。所以，以情感利益为保险利益之人身保险属于定额给付型保险，如配偶之间、父母与子女之间互以对方为被保险人而订立的人身意外伤害保险、健康保险和人寿保险等即是。

另需注意的是，互有经济关系（如债权债务关系、民事责任关系等）而无亲情或爱情等情感纽带连接的人之间，虽然可以对方为被保险人而订立人身保险合同，但保险金额之确定应以他们之间存在的，可以金钱衡量的经济利益为限，以避免道德危险。因此，此类保险虽以利害关系人之人

---

① Peter Nash Swisher, *The Insurable Interest Requirement for Life Insurance: A Critical Reassessment*, Insurance Law Annual, Drake Law Review, Winter, 2005, 53 Drake L. Rev. p.477.

② Harriett E.Jones & Dani L. Long, *Principles of Insurance:Life, Health, and Annuities*, LOMA (Life Office Management Association, Inc.) , 1997, p.16.

身为保险标的，但却以经济利益为保险利益。

2. 具体利益和抽象利益

所谓具体利益，是指存在于特定保险标的（物）上可以金钱衡量而享有的利益，实为经济利益之别称。具体的利益必为经济利益，但经济利益未必是具体的，如价值不易评估的古董、艺术品以及其他无市场参考价的物品上所存在的经济利益因无具体的衡量标准而采用定值保险的方法即为其例。以具体利益为保险利益之相应规则适用财产保险的一般规定。

所谓抽象利益，是指基于亲属关系（family relationship），包括血缘关系或姻亲关系而对被保险人所存有的不能以金钱衡量之精神利益，或兼有情感利益与经济利益之混合利益。如父母与未成年子女之间、夫妻之间既存在因亲情等情感所产生的精神利益，也存在因教育费、抚养费、扶养费和赡养费之仰给而存在的经济利益。由于该种利益（所包含的人身保险利益）不能纯粹以金钱度量，故保险金额之确定采用定额保险而不同于财产保险之保险金额以实际损失确定的方法。因此，本文以抽象利益称之。但是，在保险实务以及保险法理论上有所谓中间型保险，实为将抽象利益或综合性利益中之经济利益（如生活费、教育费、医疗费、误工损失等）剥离出来以为补偿对象而设立的险种。若以保险利益为保险标的（江朝国先生即如是认为）来衡量的话，所谓的中间型保险其实就是财产保险，只是导致保险利益损失的保险事故作用于被保险人的身体而产生的间接损害结果在物质上的体现而已。这正是学界对以保险标的为标准将保险划分人身保险和财产保险质疑之缘由。

3. 直接利益和间接利益

所谓直接利益，乃被保险人基于其与保险标的之间最直接、最近的利害关系而存在的利益，如被保险人作为保险标的（物）之所有权人而享有的利益、作为债权人基于其债权而享有的利益、基于自己的生命、身体和健康所享有的人格利益等。除财产保险外，被保险人对人身保险之保险标的（自己的生命和身体等）具有无限之利益，源于任何人对自己的生命具有无限利益。[1]直接利益的归属人即被保险人，其与保险标的之间的法律关系在保险合同范畴内是第一个或原始的法律关系。

与直接利益对应的为间接利益，是因指定或法律规定，第三（受益）人基于与被保险人的关系而对保险标的存在的利益，即第三受益人经由被保险人而与保险标的存在的法律关系所享有的利益。被保险人是第一利益

---

① 　Muriel L.Crawford, *Law & the Life Insurance*, Richard D. Irwin, Inc., 7th edition, 1994, p.242.

人（相较于其他保险关系主体，其与保险标的之关系最近），第三受益人是间接利益人，因其与保险标的之间隔着被保险人。正是被保险人基于其第一利益人之地位而将其对保险人所享有的保险给付利益以指定受益人的方式或根据法律规定而授予第三人。第三受益人对保险标的取得保险利益的途径或原因有两个：一是基于其与被保险人之间的血缘关系（blood relationship）或姻亲关系（即民法上的人身关系）或财产关系（如物权关系、债权关系等）而取得；二是基于被保险人的处分（通常表现为被保险人或投保人指定第三受益人）而取得。无论基于哪种途径而对保险标的存在保险利益，都是保险利益发生或存在的表现，只是取得的原因和时间先后不同。

基于上述，笔者认为第三受益人（缘于指定或法定）而对保险标的具有利益，正是保险利益原则发挥禁止赌博和防阻道德危险功能之根源所在。这也是本章的立意所在，下文细论。

4. 固有利益和派生利益

所谓固有利益，是指源于被保险人与保险标的之间的直接利害关系而具有之利益，实为直接利益在另一种意义上的表述。如被保险人基于所有权人地位而对客体物所具有的支配利益，或者基于人格权人地位而对自己生命、身体所具有的人格利益。

所谓派生利益，或曰继受利益，是第三（受益）人经由被保险人之处分或法律的规定而获得之利益。与固有利益相对应，派生利益实为间接利益在另一个角度上的表述。如受益人基于其与被保险人之间存在的身份关系所具有的利益，如因被保险人之生存而获得生活费与教育费之供给，但因被保险人之死亡而丧失此利益。

上述基于不同角度对保险利益的划分，是笔者基于本章，乃至本书的角度所做的有别于教科书或理论通说之分类标准（如基于保险标的之划分而有人身保险利益和财产保险利益）的分类。本章关于保险利益的几种分类彼此之间或存在交叉之处。

（四）保险利益存在之主体与存在时际

根据中国大陆保险法关于被保险人的定义可知，被保险人因其与保险标的之间存在直接利害关系人而享有保险利益，且为固有利益或第一顺序利益，此亦为学界之共识。[①]然而根据海峡两岸保险法关于投保人的一系

---

① 参见《中华人民共和国保险法》第12条第5款、第6款。

列规定，投保人须对保险标的具有保险利益。^①学界对此亦大多表示赞同而鲜有异议。但根据保险利益的意义及其功能，笔者认为，制造道德危险的人其动机或目的在于图谋保险金，因而第三受益人最有制造道德危险的动因。基于此，通过对中国大陆和台湾地区以及其他国家之保险法、判例和学说的考察和分析，从事物的自然逻辑上进行推理，将试图论证：除了被保险人为保险标的之直接利害关系人外，第三受益人应对保险标的具有保险利益，而这正是保险利益引进保险法的原因所在。

1. 以投保人为保险利益主体之立法及学说

依据中国大陆地区《保险法》第12条"人身保险的投保人在保险合同订立时，对被保险人应当具有保险利益"和第31条之规定，以及中国台湾地区《保险法》第3条之规定，投保人为保险利益之存在对象，即须对保险标的具有保险利益，否则，保险契约无效。海峡两岸保险法均以投保人为保险利益之归属对象。然而依据中国大陆地区《保险法》第10条第2款之规定，投保人仅为订立保险契约和负担保险费给付义务之人，而保险给付请求权人则是作为固有受益人之被保险人或被指定的第三受益人；另依中国台湾地区《保险法》第4条及第5条之规定，投保人亦仅为订立保险契约及负担保险费之当事人，受保险保障的被保险人或被指定之第三受益人乃享有保险金请求权之人。简而言之，投保人、被保险人和第三受益人三者之间的关系为：投保人为订立保险契约和负担保险费给付义务之人；被保险人为受保险保障而享有法定保险给付请求权之人；第三受益人系因指定或法定而享有保险金请求权之人。根据《澳门商法典》第965条、第965条第3款和第1028条之规定，亦得出相同之结论。^②

根据《意大利民法典》第1891条之规定："为他人或受益人而缔结保险的，投保人应当履行契约义务，除非根据契约性质仅能由被保险人履行。契约产生的权利属于被保险人；虽持有保单但未经被保险人的明确同意的投保人，不得主张契约所生权利。"^③由此亦可以得知，投保人并非当然享有保险契约利益之人。根据《魁北克民法典》第2392条、第2395条和

---

① 参见《中华人民共和国保险法》第12条第1款和第6款；中国台湾地区《保险法》第3条、第16条。

② 《澳门商法典》第965条规定，"一、保险合同由保险人与投保人订立；二、被保险人系指为其利益而订立合同之自然人或法人，或以其生命、健康或身体之完整性作为保险标的之人；三、保险受益人系指保险人之给付之对象"；第972条（3）规定，"保险合同所生之权利属被保险人，而投保人获被保险人明示同意前，即使持有保单亦不得行使该权利"；第1028条（1）规定，"人身保险合同之标的为被保险人之生命、身体之完整性及健康可能有之一切风险"。

③ 费安玲 等译：《意大利民法典》，中国法大学出版社2004年版。

第2418条之规定，投保人须对保险标的具有保险利益，否则保险契约无效；被保险人为附着于保险标的之上利益之归属人而受保险保障的人。[①]

2. 保险利益存在时际之立法及学说

纵观中外保险制定法及判例对保险利益存在时际之规定，大多要求，对财产保险之保险利益须存在于保险事故发生之时，于投保时有无不做要求；人身保险之保险利益于订立保险契约时即应存在，而此后保险利益是否仍然存在，则于保险契约效力不生影响。[②] 以下分别就财产保险和人身保险之保险利益存在时际之立法通例及理论通说予以论述。

（1）财产保险之保险利益须存在于保险事故发生之时

英国《1906年海上保险法》开创了财产保险之保险利益须存在于保险事故发生之时法例之先河。[③] 通说亦认为海上保险基于国际贸易惯例与需要，被保险人或受让人仅须于损失发生时，对于保险标的具有保险利益，即得请求保险人给付保险金。[④] 于陆上保险，《1906年海上保险法》亦同样适用。在美国，从成文法之角度观之，有十几个州的立法要求保险利益存在于保险事故发生时，有几个州的立法要求保险利益不仅应存在于保险契约订立之时，于保险事故发生之时亦应存在。纽约州的法令对财产保险利益的存在时间无特定要求，但纽约州的法院仅要求保险利益存在于损失发生之时。[⑤]

中国台湾地区《保险法》第17条把要保人或被保险人对财产保险之保险利益作为保险契约之效力要件，但未明确保险利益存在之时际。首先，由于该条规定于总则之中，在理论上，该规定应同时适用于财产保险和人身保险。但是，从"保险标的物"之用语理解，则应仅指财产保险而言。因人身保险之标的乃被保险人之生命或身体，不能称之为"保险标的物"，是否属于语误，不得而知。因此，该条是否适用于人身保险，暂且不论，于人身保险利益之相关问题中再论。其次，该条未表明保险利益应存在于

[①] 《魁北克民法典》第2392条规定，"人身保险以被保险人的生命、身体的完整或健康为标的"；第2395条规定，"损害保险（包括财产保险和责任保险）保护被保险人免受可能不利地影响其财团的事件的后果"；第2418条规定，"在个人保险中，如投保人在签订合同时对被保险人的生命或健康无可保利益，合同无效，但被保险人书面同意的，不在此限"。徐国栋 主编，孙建江 等译，中国人民大学出版社2005年版。

[②] 参见《中华人民共和国保险法》第12条第1款、第2款。

[③] 《1906年海上保险法》第6条第(1)项规定："被保险人于损失发生时，必须对保险标的存有保险利益，而于保险契约订立时，无须具有保险利益。"

[④] 参见梁宇贤、刘兴善、柯泽东、林勋发：《商事法精论》，今日书局1994年版，第615页。

[⑤] John F. Dobbyn, *Insurance Law in a Nutshell*, West Group/法律出版社/, 2001, 3rd edition, p.94.

何时，似应解释为从保险契约订立至保险事故发生之整个保险期间。[①]再次，根据该条之表述，无论于哪个时点，欠缺保险利益，均影响保险契约之效力：于订立保险契约时欠缺保险利益者，契约应无效；保险契约有效成立后保险利益消失者，保险契约失其效力，当然不能请求给付保险金。这与中国大陆保险法对财产保险利益之存在时际以及保险事故发生时无保险利益而对保险契约效力之影响均有所不同。施文森先生认为，在火灾保险、海上保险及陆上运输保险等财产保险中，由保险事故发生时对保险标的有保险利益之人行使保险金请求权，通常为被保险人本人或其受让人，但若保险契约上有受益人之指定者，则受益权由该受益人行使。[②]由此表明，施文森先生主张财产保险利益应存在于保险事故发生之时。刘宗荣先生亦认为，财产保险之保险利益亦仅须存在于保险事故发生之时。[③]

根据中国大陆地区《保险法》第48条之规定，申领保险金者于保险事故发生时不具有保险利益的，不具有保险金请求权。该规定表明，投保人或请求给付保险金之人须于保险事故发生时对保险标的具有保险利益，否则对保险金无请求权，但不影响保险合同的效力，而在保险合同订立时有无保险利益均非所问。在中国大陆地区《保险法》财产保险一节，时而将与保险人对应的一方主体（或当事人）表述为被保险人，时而又表述为投保人，有时则将被保险人与投保人并列。这种表述的前后不一与混乱，让人难以断定究竟谁应具有保险利益。

（2）人身保险之保险利益须存在于契约订立时

根据英国《1774年人寿保险法》之规定，被保险人仅须于保险契约订立时具有保险利益即可，因人身保险契约不同于补偿性之财产保险契约而具有变动性（congtingent）而可以转让。[④]在美国，人寿保险、意外保险和健康保险等人身保险中，保险利益之必备要件几乎都由成文法做了专门规定。33个州由成文法对保险利益规定了应具备的条件。其中，有27个州的法令规定保险仅须利益存在于保险契约订立之时，而无须存在于损害发生时；另外5个州没有规定保险利益存在之时际；北达科他州的成文法规定，无论是人身保险还是财产保险，保险利益均须于保险契约订立时和损

---

① 参见江朝国：《保险法逐条释义：总则》(第一卷)，元照出版公司2012年版，第551页。

② 参见施文森：《保险判决之研究》(下册)，三民书局1997年版，第458页。

③ 刘宗荣先生认为："财产保险之目的在于填补被保险人之损害，因此于订约时有无保险利益，并非重要，重要的是于保险事故发生时，须有保险利益始可贯彻填补损害之原则。"参见刘宗荣：《保险法》，三民书局1997年版，第82~83页。

④ Lord Justice Mance, Iain Goldrein & Robert Merkin, *Insurance Disputes*, 2003, 2nd edition, p.13.

害发生时存在。[①]

英美学者大多认为，对于人身保险，通常仅在保险契约生效时须有保险利益之存在，被保险人在订立保险契约之时有保险利益的，该保险契约即具有强制执行力，即使于被保险人死亡时保险利益已不存在的，也在所不问。[②]

基于上述，英国法和美国绝大多数州之成文法要求人身保险的保险利益仅须于保险契约订立时存在，由此产生的效果是，即使被保险人于保单有效期间丧失保险利益（如夫妻离婚），也不影响保险契约的有效性，当损害发生时，受益人仍有权取得保险金。

我国参考英、美等国之保险法的规定，于2009年修订《保险法》之际，在第31条第3款规定了人身保险之投保人须于保险契约订立时对被保险人具有保险利益且为保险契约之有效要件。

3. 投保人为保险利益存在对象与存在时际之评析

笔者认为，要求受益人具有保险利益与保险利益之防止赌博、防阻道德危险和限制赔偿额度之功能相合，才能与立法要求保险事故发生时具有保险利益的要求相契合。

在财产保险，一端要求投保人对保险标的具有保险利益，而另一端要求保险利益须存在于保险事故发生之时，即受益人请求给付保险金之时。此两端之间具有逻辑上的不可协调性，也与保险实务之惯常做法不合。一方面，要求投保人具有保险利益，而投保人为订立保险合同之人，这等于要求保险利益存在于合同订立之时；另一方面，立法要求于保险事故发生时请求给付保险金之人须具有保险利益。因此，将保险利益之存在对象（主体）与存在时际二者相结合，则表明保险利益应存在于整个保险期间。这种规则的漏洞在于，以投保人为保险利益之存在对象，而其并非同时为受益人，则保险利益之功能无从发挥，无的放矢。同时，这一规则又排除了基于无因管理或公益目的而订立保险契约之机会。此外，若保险契约订立时无保险利益之要求，而于保险事故发生时投保人取得保险利益的机会并不确定；若投保时指定第三受益人，则因投保人无保险利益而构成无权处分，第三受益人亦因无权源，或未能对保险标的取得保险利益，自然亦无权于保险事故发生时请求给付保险金。再则，对于保险标的存在保险利

---

① John F. Dobbyn, *Insurance Law in a Nutshell*, West Group/法律出版社/, 2001, 3rd edition, p.99.

② Robert E. Keeton & Alan I. Widiss, *Insurance Law—A Guide to Fundamental Principles, Legal Doctrines, and Commercial Practices*, West Publishing Co., Student Edition, 1988, p.426.

益之实际权利人，又因其并未就保险标的与保险人缔结保险契约，根据契约相对性原则，其亦无权请求给付保险金。这种实则要求投保人于整个保险期间皆具有保险利益的情形，又会导致保险标的转让受阻，即便受让人基于善意取得而取得保险标的物之权利，并因此对保险标的物取得保险利益，但亦因其并未与保险人订立保险契约，依债的相对性原则，其亦无权于保险事故发生时请求给付保险金。除非立法明确规定因保险标的物之转让，保险契约仍为受让人之利益而存在，否则无法消除这一规则之漏洞。立法和保险实务上，仅有汽车等特定财产作为保险标的转让的，受让人有条件地承继保险契约之权利义务。以下分述之。

其一，投保人仅为订立保险契约与支付保险费之人，而被保险人系其财产因风险致损而受保险填补之对象。若投保人、被保险人和受益人合一，则保险利益对于投保人之要求无可置疑；若投保人和被保险人合一，而受益人为第三人时，保险利益对于投保人之要求亦无不当，因为只有保险标的上所存在之利益的归属人才有权利对保险给付利益进行处分，即由其指定的受益人享有保险金给付请求权；若投保人与受益人合一而与被保险人分立，要求投保人具有保险利益亦无疑问，且投保人（即受益人）具有保险利益，方能防止其为图保险金为而行赌博或制造道德危险。但是，若投保人、被保险人、受益人三者分离时，要求投保人具有保险利益即无实益，保险利益于投保人而言仅仅是个摆设，因而无从发挥保险利益防止赌博、遏阻道德危险之功能。

其二，要求投保人对保险标的具有保险利益，只能顾首而不能顾尾。即投保人须具有保险利益才有资格为保险契约之缔结，而投保人并不是当然的保险契约利益之给付请求权人；或者即使投保人于契约订立之际同时为契约利益之给付请求权人，但若保险标的之权利主体发生变更等情况时，保险利益对投保人之要求即无法贯彻于整个保险期间。

其三，以投保人为保险利益之存在对象，且仅要求保险利益存在于保险标的发生损失时，表明只有遭受损失而以保险金为填补之人才应是对保险标的存有保险利益之人，但此人与投保人未必是同一人。

其四，以投保人为保险利益之存在对象，而仅要求保险利益于保险事故发生时存在，与保险实务之惯常做法不合。保险人承保时，通常并不核实投保人对保险标的是否存有保险利益。一则，核实保险利益之有无会耗费大量的时间、人力和物力，从而增加不必要的展业成本，也会使投保人有感不便乃至打消其投保之意愿；二则，即使保险人于承保时耗时费力地核实了投保人对保险标的存有保险利益，但在保险保险标的的经过转让，或请求保险金给付之人已不是投保人，那么保险人于承保时所为的保险利益之核实即为白费，这不符合经济合理之要求；三则，保险人于承保时核实保险利益之有无，理赔时更须核实保险利益之有无，如此亦使得承保时对保险利益之核实变得无多少意义了；四则，保险人于承保时对保险利益为核实之后而成立的所有保险契约中发生保险事故的毕竟只是极少数，那么未发生保险事故的大部分保险契约签订时所为的保险利益之核实也等于白费。

基于上述原因，保险人往往仅于理赔时才核实请求给付保险金之人对保险标的是否存有保险利益。如此既节省了保险人核保之成本，也不会给投保人带来不便与繁琐，尤其基于无因管理和公益目的而投保时更显其便利。因此，在财产保险，要求保险利益存在于保险事故发生时，就与无损失即无补偿之保险原理相合。这也是保险实务之惯例引领保险立法之一生动事例。

美国学者认为，要求受益人具有保险利益比较符合保险实务的惯常做法。因为，虽然"保险人通常要确认在订立保险合同之前保险利益是否存在，然而，在某些情形下，包括若干类型的财产保险合同中，保险人仅在损失发生后才仔细检查保险利益之是否存在及被保险利益的价值"[1]。这种做法，尤其对保险人来说更符合效率的要求。

基于上述，笔者认为，于财产保险，不宜对投保人课加保险利益之要求，除非保险事故发生后请求保险给付之人仍为投保人。对保险利益之要求，锁定理赔这一环节即为已足。

在人身保险，要求投保人对保险标的具有保险利益之纰漏之处，如同财产保险之保险利益于投保人之道理一样。即若投保人与被保险人、受益人三者分离而要求其具有保险利益并无实益。退一步讲，若投保人同时为被保险人，或同时为受益人而要求其对保险标的（被保险人之生命或身体及健康）具有保险利益实属当然，但是对他人生命之保险利益，立法及实务仅要求该保险利益存在于投保时，此后保险利益之消失则在所不同，这与财产保险对保险利益之要求存在于保险事故发生时相比，恰好颠倒——顾首而不顾尾了。对他人生命保险之保险利益仅须存在于保险契约订立之际。其原因大致有如下几点。

其一，人寿保险合同通常是为了亲属和配偶之利益而订立，许多亲属

---

① Robert E.Keeton & Alan I. Widiss, *Insurance Law—A Guide to Fundamental Principles, Legal Doctrines, and Commercial Practices*, West Publishing Co. St. Paul Minn., Student Edition, 1988, p.150.

关系之存在，正如事实所表明的那样并不随时间之推移而发生变化。[1]其二，相当数量的人寿保险一直被作为投资性契约在营销，而非作为保障性保险经营，而且仅要求在契约订立时存在保险利益之规则促进了这种投资的顺畅。而且人寿保险契约大都期限较长，保险利益在保险契约订立后难免因时过境迁而变更或丧失，因此要求保险利益在整个保险期间自始至终都应存在不够灵活妥当。[2]其三，在人们意识之中存在着这样一种强烈倾向：一方面既要维护契约当事人契约之自由，另一方面又要确保契约的稳定性以维护人寿保险交易的完整性。[3]

有评论者认为，为说明对他人生命保险的保险利益仅须于保险契约订立时有效存在，而无须于被保险人死亡时存在之正确性的上述三点理由，很少受到法官和学者们的质疑。[4]

上述关于他人生命保险的保险利益仅须于保险契约订立时有效存在而无须于被保险人死亡时存在之正当性理由之阐释，并不是无懈可击，其漏洞显而易见。我国学者在论及保险利益存在时际这一规则时，或附和上述观点，或者有时含糊其词。如有学者认为，人身保险之目的不同于财产保险，为防止道德危险，并顾及实际状况，人身保险之保险利益于定约时存在为已足，不以保险事故发生时，保险利益继续存在为必要。[5]对此该学者之解释为：人寿保险契约订立后，保险利益难免因主客观情况的变化而消灭，保险人实难就保险利益的继续存在，逐一追踪查证，纵然查证结果证实保险利益消灭，若必欲使保险契约失效，其后将发生保险费之比例退还或改以短期保险费率而另计保险费等繁复问题。[6]若以此来解释人身保险利益存在之时际，理由很牵强，尤其不能避免保险契约成立后保险利益消灭而可能存在的道德危险。人命关天，事关被保险人生命的风险防范应该贯彻于整个保险期间，决不能因烦于保险利益变化之追踪而放弃对其全

---

① See Peter Nash Swisher, *The Insurable Interest Requirement for Life Insurance: A Critical Reassessment*, Insurance Law Annual, Drake Law Review, Winter, 2005, 53 Drake L. Rev. p.477.

② See Peter Nash Swisher, *The Insurable Interest Requirement for Life Insurance: A Critical Reassessment*, Insurance Law Annual, Drake Law Review, Winter, 2005, 53 Drake L. Rev. p.477.

③ See Peter Nash Swisher, *The Insurable Interest Requirement for Life Insurance: A Critical Reassessment*, Insurance Law Annual, Drake Law Review, Winter, 2005, 53 Drake L. Rev. p.477.

④ Peter Nash Swisher, *The Insurable Interest Requirement for Life Insurance: A Critical Reassessment*, Insurance Law Annual, Drake Law Review, Winter, 2005, 53 Drake L. Rev. p.477.

⑤ 刘宗荣：《新保险法：保险契约法的理论与实务》，中国人民大学出版社2009年版，第87页。

⑥ 刘宗荣：《新保险法：保险契约法的理论与实务》，中国人民大学出版社2009年版，第88页。

过程之追踪。对此，试就上述三个理由评析如下。

首先，关于理由之一，除配偶间之相互辅助和对子女的抚养义务之类的经济利益外，婚姻关系之彻底解除通常会终止原配偶间基于爱情和亲情而产生的保险利益。在此等情况下，如何能够防止心存怨恨的前夫或前妻——离婚前已存在于人寿保险单的受益人，为了获得保险金而谋害前配偶之生命呢？难道这里没有潜在的赌博合同问题存在吗？公司或法人对其重要雇员之保险利益，在雇佣或委任关系解除或重要雇员退休时已随之丧失，但保险契约仍维持效力，难道此后不存在诱发道德危险之可能吗？

其次，关于理由之二，不同种类的人身保险，包括合伙人人身保险、重要雇员人身保险、债权人和债务人之人身保险以及其他与交易有关之人的人身保险，同样具有补偿性之一面。总体而言，人寿保险契约在发达国家更多具有投资性，而在中国这样的发展中国家则兼具投资与保险之双重性；而财产保险则在更大程度上属于补偿性保险契约。然而，每一类型保险都同时具有补偿与投资之特性。当把不同类型的保险同时予以考虑时，这些差别将不同程度地受到削弱。例如，当一债权人为了保障其债权获得清偿而以债务人之生命为标的投保人身险时，这一交易更像一补偿性保险而不同于丈夫以妻子之生命投保人寿保险。因此，对他人生命保险之保险利益无可辩驳的存在于人寿保险合同订立之际和被保险人死亡之际，如此才可以更大程度地避免令人厌恶的以被保险人生命为保险标的而行赌博乃至谋害被保险人之道德危险发生之可能性。

再次，关于理由之三，被保险人生命之安全利益似乎更为重要；法院也确实具有权利和义务审查保险合同，以确定该合同是否合理或者违背公共利益，包括该合同是否构成非法之赌博合同。

除上述所提出的反对观点之外，美国学者帕特森（Edwin Patterson）关于保险利益这一规则如何成为现行法所作的解释使我们清醒地洞见了这一让人感到麻烦而又备受争议的规则。第一，帕特森（Edwin Patterson）说，原先美国法院确实曾经要求对他人生命保险的保险利益必须既存在于保险合同订立之时，也须存在被保险人死亡之时，否则，该份人身保险合同将因保利益之消失而不可强制执行。然而，保险人并未利用这一裁决，而是仍旧依照保险单全额支付保险金，尽管保险利益已经消失。[1] 简而言

---

① See Edwin Patterson, *Essentials of Insurance Law*, Ralph H. Blanchard ed., McGraw-Hill Book Co., 2nd edition, 1957, p.163.

之，在人身保险方面，"是习惯战胜了法律"①。被保险人死亡之时无须保险利益存在的这一潜在原因实际上是建立在人身保险行销安排之上。然而仅凭此一单独事实应该不会给那些曾试图说明许多年来这一值得怀疑的法律规则正当性的法院和学者以多少宽慰。再者，如果过去法院和立法者就关于使以往对他人生命保险缺乏有效保险利益需求的人身保险行销安排无效保持沉默的话，②那么现在将是我们的州法院和立法者重新审视和期待放弃这一令人质疑的保险利益规则的恰当时机了。③

（五）受益人应为保险利益之存在对象

通过对保险利益之存在对象（主体）及存在时际之立法通例及主流学说之考察与评析，笔者认为：受益人应是保险利益之存在主体和规范对象。以下论述其详。

1. 以受益人为保险利益之存在对象与保险利益之功能相合

保险法确立保险利益原则，自始至终主要是为了预防赌博和防阻为道德危险。因为，从赌博和道德危险产生的原因考察，订立保险契约是手段，获取保险金是目的。以投保人为保险利益之存在对象，尤其在人身保险，是治标之策，而非治本之道。立法虽以投保人为契约当事人并课以保险费给付义务，但其未必是风险损害之对象而享有损害填补权利之人，只有在投保人同时为被保险人或受益人时，保险利益之要求才有实益。若仅要求投保人于订约时具有保险利益，则于保单转让或将保险金请求权于缔约之际即赋予第三人或缔约后让与他人，又如何防止道德危险？正如美国学者提醒我们应记住："要求具有保险利益这一规则的原因就是为了避免受益人为了经济之利得而萌发谋害被保险人之危险。"④以受益人为保险利益之存在对象，才能自始至终有效避免赌博和防阻道德危险。若投保人、被保险人和受益人合一，则其是以自己为被保险人为自己之利益投保，其自己即为受益人。在财产保险，其对保险标的因居于权利人之地位而具有保

---

① Edwin Patterson, *Essentials of Insurance Law*, Ralph H. Blanchard ed., McGraw-Hill Book Co., 2nd edition, 1957, p.163.

② Conn. Mut. Life Ins. Co. v. Schaefer, 94 U.S. 460 (1876) and accompanying text. See Peter Nash Swisher, *The Insurable Interest Requirement for Life Insurance: A Critical Reassessment*, Insurance Law Annual, Drake Law Review, Winter, 2005, 53 Drake L. Rev. 477.

③ Peter Nash Swisher, *The Insurable Interest Requirement for Life Insurance: A Critical Reassessment*, Insurance Law Annual, Drake Law Review, Winter, 2005, 53 Drake L. Rev. 477.

④ Peter Nash Swisher, *The Insurable Interest Requirement for Life Insurance: A Critical Reassessment*, Insurance Law Annual, Drake Law Review, Winter, 2005, 53 Drake L. Rev. 477.

险利益；在人身保险，其对保险标的具有无限之利益。若投保人与被保险人分离，则被保险人因系附着于保险标的之上利益之归属人而享有保险给付请求权，故立法以其为当然之受益人，即固有受益人。被保险人为固有受益人而对保险标的当然具有保险利益，中国大陆和台湾地区保险法均作如此规定。若投保人、被保险人、受益人三者分离，受益人即为第三人，该第三人或因其与被保险人具有亲属关系（family relationship）或经济关系（businesss relationship）而对保险标的具有保险利益，或者虽不存在法定关系，但若经被保险人指定或经其同意而由投保人指定第三人为受益人时，第三人则因指定为受益人而取得保险利益，即基于被保险人之固有利益而衍生出的利益。有中国大陆学者持此观点，并以美国弗吉尼亚州保险法及中国大陆地区《保险法》第31条将被保险人同意视为人身保险利益之一，即："法定关系和被保险人同意乃人身保险的保险利益的存在方式。"[①] 其理亦如另一学者论述投保人与被保险人在保险利益之关系上所言："投保人和被保险人之间没有法定亲属关系或者信赖关系的，只要被保险人有允许投保人订立人身保险合同的意思表示，即视为投保人对被保险人有保险利益。作为人身保险利益表现形式的被保险人同意……其法律效果与投保人和被保险人间有法定的亲属关系或信赖关系时所体现的保险利益相同。被保险人同意不仅是投保人从被保险人处取得保险利益的一种法律事实，而且是投保人对被保险人具有保险利益的一种表现形式。"[②]

　　基于上述，以受益人为保险利益之存在主体和规范对象，可以将投保人兼受益人而享有保险金请求权、被保险人为法定受益人而享有保险金请求权、第三人被指定为受益人而享有保险金请求权、以及投保人和被保险人及受益人三者为同一人而享有保险金请求权等各种情形尽数囊括无遗，如此可使保险利益之功能得到全面发挥。只是被保险人作为固有受益人，对保险标的是以财产权主体身份或人格权主体身份而具有保险利益，即其与保险标的之关系比第三受益人与保险标的之关系更近、更直接，而第三人作为受益人是以其与被保险人之间存在的亲属关系、经济关系而对保险标的具有保险利益，或因被指定而具有衍生之保险利益。换言之，当第三人为受益人时，其与保险标的之关系是间接的，其对保险标的具有的保险利益是通过与被保险人之关系而产生的，该关系乃保险利益之存在客体。

---

① 王萍：《保险利益研究》，机械工业出版社2004年版，第223页。
② 邹海林：《保险法》，社会科学文献出版社2017年版，第256页。

2. 以受益人为保险利益存在对象可弥补以投保人为存在对象之漏洞

若以投保人为保险利益之存在主体和规范对象，则排除了投保人基于公共利益、无因管理和扶弱济困等利他目的而订立保险契约的机会。在现实生活中，投保人为他人利益投保而无保险利益的现象并不鲜见，而保险实务亦认可此类保险契约之效力，如单位为更好地调动职工生产积极性，为其投保团体家庭财产险、人身险；厂家为占有市场以让利方式为客户投保，如防撬门保险；政府为见义勇为者投意外伤害险；为表达祝愿，以保单作为礼品或特别的储蓄馈赠亲友，如婚姻纪念保险等。对上述诸多情形，若实行以投保人须具有保险利益之规则，则此等保险契约之效力将成问题。[1]但若以受益人为保险利益之存在主体和规范对象，前述问题即不再存在。

3. 以受益人为保险利益主体之法例、判例、实务与学说

撇开被保险人作为固有受益人而对保险标的具有保险利益这一立法通例和理论共识，单就第三人为受益人而须有保险利益之立法例也有其存在。

（1）域外立法例、判例、实务与学说

在英美等国，就财产保险而言，不仅当事人（被保险人）对于保险标的须具有保险利益，而且当事人将其基于当事人之地位而取得之保险金给付请求权转让与他人者，该受让人或受领权人（assignee,loss-payee）对于保险保单亦须具有保险利益。[2]

于人身保险，根据英国《1774年人寿保险法》第1条和第2条之规定，任何个人或法人组织对被投保生命的之人不具有任何利益或以赌博为目的之保险，此种合保险同无效；保单须注明受益人的姓名，受益人与被保险人应具有保险利益，否则即为违法；赔偿仅以所具利益为限。由此表明，该法不仅要求被保险人，又称基本（第一）受益人，[3]也要求保险契约之外受益之第三人对保险标的具有保险利益。在人寿保险，法院会把保险合同的真正受益人作为必须对被保险的生命具有保险利益的一方。[4]

在美国的保险实务和法院的判例中，均将对保险标的具有保险利益

---

①　孙积禄：《保险利益原则及其应用》，《法律科学》2005年第1期。

②　Lloyd v. Fleming (1872) LR7QB 299,302,Blackburn.

③　［英］Malcolm A. Clarke：《保险合同法》，何美欢、吴志攀 等译，北京大学出版社2002年版，第81页。

④　Wainwright v. Bland(1835) 1 Mo & R481. See Lord Justice Mance, Iain Goldrein, QC, Frsa, Robert Merkin, *Insurance Disputes*, LLP London Hong Kong, 2003, 2nd edition, pp.12~13.

作为受益人之要件。在美国，大多数保险公司根据其制定的承保指南，在签发保险单时要求受益人对被保险人具有保险利益。因此，保险公司尤其要对受益人与被保险人之间的关系进行审查，如果发现受益人对被保险人不具有保险利益时，即会拒绝承保。[①] 比如在保险业务中，如果保险人因过失而对被保险人不具有保险利益的受益人签发了保险单，而使被保险人之生命处于危险之中的，将使保险人承担侵权责任；[②] 或者未经被保险人同意，亦复如此。[③] 如果受益人对被保险人不具有保险利益，其将不能以他人之生命而订立保险契约；如果受益人仅意在从被保险人之死亡中获得利益，其持有的保险单将使被保险人处于生命危险之中。因此，签订这样的保险合同即有违公共政策。内布加斯加州最高法院在界定保险利益时指出："若受益人与被保险人基于经济利益关系或血缘与姻亲关系而有理由从被保险人生命之延续中而期待获得利益时，即有保险利益存在"[④] 阿肯色州最高法院在引用"被保险人与受益人彼此存有亲密关系时，经由该关系即于彼此间存在保险利益"这一一般规则时认为侄女对姑婶有保险利益。[⑤] 美国许多州之立法机关通过列举可以成为由未成年人对自己之生命所投保险之受益人，而非公示性地列举了可以产生保险利益的各种关系。[⑥] 而且美国德克萨斯州保险法要求受益人自始至终对被保险人须具有保险利益。因此，根据该州法律，离婚将导致作为受益人的前配偶之保险利益丧失。[⑦]

受益人对保险标的须具有保险利益之另一类情形，即债权人受益人对超出其债权额的保险金不享有请求权，因为其对超额部分之保险金无保险利益存在，在受益人之保险利益存在于被保险人所负债务之情形下，保险单签发之时的保险金额与被保险人死亡之时之保险金额须与被保险人实际所负之债务额相对应；如果人寿保险之保险金额与被保险人实际所负债务

① Harriett E.Jones & Dani L. Long, *Principles of Insurance: Life, Health, and Annuities*, LOMA (Life Office Management Association, Inc.) , 1997, p.15.

② Liberty Nat'l Life Ins. Co. v. Weldon, 267 Ala. 171, 100 So. 2d 696, 61 A.L.R.2d 1346 (1957).

③ Ramey v. Carolina Life Ins. Co.,244 S.C. 16, 135 S.E.2d 362, 9 A.L.R.3d 1164 (1964); Life Ins. Co. of Ga. v. Lopez, 443 So. 2d 947 (Fla. 1983).

④ NEB. REV. STAT. ?441~103(13).

⑤ Nat'l Life & Accident Ins. Co. v. Davis, 179 Ark. 621, 17 S.W.2d 312, 312 (1929)

⑥ Franklin L. Best, Jr., *Defining Insurable Interests in Lives*, Tort & Insurance Law Journal American Bar Association, Fall 1986.

⑦ Joseph J. Hasman, William A. Chittenden III & Joshua L. Smith, *Recent Developments In Health Insurance And Life Insurance Case Law*, Tort & Insurance Law Journal Winter, 1999.

额显著超过时，受益人对此即缺乏保险利益，那么保险单即为无效。[1]

美国学者斯坦普尔（Jeffrey W.Stempel）认为被指定的第三受益人须对被保险人有保险利益。[2]对人寿保险保险利益之要求是基于公共政策理论：即要求受益人对另一人（即被保险人）具有有效的保险利益，以便防止可能刺激受益人谋害被保险人之"赌博合同"。

因此，今天，几乎所有的美国司法管辖区均要求受益人对另一人之生命须有保险利益之存在，否则该人寿保险单将基于公共政策之考虑而被宣告无效。[3]

综上所述，在英美等国，成文法、判例及学说均表明：受益人须对保险标的具有保险利益，换言之，保险利益是成为受益人之条件。[4]

在欧洲大陆，依据《德国保险合同法》第74条第3款前段"投保人意图获取财产上的不法利益而订立超额保险的契约者，该保险契约无效"之规定，可以推知，投保人须具有保险利益。因为投保人意图获取超额保险利益，表明投保人同时为受益人。《法国保险合同法》（2005年7月27日修订）L.132-8条第2款规定："在偿付保险年金时，上述条款所提及的受益人，应当具有保险利益。"该规定要求受益人须具有保险利益。

（2）中国法域立法与学说

在中国法域，要求受益人对保险标的具有保险利益，当以中国台湾地区《简易人寿保险法》第12条为著例。[5]中国大陆虽未见立法对受益人设置保险利益之要求，但本质上财产保险和人身保险之被保险人均为固有（法定）受益人，对保险标的当然具有保险利益，只是文字表述不同而已。

有中国台湾学者认为受益人须具有保险利益。如学者吕锦峰认为："保险利益之要求本基于对道德危险之考量，而有无道德危险最主要在于保险金给付请求权归属之考量，依本法规定，要保人并非保险事故发生时遭受损害而得请求保险给付之人，则基于扩大保险保障之法理，实无要求要保

---

① Peter Nash Swisher, *The Insurable Interest Requirement for Life Insurance: A Critical Reassessment*, Insurance Law Annual, Drake Law Review, Winter, 2005, 53 Drake L. Rev. 477.

② Jeffrey W. Stempel, *Interpertation of Insurance Contracts*, Little, Brown and Company, 1994, p.362.

③ Peter Nash Swisher, *The Insurable Interest Requirement for Life Insurance: A Critical Reassessment*, Insurance Law Annual, Drake Law Review, Winter, 2005, 53 Drake L. Rev. 477.

④ Franklin L. Best, Jr., *Defining Insurable Interests in Lives*, Tort & Insurance Law Journal American Bar Association, Fall 1986.

⑤ 中国台湾地区《简易人寿保险法》第12条规定："以他人为被保险人时，须要保人或受益人与被保险人有经济上切身利害关系者，方得要约。"

人一定要有保险利益。"① 此言表明保险利益应是对受益人之要求,而非在于投保人。施文森先生亦认为,如果受益人对被保险人之保险利益原本经由婚姻、雇佣或其他经济上之利害关系而产生的,但在保险契约存续期间此等关系已消灭时,如夫妻离婚,雇佣关系解除等,倘容许契约效力维持,会使被保险人倍感不安,且因被保险人非契约当事人而不能直接对保险人终止契约,被保险人势将受制于投保人。因此,为防堵这一漏洞,若无被保险人书面同意,受益人须于保险事故发生时亦须具有保险利益为方万全之策。② 林勋发先生根据英美等国成文法及判例对受益人须具有保险利益之规定及裁判主张,认为这比大陆法系国家之立法对被保险人之保护更为周全。③ 刘宗荣先生对人身保险也主张受益人须具有保险利益。他认为,在人身保险中,受益人针对作为保险事故所由发生的被保险人,虽然法律未明文规定须具有保险利益,在健康保险、伤害保险及生存保险,因被保险人通常即为受益人,二者既为一体,则有保险利益。然而,若受益人与被保险人为不同之人,即二者非为一体时未必有保险利益,又因伤害保险之保险事故,包括伤害致死之情形而存在道德危险之可能,所以受益人应对被保险人具有保险利益为妥。尤其在以死亡为保险金给付条件之人身保险中,被保险人、受益人断非同一人,所以受益人对被保险人更应具有保险利益。因为此等情况下,最容易诱发道德危险。若受益人与被保险人之间不存在任何利害关系,即意味着危险之有无及大小与保险利益之有无呈反向比例关系:无保险利益存在,就会有危险;保险金额越大,被保险人所受危险越高;这等态势显非保险制度所秉持之目标与宗旨。④

我国保险法虽无受益人须有保险利益之明文,但也有学者主张保险利益是对受益人之要求。⑤ 理由亦如上所述,故不赘述。

---

① 吕锦峰:《保险法新论》,神州图书出版有限公司2002年版,第76页。

② 参见施文森:《保险判决之研究》(上册),三民书局2001年版,第126页。

③ 参见梁宇贤、刘兴善、柯泽东、林勋发:《商事法精论》,今日书局1994年版,第612页。

④ 参见刘宗荣:《新保险法:保险契约法的理论与实务》,中国人民大学出版社2009年版,第85页。

⑤ 参见尹田 主编:《中国保险市场的法律调控》,社科文献出版社2000年版,第165~169页。

三、结论

综上所述，保险利益应存在于受益人。第一，被保险人，无论在财产保险还是人身保险，其作为保险标的之权利人，如财产之所有人或债权人、生命、身体及健康之人格权人，显然对保险标的具有保险利益而为当然之受益人，故中国大陆和台湾地区保险法将被保险人规定为保险金请求权人堪为正当，若在行文表述上显示"法定受益人"或"固有受益人"更为清晰。第二，若被保险人指定或经被保险人同意而由投保人指定的与被保险人存在亲属关系或经济关系之人为受益人的，该指定之受益人对保险标的有具有保险利益（保险契约订立之前既已存在）而享有保险金请求权，只是指定受益人对保险标的所具有的保险利益是基于其与被保险人之人身关系或经济利益关系而产生，故具有间接性或派生性，而被保险人对保险标的之保险利益具有直接性或原始固有性，中间不存在其他人与被保险人之关系，至少表面上看仅为被保险人对保险标的，即人与保险利益所存在之客体之间的关系。第三，以受益人为保险利益之存在主体和规范对象，可以将投保人、被保险人与受益人三者合一、两两合一及三者各一等情形下之受益人囊括无遗而可充分发挥保险利益之功能，也弥补了人身保险之保险利益仅存在于投保时之漏洞；还可将投保人基于公益、无因管理以及任何利他目的而订立之保险契约纳入合法范围而受到保护。第四，若指定与被保险人毫无关系之人为受益人，因该受益人是被保险人自己指定或经其同意而由投保人指定，则该受益人因指定而具有了保险利益（嗣后利益），该利益与因法定关系而产生之利益相比只是产生方式不同而已，而无本质区别。其实，若对所有保险契约之指定受益人进行考察，可以断言，指定受益人与被保险人要么具有亲属关系，要么具有经济关系或者较紧密之情谊关系，此等关系皆为保险利益存在的基础，而毫无关系之情形是不存在的。正所谓"世界上没有无缘无故的爱，也没有无缘无故的恨。"一言以蔽之，保险利益是对受益人之要求，以受益人为存在对象。

第五章　保险受益人类别之归纳

"将事物加以归类是对其进行定义的前提和基础。对某一概念的把握和深入理解，有赖于对其分类做细致的研究，分类的过程就是对概念外延的切割过程，也就是对概念内涵的圈定过程。"[1]同理，对保险受益人科学和合理的分类有助于对其内涵和外延精准的把握。因而从学理上对保险受益人进行科学的分类，于保险实务和司法实践均有指导意义。首先，在保险营销环节，可以为保险契约当事人审慎选择受益人提供指南，也能为保险人妥当和顺利承保展业提供理论参考。在保险理赔环节，有助于迅速和准确地确定保险给付对象以提高理赔效率、提升保险人的商誉。其次，在保险法的实施方面，有助于避免或减少保险合同纠纷，节约司法资源，同时也可提高保险合同纠纷案件的司法效率。最后，对保险受益人的合理分类有助于促进保险法基本理论的研究深化，并进而为我国保险法立法的科学化提供理论支撑并最终促进我国保险业的健康发展。

然而，由于各国或地区的立法对保险受益人概念界定和相应规则的差异和学术见解的分歧，对保险受益人的立法分类和学理分类也呈现出相似和差异并存的局面。综合中外立法和学理对保险受益人之规则及其分类，并结合本书对保险受益人相关问题的研究，笔者试将保险受益人做如下分类。

一、人身保险受益人和财产保险受益人

众所周知，保险业务以保险标的为依据分为财产保险业务（property insurance）和人身保险业务，由此确立了财产保险业务和人身保险业务分业经营原则，并进而分别由依法设立的财产保险公司和人寿保险公司分别

---

[1] 邓子滨：《推定的含义——从普通用语到专业术语》，中国法学网 www.iolaw.org.cn/showNews.aspx?id=1152，最后访问时间：2020年8月2日。

经营财产保险业务和人身保险业务(personal insurance)。基于此，保险法和保险法理论也沿袭了保险实务的做法，分别构建了财产保险（合同）和人身保险（合同）法律规则体系和理论体系。亦如上文所论，保险受益人除法律明确规定于人身保险之外，从理论和保险实务之角度观之，财产保险也有受益人之存在。故本书也将保险受益人依保险业务之分类而分为人身保险受益人和财产保险受益人。

已如上述，人身保险包括人寿保险、健康保险、伤害保险以及年金保险。在人身保险中，或以被保险人之死亡为保险事故，或以被保险人身体之机能障碍和身体之完整遭受损害为保险事故。因此，人身保险受益人既包括指定受益人，也包括法定受益人之被保险人或其继承人等。

财产保险（包括以被保险人对他人所负损害赔偿责任为保险标的之责任保险）通常以被保险人为受益人，例外亦有指定受益人之存在。

二、自然人受益人和非自然人受益人

纵观世界各法系国家，无论公法还是私法，其主体类型均有自然人、法人和非法人组织三种。我国自《民法通则》《民法总则》直到刚颁布的《民法典》沿袭这一做法而规定了这三种类型的民事主体。其中，自然人是基于自然规律而出生的人，根据自然法思想，自然人的人格乃天赋的，实在法只是对此加以确认而已。自然人之外法人或非法人组织，作为法律主体，是法律拟制和半拟制的主体。基于此，可以将法律主体分为自然人和非自然人主体两大类别，同理亦可将保险受益人分为自然人受益人和非自然人受益人。即以生物意义上的人之客观实体为存在形式的受益人为自然人受益人，以法人、非法人组织乃至宠物为客观实体形式存在的受益人为非自然人受益人。还可以根据受益人是否为生命有机体而将其划分为生命受益人和非生命受益人，前者包括自然人和宠物，后者包括法人和非法人组织。

三、指定受益人和法定受益人

已如本书第一章关于保险受益人概念的比较法表述，在保险法和保险学理论上，大多将受益人限于指定受益人。该立法例和理论见解未将固有受益人或法定受益人之被保险人纳入受益人之范畴，而指定受益人的产生源于固有受益人之被保险人对其保险给付利益之处分。因此，以生成途径或确定方式作为受益人的分类标准，即有法定受益人和指定受益人这一互相对应而密切联系的分类。

所谓指定受益人，是指由享有受益人指定权之人将其所属意的人确定为保险金给付对象的受益人。相对于固有受益人之被保险人，指定受益人属于派生受益人，因其保险金给付请求权源于被保险人之授予。但何人享有受益人指定之权，各国立法及学说并不一致，对此问题，将在本书下编有详论。

所谓法定受益人，顾名思义，是指根据法律规定而享有保险金请求权的人。在中国大陆和台湾地区保险法中均有法定受益人之规定，被保险人即为法定受益人之典型。然而在学理上，有人把被保险人之继承人因继承作为被保险人遗产之保险金的人叫做法定受益人，[①]此乃对保险受益人之误解。因为根据继承法关于法定继承之规则以继承人名义继承已转化为遗产的保险金和根据保险法之相应规则以受益人名义受领非遗产的保险金，是性质完全不同的两种概念。但是，如果法律规定以被保险人之继承人为保险受益人的，此处之"继承人"只是据以确定保险受益人的类别或方法，此种情况下以继承人为受益人之确定方式，属于法定受益人。[②]以继承人为保险受益人之立法例，有《法国保险合同法》《德国保险合同法》等。但应注意的是，被保险人作为法定受益人或（其）继承人作为法定受益人，虽然均源于法律规定，但确定的内在根据则显有不同：被保险人作为法定受益人是基于其系保险标的之上附着的保险利益的归属人，并因保险事故

---

① 唐志刚：《寿险理赔实践中关于受益人认定的若干问题》，《中国保险管理干部学院学报》2001年第3期。

② 《法国保险合同法》L.132-8条第3款规定："下列人员应当被认为是合格受益人……被保险人的继承人或受托人、先于其死亡受益人的继承人。"第5款规定："继承人或指定继承人依据其应得遗产的比例有权获得相同比例的保险金。放弃继承的，不影响上述权利之行使。"L.132-12条规定："在约定当被保险人死亡时向特定受益人或被保险人继承人支付保险金的合同中，保险金不是被保险人的财产。受益人自保险合同成立时有权获得保险金，并不受指定形式和日期的影响，且适用于被保险人死亡之后，受益人才表示接受保险金的情形。"《德国保险合同法》第160条（受益人分配的解释）第2款规定："保险事故发生时，在保险人要向投保人的继承人赔付保险金时，若有异议的，投保人死亡时的继承人依照其应继承的份额成为受益人。抛弃继承权的，并不影响其成为受益人的权利。"第170条（代位权）第2款规定："当保险合同中未确定受益人时，投保人的配偶、共同生活伴侣或子女可以享有与受益人相同之权利。"《俄罗斯联邦民法典》第934条第2款规定："在合同的被保险人死亡，而合同中未指定其他受益人的，被保险人的继承人为受益人。"《日本保险法》第46条（受益人的死亡）规定："保险受益人于保险事故发生前死亡的，其全体继承人成为新的受益人。"

之发生受有损失而为保险给付填补之人，因而属于固有受益人，系法定第一受益人。在（被保险人之）继承人依法被确定为受益人时，是源于被保险人死亡而无指定受益人或其他受益人时，立法将其确定为受益人，其所获得之保险给付利益，类似继受取得，因而其属于派生受益人。相对于法定第一受益人之被保险人，继承人作为法定受益人属于法定第三受益人。

此外，在中国台湾地区保险法中有所谓推定受益人之表述，且有学者在论述受益人之分类或生成途径时将推定受益人与指定受益人和法定受益人相并列。中国大陆地区保险法未有推定受益人之表述。由此存在的疑问是，推定是否为保险受益人生成之途径或确定之方法。对此，本书后有专章详论。

四、可变更受益人和不可变更受益人

根据受益人指定的方式，即指定人是否放弃指定变更权或撤销权，而有可变更受益人和不可变更受益人之分。可变更的指定，通常允许被保险人或变更权人任意变更受益人，而不可变更的受益人的指定将阻止其变更受益人，除非受益人同意。这一分类在英美法系和大陆法系均有其存在，尤见于英、美等国之保险法理论和实务上。此一分类的意义在于受益人所享有的权利的性质不同以及受益人所处地位的稳定性不同。这一分类标准是受益人的指定权人是否保留了对受益人指定的变更权（保险契约利益的处分权）。

可变更受益人（或可撤销）受益人（revocable beneficiary），是指受益人的指定主体在指定受益人时保留了指定变更权的受益人。可变更受益人之地位极其脆弱，其地位有随时被取消的可能，因而于保险事故发生前并不享有任何实定的权利，而仅处于对保险金请求权的期待地位；其地位仅在保险事故发生始得固定，其对保险金之权利期待地位始转为既得权。因此，可变更受益人对保险金之受益期待，不具权利之效力——可请求性与受法律保护性。美国学者认为："可变更受益人，只有在被保险人死亡之时才可以期待得到保险金。但是他不能保证能够实现这种期待，而且被保险人不必取得可变更受益人的同意以行使保单权利。只有在被保险人死亡之时，可变更受益人对死亡保险金的权利才完全成为既得权。"[①]

---

① Muriel L. Crawford, *Law & the Life Insurance*, Richard D. Irwin, Inc., 7th edition, 1994, p.244.

不可变更或不可撤销受益人(irrevocable beneficiary)，是指定权人在指定时声明放弃指定变更权的受益人。基于被保险人或变更权人的意思，其可以指定不可变更的受益人。美国学者认为不可变更的受益人自指定时即时取得死亡保险金的权利。保单所有人非经受益人的同意，不得减少或者损害该既得权利。[①]因此，不可变更的受益人（指定）尚有另一种情形，即受益人之指定是否可变更并不取决于指定权人对于变更权的放弃或保留，而取决于受益人对其被指定为受益人的接受与否。若受益人以明示或默示之形式表示接受指定的，则指定权人不得撤销其指定。[②]

不可变更受益人之地位于指定之时即已固定，但其对保险金之权利仍处于期待状态，故为期待权，即附条件之权利。保险事故之发生为保险金请求权成为既得权之停止条件或期待因素。但是，在投资性或储蓄性的保险合同中，因保险费的积累可产生现金价值，对该部分利益之权利的获得并不取决于保险事故的发生，只要期限届至或约定的条件具备，权利人即可主张保险金给付而实现其利益。因此，对此部分利益若指定了不可变更的受益人时，受益人即获得既得权（vested right）。

指定受益人之地位的可变更与否取决于指定权人是否放弃其处分权。一则，权利作为一种为或不为保种行为之自由，由权利主体依具体情形而为之，此乃意思自治应有之义。二则，被保险人乃附着于保险标的之上保险利益的归属者，尤其以死亡作为给付保险金之条件时，易诱发道德危险。倘若指定之人与被保险人之关系交恶而对被保险人之生命安全构成威胁时，变更受益人乃化解该道德危险之良方。因此，保留受益人指定变更权是防阻道德危险之关键；此外，非基于道德危险之其他缘故，被保险人亦可随其意愿而变更受益人之指定。

但是，笔者认为：即使是不可撤销地指定了受益人，或者因受益人表示接受指定而不可撤销的，但当该受益人无论是否基于谋取保险金之目的而致害被保险人时，该指定仍可撤销；或者当被保险人已经被谋害致死之时，则该受益人丧失受益权。在这一方面，法国和意大利保险法之规定可

[①] See Muriel L. Crawford, *Law & the Life Insurance*, Richard D. Irwin, Inc., 7th edition, 1994, p.244.

[②]《法国保险合同法》L.132-9条规定："（1）当受益人以明示或默示之形式表示接受保险合同时，有关具体受益人的保险利益条款不得变更（2）如果受益人没有明示或默示表示接受保险合同时，拟定受益人条款的投保人有权单独更改该条款。在投保人生存期间，其债权人或法定代理人无权行使该撤销权。（3）投保人死亡后，投保人的继承人可以行使上述解除权。为表明是否接受保险利益，保险受益人通过司法程序提出正式请求之日起超过3个月的，投保人的继承人丧失上述解除权。"

资借鉴。[①]

我国保险法关于受益人的指定没有可撤销或不可撤销的规定，但基于私法自治原则和因应保险实务的需要，笔者认为我国保险法应当借鉴两大法系保险法和判例的做法，在修法时可增设可变更与不可变更受益人指定的相关规定。考察各国立法例，指定权人保留或放弃其处分权的方式有二：一为指定人未声明放弃受益人变更权的，视为保留变更权，此即"直接保留主义"，日本和我国台湾地区法律采此主义。二为未声明保留受益人变更权的，视为放弃变更权，此即"声明保留主义"，如美国法律采此主义。[②]笔者认为第一种方式更为可行，其更符合受益人指定多为可变更之实际，而且便于指定权人处于有利地位，即使其原本欲为不可变更之指定，但因疏于为放弃变更权之声明，此后若欲使该指定之人受益，不为变更亦合其意，此与放弃变更权有异曲同工之妙。加之该方式灵活，只要指定人未声明放弃变更权，即无须为任何表示。后一种方式与前一种相比，彼此之优缺点恰呈对应之格局。

我国保险法未见此受益人之分类，仅在学者之著述有所体现。因此，笔者认为修订《保险法》时，可增加这一规定且应明确采用"直接保留主义"这一立法例。

五、单一受益人和多数受益人

这一分类是以受益人人数之多少为标准所做的划分。受益人仅为一人的，为单一受益人；受益人为二人以上的，即为多数受益人。虽然这一分类与受益人之内在本质性特征无多大关联，但此一分类具有理论和实务意义。此分类之意义在于受益人与保险契约当事人之间以及受益人相互之间关系之繁简程度不同。在单一受益人之场合，其与保险人之间的权利义务关系简明，不存在受益人为多数时其内部相互之间的纠纷，也不存在多数受益人与保险人之间的外部纠纷。如此，单一受益人与保险人之间简明之权利义务关系能使保险契约之订立、履行和理赔等各环节运作顺畅而富有

---

① 《法国保险合同法》L.132-24条第3款规定："如果受益人试图杀害被保险人，投保人有权撤销受益权人的受益权，即使受益人已经接受对其有利条款的情形也不例外。"《意大利民法典》第1922条（利益的丧失）规定："当受益人谋害被保险人生命时，受益人的指定虽然是不可撤销的也同样失效。"

② 蔡军、赵雁丽：《试论寿险受益人制度中的投保人》，《经济研究参考》2003年第30期。

效率。在多数受益人之场合，其所涉法律关系颇为繁杂，既有各受益人及其全部与保险人之间的外部权利义务关系，即是存在按份权利义务关系还是连带权利义务关系之问题；又在受益人内部相互之间存在诸如受益顺序和受益份额的问题；又当同一顺序之多个受益人之中某一受益人先于被保险人死亡，即产生其受益份额应当如何处理等问题。

因此，在多数受益人之场合，指定权人于指定时最好应明确受益人之顺序，尤其是应明确同一顺序受益人之间各人之受益份额，以免受益人内部相互之间因受益份额发生纠纷、各受益人基于受益份额与保险人之间的权利义务纠纷（成立按份之债）和全部受益人作为一整体与保险人之间的权利义务纠纷（成立连带之债）。综上所述，单一受益人和多数受益人之分类，有助于分辨和厘清受益人所涉及的内部和外部权利义务关系，以减少纠纷、提高保险营运效率、节约司法资源和提高司法效率。

六、基本受益人和候补受益人①

基本受益人和候补受益人这一分类是基于指定权人的意向和据此确定的受益人顺序所做的分类。基本受益人和候补受益人，分别对应的英文术语为"primary beneficiary"和"contingent beneficiary"。所谓基本受益人，也可称作第一顺序受益人，是指由被保险人（或指定权人）指定的，于被保险之生命死亡时先于其他顺序受益人受领保险金的人。基本受益人仅为一人时，对全部保险金享有受益权；若为数人时，则按指定份额受领；若无指定份额时则平均受领保险金。②有基本受益人存在时，候补或临时受益人对保险金之期待消灭。

所谓候补或临时受益人，也可称作后顺序（包括第二顺序、第三顺序，以此类推）受益人，是指当基本受益人先于被保险之生命死亡或与其同时死亡时受领保险金的人。候补受益人可以是一人或数人，其受领保险金之份额适用基本受益人之规则。候补受益人之指定在于避免因基本受益人死亡或丧失受益权时保险金无人受领之尴尬，因而其存在具有辅助作用，

---

① 一份关于如何指定受益人的英文说明（How to Designate Beneficiaries），Your primary beneficiary automatically receives your insurance benefits when you die; If no primary beneficiary is living, the insurance benefit goes to your secondary (contingent) beneficiary; If none of your beneficiaries is living, the insurance benefit is paid to your estate.

② 参见《中华人民共和国保险法》第40条。

"contingent beneficiary"，即有辅助受益人之意。

保险实务中，被保险人或指定权人通常指定其配偶为基本受益人，而将其子女指定为候补受益人。若基本受益人和候补受益人均不存在时，保险金即归入被保险人之遗产。

我国保险法虽无基本受益人和候补受益人的概念，但《保险法》第40条有类似之规定。在此规定中，受益顺序即包含着第一顺序和第二顺序等后顺序，分别与primary beneficiary和contingent beneficiary相对应。

受益人之指定权人于指定受益人时，尤其仅指定一人为受益人的，应考虑到该受益人先于被保险之生命死亡或其放弃受益权、依法丧失受益权时保险金之归属问题。因此，为避免保险金落入非意向人之手，最好指定候补受益人以因应基本受益人死亡或丧失受益权之情况。

七、第一受益人和第三受益人

第一受益人和第三受益人，是以受益人是否同时为保险契约当事人为标准所为之分类。所谓第一受益人（first party beneficiary），即以保险契约当事人为保险金受领人时之称谓；而第三受益人者（third party beneficiary），是以保险契约当事人之外的人（stranger to the contract）为保险金受领人时之称谓。在保险契约当事人中，与保险人相对之一方当事人究为投保人抑或是被保险人，在英美法系国家和大陆法系国家之保险法及理论上，在文字表述和内涵上均有所不同。在前者，与保险人缔结契约之对方当事人为被保险人（"The parties to a contract of insurance are the 'Assured' or 'Insured' and the 'insurers'."），[1]保险实务上也有称之为保单持有人（policyholder）或保单所有人（policyowner）的，但在立法及学理上更倾向于使用被保险人一语。[2]在后者，如《德国保险合同法》《日本保险法》等保险法均将与保险人订立保险契约之人定位为当事人，在中国大陆地区保险法和理论上谓之"投保人"，在中国台湾地区谓之"要保人"。在英美法系国家除保险契约当事人之外，只有关系人——第三受益人；而在大陆法系国家，除契约

---

① E.R.Hardy Iamy, General Principles on Insurance Law, London, Butterworth & Co. Ltd, 1979, 4th edition, p.5.

② "Often in practice, the person who acyually contracts with an insurer is referred to as the policyholder, but this is not a usage that we tend to follow." John Birds, *Birds' Modern Insurance Law*, Thomson Reuters Uk limited, 10th edition, 2016, p.5.

当事人之外，关系人包括被保险人和受益人。由此看来，除保险人为恒定之一方当事人这一共同点外，在另一方当事人为何人及关系人范围上均有所不同：英美保险契约关系主体采"二分法"，保险人和被保险人为当事人，受益人为第三人；大陆法系保险契约关系采"三分法"，保险人和投保人为当事人，被保险人和受益人为关系人。两大法系保险契约关系体制存在差异的原因大致在于：在英美法系国家，以投保人和被保险人合一为常态，或以被保险人涵盖吸收投保人，即通常向保险人要约订立契约之人，即投保之目的在于保障自己，其即为当事人the insured，保险契约成立后，其基于契约当事人之地位而当然享有保险给付请求权。当被保险人意图使他人享受保险契约利益时，在财产保险，于保单上附载损失补偿条款（Loss payable clause）或保单之转让（assignment of policy）方式为之；在人寿保险，以指定第三人为保险金受领人（third-party beneficiary）或以保单转让等方式为之，[①] third-party beneficiary对应之中文为"第三受益人""受益第三人"或"第三方受益人"等。综上，在英美法系国家之保险法及理论上，将被保险人称为第一受益人（first party beneficiary），而将其指定的受益人称为第三受益人（third party beneficiary）。[②]

在大陆法系国家，于财产保险，以投保人与被保险人合一为常态，且在立法和实务上多以被保险人之称谓与保险人订立契约而为契约当事人；[③] 在人寿保险，以投保人与被保险人分离为常，将订立保险契约和支付保险费的投保人定位为契约当事人，而将以其生命、身体和健康为保险标的之被保险人作为关系人[④]。即在人身保险，除当事人投保人之外，尚有关系人——被保险人，此即所谓保险契约关系之"三分法"体制。英美法系国家将保险契约当事人之被保险人称为第一受益人，而将经被保险人指定而享有保险给付请求权之人叫第三受益人，此处之"第三人"相对于保险契

① 梁宇贤、刘兴善、柯泽东、林勋发：《商事法精论》，今日书局1994年版，第558页。

② Robert E.Keeton & Alan I. Widiss, *Insurance Law—A Guide to Fundamental Principles, Legal Doctrines, and Commercial Practices*, West Publishing Co. St. Paul Minn, 1988, p.432; Willy E. Rice, *Insurance Contracts and Judicial Decisions Over whether Insurers must Defend Insureds That Violate Constitutional and Civil Rights: An Historical and Empirical Review of Federal and State Court Declaratory Judgments 1900-2000*, Tort & Insurance Law Journal Summer, 2000; G. Michael Bridge, *A Proposal to Include Life Insurance Assets Within the Augmented Estate*, Cornell Law Review, March, 1989;尹田 主编：《中国保险市场的法律调控》，社会科学文献出版社，2000年版，第255页。

③ 在《中华人民共和国保险法》财产保险合同一节共19个条文中，以"投保人"出现15次，而"被保险人"则出现36次。

④ 参见《德国保险合同法》第162条、第169条、第170条等条文;《日本商法典》第674I、III，第676I，第678I等条文。

约之两方当事人而言，并不意味着在第一受益人和第三受益人之间还存在第二受益人。在私法理论上，契约当事人之外的人为第三人。那么在大陆法系之人身保险契约中，第一受益人究竟是投保人还是被保险人呢？从第三受益人之产生逻辑来看，根据中国大陆地区《保险法》第18条第3款和台湾地区《保险法》第5条之规定来看，第三受益人既然是由被保险人或投保人指定而产生，则被保险人或投保人均不可能是第三受益人了。中国大陆地区《保险法》第10条第2款的规定表明，投保人虽为保险契约当事人，但其并不享有保险给付请求权。因此，投保人不可能是第一受益人。中国大陆地区《保险法》第12条第3款、第4款和第5款前句之规定表明，[①]被保险人乃法定第一受益人。况且在投保人指定受益人时还须被保险人同意方可生效。因此，被保险人乃实质上真正的受益人指定权人，投保人的受益人指定权是经被保险人明示授权（同意）或隐藏性授权以及为便利保险契约缔结之考量而来。[②]但若投保人是保险契约当事人兼受益人，被保险人为关系人时，投保人似应为第一受益人，而且学理上把投保人为受益人之情形称为为自己利益的保险契约，而将被保险人或第三人为受益人之情形叫做为他人或为第三人利益之保险契约。[③]但是，投保人若以他人为被保险人，指定自己为受益人时须经被保险人同意，因"被保险人是指其财产或者人身受保险合同保障，享有保险金请求权的人。"即固有受益人。[④]因此，当投保人同时为受益人时，实为被保险人对其保险给付请求权的授予，故投保人被指定为受益人时，当属第三受益人，即第三受益人之身份附着于投保人。因此，不能以民法之所谓为自己利益之契约和为第三人利益之契约理论来解释投保人是第一受益人还是被保险人为第一受益人之问题。

笔者认为，被保险人虽然在形式上非为保险契约当事人，但基于其保险标的之上保险利益归属人身份而原始取得保险给付请求权和受益人指定权，以及以其所负告知义务、危险增加之通知义务和保险事故发生之通知义务等方面来看，其已具有保险契约当事人之实质条件，其作为保险契约

---

① 《中华人民共和国保险法》第12条第3款、第4款和第5款规定："人身保险是以人的寿命和身体为保险标的的保险。财产保险是以财产及其有关利益为保险标的的保险。被保险人是指其财产或者人身受保险合同保障，享有保险金请求权的人。"

② 江朝国：《论被保险人有无指定受益人之权》；载江朝国：《保险法论文集》（三），台北瑞兴图书股份有限公司2002年版，第339~345页。

③ 郑玉波：《保险法论》，刘宗荣 修订，三民书局2003年版，第169页。

④ 参见《中华人民共和国保险法》第2条、第10条、第22条；中国台湾地区《保险法》第3条、第4条、第5条。

当事人之权重远胜于投保人。有中国大陆学者把投保人和被保险人均认为当事人①，亦有中国台湾学者将投保人认为形式当事人，被保险人为实质当事人。②基于上述，若以被保险人为附着于保险标的之上保险利益之财产权人或人格权人、法定保险给付请求权人和受益人指定权人及所负告知和通知义务为根据，则其应为第一受益人，投保人为受益人时乃第三受益人。故笔者认为被保险人乃第一受益人，被保险人以外的人（包括投保人）经指定为受益人的，均为第三受益人。③

八、名义受益人和实质受益人

名义受益人和实质受益人，是以受益人在原因关系中是否提供对价为标准所做的分类。名义受益人尤见于以债权人被指定为受益人之场合，债权人受益人并非无偿受领保险给付，因其所受领的保险金乃被保险人基于清偿目的所为的保险契约安排。因此，在原因关系基础上，以提供对价的人为受益人的保险契约关系中，受益人即为名义受益人，而实质受益人乃被保险人（基于保险的射幸特征）。在美国保险法理论与实务上的债权人受益人（creditor beneficiary）即为名义受益人一类。④

实质受益人，是指既有受益人之名义（被指定为受益人），又实质享有保险受益权的人，即在原因关系中未提供对价而在保险契约关系中无偿受领保险给付之人；或虽不具受益人之名义，但依法律规定而享有保险受益权的受益人。在美国保险法理论与实务上的"受赠人受益人（donee

---

① 李玉泉：《保险法》（第二版），法律出版社2003年版，第119页。

② 陈玫杏：《论人寿保险首要保障之主体——以被保险人为中心》，台北东吴大学2002年硕士学位论文。

③ 美国《合同法重述》（一）把第三方受益人分为受赠受益人与债权人受益人，区别的根据是债权人企图向第三人为赠与还是履行一项对第三人所负的义务。参见沈达明：《英美合同法引论》，对外贸易教育出版社1993年版，第190页。

④ 债权受益人是保单所有人对之负有债务的债权人指定为受益人的人。当保险人对债权受益人给付保险金后，保单所有人的债务即在相应的保险金额内消灭。如果保险金额大于债务额，债权人通常须将此差额给付于与临时受益人，如果没有临时受益人，则应给付与保单所有人或其继承人。See Muriel L.Crawford, *Law & the Life Insurance*, Richard D. Irwin, Inc., 7th edition, 1994, p.244.

beneficiary）"即为实质受益人。[1]如被保险人作为保险标的之上所存在利益之归属人，于其未处分保险契约利益之条件下，即为固有之受益人而享有保险给付请求权（受益权）；或者被保险人虽未处分其保险契约利益，但以其死亡为保险给付条件下，依法律规定而享有保险受益权的人。在日本，保险契约未指定受益人时，以死亡为条件所给付的保险金并不作为遗产而支付给作为法定受益人之被保险人的法定继承人。此即以被保险人之继承人为法定受益人之立法例。[2]

九、意向受益人和附带受益人

意向受益人和附带受益人是美国学者对受益人的分类。[3]所谓意向受益人（intended beneficiary），是指保险合同当事人意图使其从保险合同履行中受益之人。受赠人受益人和债权人受益人即为意向受益人。意向受益人取得合同项下的权利并能诉请强制执行该权利。意向受益人的指定体现了指定人的真实意愿

所谓附带受益人（incidental beneficiary），是指受益于保险合同，但其并不享有合同项下之权利的人。保险契约当事人订立保险契约时并无使附带受益人受益之意图。假设甲是以其继承人为给付对象的保险单所有人，而该保险单是该继承人唯一的财产。再假设甲对乙负有金钱债务，而该笔债务并未提供担保。如果甲死亡，其法定代理人有领取保险金的权利，但是也对甲的债权人乙负有清偿的义务。如果保险人向甲的法定代理人支付了保险金，乙即可因此而获益。但是，乙无权诉请保险人强制其向法定代理人给付保险金。乙就是附带受益人，保险合同并无意向使其受益。实际上附带受益人所获得的保险金，是经由直接受益人——甲的法定代理人领取后，转而获得的财产，其性质已然从保险金转化为一般金钱财产了。

---

[1]　受赠受益人是保单所有人指定的，而该受益人并未向指定人提供对价的人。受赠受益人是人寿保险中指定的最常见的一种。例如，丈夫以自己的生命为保险标的投保，而指定妻子为受益人，妻子通常就是受赠受益人。See Muriel L.Crawford, *Law & the Life Insurance*, Richard D. Irwin, Inc., 7th edition, 1994, p.244.

[2]　参见沙银华：《日本保险经典判例评释》，法律出版社2011年版，第19页。

[3]　See Muriel L.Crawford, *Law & the Life Insurance*, Richard D. Irwin, Inc., 7th edition, 1994, pp.245~246.

下编

保险受益人生成论

引论

中国台湾学者梁宇贤将保险受益人生成途径或确定方式归纳为约定、指定、推定和法定四种。首先，根据中国大陆地区《保险法》第18条第3款和第39条第1款之规定，受益人之生成方式为"指定"，而根据中国台湾地区《保险法》第5条之规定，受益人之生成方式为"约定"，除此之外，其他表述文义相同。那么，海峡两岸保险法分别使用的"约定"和"指定"二词是仅为表述之不同而无实质之区别，还是既有表述之不同，亦有实质之区别？海峡两岸保险法的上述规定似乎表明受益人生成途径或确定方式仅有"指定"一种。但斟酌"投保人、被保险人可以为受益人"和"要保人或被保险人均得为受益人"之文句，则又表明受益人之生成途径或确认方式不限于指定或约定一种，即，投保人或被保险人为受益人时，其确认的根据或生成之途径又是什么？

其次，根据中国台湾地区《保险法》第45条①、第52条②、第110条③、第113条④、第121条⑤等条文之规定，似乎又表明受益人之生成途径或确定的方式则不限于指定一种，似乎还有"推定"或者"法定"等生成途径。

中国澳门特别行政区《澳门商法典》第965条第3款规定："保险受益人系指保险人之给付之对象。"由此规定无法得知受益人之生成途径或认定方式究竟如何。根据该法典第1012条（合同因保险标的物之转让而移

---

① 中国台湾地区《保险法》第45条规定："要保人得不经委任，为他人之利益订立保险契约。受益人有疑义时，推定要保人为自己之利益而订立。"

② 中国台湾地区《保险法》第52条规定："为他人利益订立之保险契约，于订约时，该他人未确定者，由要保人或保险契约所载可得确定之受益人，享受其利益。"

③ 中国台湾地区《保险法》第110条规定："要保人得通知保险人，以保险金额之全部或一部，给付其所指定之受益人一人或数人。"

④ 中国台湾地区《保险法》第113条规定："死亡保险契约未指定受益人者，其保险金额作为被保险人之遗产。"

⑤ 中国台湾地区《保险法》第121条规定："受益人故意致被保险人于死或虽未致死者，丧失其受益权。前项情形，如因该受益人丧失受益权，而致无受益人受领保险金额时，其保险金额作为被保险人遗产。"

转）第1款"保险标的物被让与后，合同所生之权利及义务归取得人所有，但属民事责任保险者除外"、第1016条（死因移转）"保险合同所生之权利及义务因被保险人之死亡而移转于其继承人，但直接与被保险人人身相连之权利及义务者除外"、第1034条（为第三人之利益订立之保险合同）"一、若属为第三人之利益订立之保险合同，得在合同中指定受益人，或于日后透过向保险人作出之书面意思表示，又或在遗嘱内指定受益人。二、受益人之指定只要可以充分理解及客观，即使以概括或间接方式指定亦有效。三、在遗嘱中将保险金额作出分配，在一切效力上，视为受益人之指定。四、投保人得指定受益人或改变已作出之指定而无须保险人之许可。五、如投保人未指定受益人，得推定其保留随时指定受益人之权能；若于投保人死亡日仍未指定受益人且无确定受益人之客观准则，则保险金额转为投保人之财产"、第1037条（指定受益人之条款之解释）第1款和第2款"如指定被保险人之继承人为受益人，则按法律之一般规定视法定继承人或遗嘱继承人为受益人。如指定被保险人之配偶为受益人，则被保险人死亡时作为其配偶之人视为受益人"、第1046条（对保险人给付请求权之丧失）第1款和第2款"受益人若为导致被保险人死亡之正犯或犯罪参与人，则丧失对保险人给付请求权。二、在上款所指情况下，如无其他补充指定或一并指定之受益人，应作之给付转为被保险人之财产"等规定，受益人之生成之途径或确定方式除"指定"以外，似乎还有"推定"抑或"法定"等途径。

根据上述中国法域内大陆、澳门、台湾地区之保险法关于受益人生成途径或确定方式之规定，首先可以肯定的是，"指定"是受益人生成之典型途径或方式，"约定"究为"指定"之同义语，还是含义完全不同的两个词？同时随之产生的问题是，受益人指定的主体，即指定权人究竟为投保人还是被保险人？受益人之生成途径除指定之外，有无其他途径？

在指定或指定的变更作为受益人生成途径上，指定或指定变更的性质为何，是单方法律行为还是双方法律行为，决定着指定或指定变更的形式（要式或不要式）、效力要件（如是否有通知的必要及通知所生的效力）、指定或指定变更的受益人具有何种法律地位以及享有何种权利等一系列问题。此外，受益人指定或指定变更的方式和意思产生疑问或歧义时，究应采用客观解释方法、主观解释方法，抑或折中主义方法等问题，需要从理论结合实践加以探讨。

在"法定"作为受益人之生成途径或确定方式上，法律规定何人为受益人（如受益人的范围）时，其内在根据是什么？"推定"是否为受益人之生成途径或确定方式，亦将在本编予以分析解答。

　　以上所提出的诸多问题，正是本编展开的线索和论点。笔者欲通过对中国法域内大陆、澳门、台湾地区之保险法关于受益人之规定和对保险实务惯例之比较、分析，同时通过考察域外保险业发达国家关于受益人之规定和实务上的惯例或做法，以探讨受益人之生成途径或确定方式，以及不同的生成途径所需条件及其效力等问题。本编希望通过对以上问题的讨论，籍此对中国大陆地区保险法治之完善，对保险业务运作之高效顺畅、保险司法实践之合理有据，以及对被保险人或投保人于订立保险合同时如何确定受益人提供合理性和实用性的参考。为此，本编就上述问题用四章来展开。

第六章　保险受益人生成途径推定之排除

根据中国澳门、台湾地区和域外某些国家的保险法之规定，保险受益人之生成方式除指定和法定之外，还有所谓"推定"这一方式。基于此等原因，在部分中国台湾学者的著述中将"推定"作为受益人之生成或确定方式而与指定和法定相提并论。源于此故，本章拟对"推定"是否为保险受益人之生成方式进行考证。在证据法上，推定"是根据法律规定或经验法则，从已知的前提事实推断出未知的结果存在，并允许对方当事人举证推翻的一种证明规则"。[①]

在保险理赔业务或司法实务中，若保险契约未指定受益人、受益人指定不明、受益人放弃或依法丧失受益权时，如何确定保险金之给付对象？换言之，保险受益人是否须经推定而得以确定？对此等问题之由来，本章将通过探究以期弄清其来龙去脉。

一、受益人推定之比较法考察

（一）受益人推定之中国区际法考察

基于"一国两制"，中国大陆地区与中国香港、澳门地区施行不同的法律制度，中国台湾地区亦施行不同的法律制度。基于此，在保险法上关于受益人之生产是否适用推定之方式，本章先在中国法域内做一区际法上的考察。在中国区际法上，关于受益人推定之立法例，首推中国台湾地区《保险法》。从该法第45条、第52条规定之文义解释上可知，[②] 在保险契约

---

① 江伟、邵明 主编：《民事证据法学》（第2版），中国人民大学出版社2015年版，第123页。

② 中国台湾地区《保险法》第45条规定，"要保人得不经委任，为他人之利益订立保险契约。受益人有疑义时，推定要保人为自己之利益而订立"；第52条规定，"为他人利益订立之保险契约，于订约时，该他人未确定者，由要保人……享受其利益"。

未指定受益人或指定不明而无法认定时，推定要保人为受益人。

我国《保险法》自1995年颁布实施以来，截至2020年，先后经过四次修改，最高司法机关制定四部司法解释，而关于受益人之生成从未规定"推定"这一方式。虽然在最高人民法院司法解释征求意见稿中关于团体人身保险受益人之产生方式出现了推定职工为受益人之表述[1]，但并未被正式生效的任何一部司法解释中保留，也未被历次修订的《保险法》所吸收。分别经由2009年、2014年和2015年修订的《保险法》关于团体人身保险受益人之确定方式也未有推定之表述，也不存在适用推定之条件。[2]

根据《澳门商法典》[3]第972条第1款"若保单内不载明系为他人投保，视为系为投保人投保"的规定，存在两种情形：①投保人与被保险人合一，保险契约未指定受益人；②投保人与被保险人分离，保险契约未指定受益人。在前一种情形，投保人兼被保险人而未指定受益人，投保人（或被保险人）即受益人，这无不妥当。但是在后一种情形，投保人非被保险人，而保险契约未指定受益人的，则不能推定投保人为受益人。因为，被保险人是以其享有人格利益之生命、身体和健康为保险标的之人，发生保险事故而遭受损害者亦为被保险人。根据利益之反面即损失之原理，保险契约未指定受益人的，被保险人即受益人，此乃当然之理。因此，在后一种情形，不应推定投保人为受益人，投保人成为受益人须经被保险人同意而以指定方式确定，而无适用推定之条件。基于前述，《澳门商法典》这一规定存在漏洞和非妥当性。因此，投保人与被保险人分离而保险契约未指定受益人的，被保险人即为受益人，此一确定方式为法定而非推定。在理论上，有学者将此情形下之保险契约归入利他保险契约。[4]也有学者将此两种情形下之保险契约，称为为自己利益的保险契约，此恰为其疏漏之处。[5]

（二）受益人推定之域外法考察

《德国保险合同法》第43条第3款规定："如相关证据表明保险合同非

---

[1]　2003年12月8日发布的《最高人民法院关于审理保险纠纷案件若干问题的解释（征求意见稿）》第48条（职工为受益人的推定）第2款规定："法人或者其他组织为其职工订立的人身保险合同中未指定受益人的，推定职工为受益人。"

[2]　参见《中华人民共和国保险法》第39条第2款。

[3]　参见中国政法大学澳门研究中心、澳门政府法律翻译办公室 编：《澳门商法典》，中国政法大学出版社1999年版。

[4]　梁宇贤：《保险法新论》，中国人民大学出版社2004年版，第36页。

[5]　郑玉波：《保险法论》，刘宗荣 修订，三民书局2003年版，第20页。

为第三人利益订立的，则应当视为投保人为自己的利益订立保险合同。"第160条第3款规定："有受益权的第三人未取得领取保险人给付的权利的，则该权利由投保人享有。"上述规定表明，投保人为第三人利益订立的保险契约，在第三人有疑问而无法确认，或第三人未取得受领保险人给付权利之情形下，皆应视为投保人为自己的利益订立保险契约。易言之，在此情形，推定投保人为受益人。笔者认为，在投保人与被保险人合一时，该规定应属妥当。但是，在投保人与被保险人分离时，推定其为受益人，则显属不妥。因被保险人系附着于保险标的之上保险利益之人格权人，在保险契约无指定受益人或指定受益人丧失受益权时，保险契约利益即回归被保险人，此乃法律行为无效或被撤销时恢复原状效果之体现。

而《德国保险合同法》第179条第2款则表明，以他人为被保险人，并以其所受伤害为给付条件时，保险契约未指定受益人的，被保险人即应视为受益人，①此规定当属合理。但是，把以被保险人为受益人的确定方式表述为"推定"，则名不副实。因为，此情形下的保险契约利益并未发生变动，仍归被保险人。若认为被保险人被推定为受益人，言外之意就是保险契约利益原本就属于第三受益人。若如此，则把作为法定、固有受益人之被保险人和指定的第三受益人的逻辑关系颠倒了。

由上述比较法之考察，受益人推定之法例可概括为两种：一是将投保人推定为受益人；二是将被保险人推定为受益人。

二、受益人推定之观点综述

保险给付条件具备时，保险人以何人为给付对象，首先涉及的是受益人的确定问题。受益人确定的，即以该确定之人为保险给付对象；受益人未确定的，以何人为受益人给付保险金？是以被保险人、投保人还是以其继承人为受益人而为给付？对此等问题，梁宇贤先生将受益人区分为已确定和未确定两种。已确定的受益人包括指定受益人和推定受益人：①指定之受益人，是指在保险契约订立时已清楚指明何人为受益人而于保险事故发生时受领保险金之人。②推定之受益人，是指在保险契约中虽未明确何人为受益人，但根据法律规定或依法理，以可推知之人为受益人者也。②

---

① 《德国保险合同法》第179条第2款规定，"以他人所受伤害订立保险者，有疑义时视为为他人的利益订立"。

② 参见梁宇贤：《保险法新论》，中国人民大学出版社2004年版，第42~43页。

推定受益人，源于中国台湾地区《保险法》第45条的规定，[①] 梁宇贤先生论及该条时指出："受益人有疑义时，推定要保人为自己之利益而订立，是为推定受益人。"[②] 郑玉波先生则认为："所谓受益人有疑义，与上述未约定或未指定之情形不同，未约定或未指定乃对于受益人并未明确表示之谓，而受益人有疑义，乃对于受益人一项虽有所表示，但所表示者尚有疑义之谓，此时法律即推定为要保人自己。"[③] 林群弼[④]、刘宗荣[⑤]等学者根据该法第45条后半段亦认为"推定"为受益人生成或确定之途径。

与上述诸学者观点颇为不同的是，施文森先生以中国台湾地区《保险法》第113条作为推定受益人之法律依据，[⑥] 他认为保险契约未指定受益人时，法律推定被保险人为受益人。[⑦] 施文森先生在其另一著作中表达了相同的见解，即被保险人未指定受益人的，并不因此导致保险契约无效，只是推定被保险人为受益人。[⑧]

基于上述可知，中国台湾学者关于推定受益人的两种不同见解分别源自中国台湾地区《保险法》第45条和第113条：依据前者，推定要保人为受益人；依据后者，推定被保险人为受益人。

有中国大陆学者认为，在人寿保险契约，受益人已确定的，即由其享有保险金请求权；受益人未确定时，则由投保人享有保险金请求权，即推定投保人为受益人。[⑨]

三、受益人生成之推定方式质疑

（一）推定投保人为受益人之谬

笔者认为，在人身保险契约关系主体"三分法"体制下，受益人因未

---

①　中国台湾地区《保险法》第45条规定："受益人有疑义时，推定要保人为自己之利益而订立。"

②　梁宇贤：《保险法新论》，中国人民大学出版社2004年版，第43页。

③　郑玉波：《保险法论》，刘宗荣 修订，三民书局2003年版，第177~178页。

④　参见林群弼：《保险法论》，三民书局2003年版，第570页。

⑤　参见刘宗荣：《保险法》，三民书局1997年版，第61~62页。

⑥　中国台湾地区《保险法》第113条规定："死亡保险契约未指定受益人者，其保险金额作为被保险人遗产。"

⑦　参见施文森：《保险法总论》，三民书局1990年版，第26页。

⑧　参见施文森：《保险法论文》（第一集），三民书局1988年版，第224页。

⑨　参见尹田：《中国保险市场的法律调控》，社会科学文献出版社2000年版，第254页。

指定或指定不明等原因而不能确定时，推定投保人为受益人之处理方式显属错误。投保人仅系订立保险契约和支付保险费之人，其与保险标的并无直接利益关系。因为，人身保险之保险标的乃被保险人之生命、身体和健康，被保险人对其享有人格权。当保险标的因保险事故发生所受损害者亦为被保险人，因此法律规定被保险人享有保险给付请求权。投保人对被保险人仅因身份关系而具有间接利益，因此法律未赋予投保人保险给付请求权。基于此，有学者认为推定要保人为受益人，极不妥当，应推定被保险人为受益人，才能避免道德危险。[1]

有学者对推定投保人为受益人之做法提出如下理由，本书将做如下介评。

支持以投保人为推定受益人之学者认为，投保人与保险人订立保险契约并承担保费给付义务，乃基于自身利益最大化之追求所为的商业行为。即使投保人为他人利益所缔结之保险契约，也是以他人之幸福而为自己效用满足之表象。保险契约若未为受益人之指定或受益人无法确定时，依经济人之假设，应推定投保人为受益人方与人性相合。持此说之学者还认为，多数国家之保险法在受益人不明时，应由投保人享有保险给付请求权。而且依英美保险法原理，指定受益人之实质乃第一受益人之投保人对保险给付请求权之处分。所以，在未指定受益人或者指定有疑义而无法确定时，即以投保人为受益人。[2]而且持此见解者进一步解释说，以投保人为保险契约当事人并因负担保费给付义务而享有保险给付请求权与保险人受领保费之给付而提供保险保障构成对价，此恰与保险契约之双务性特征相合，且合于公平之观念。在人寿险契约，依契约法原理，仅能由契约当事人之投保人享有契约利益，而仅为关系人之被保险人，若投保人无使之受益之意图时，保险契约利益应由投保人享有。[3]

针对以上见解，笔者认为，以"经济人"之理论假设而对投保人之缔约和保费给付行为进行解释，歪曲了保险制度的价值追求和投保人之缔约意图。首先，近现代保险制度之形成源于对风险所致被保险人损失之补偿和对社会生产生活秩序之维护。其次，从被保险人构成之危险共同体来看，其通过保险人之组织、管理和中介而实践"人人为我，我为人人"之互助精神。再次，在人身保险，投保人为自己之利益或为他人之利益而缔

① 参见梁宇贤：《保险法新论》，中国人民大学出版社2004年版，第236页。

② 参见尹田：《中国保险市场的法律调控》，社会科学文献出版社2000年版，第254页。

③ 参见尹田：《中国保险市场的法律调控》，社会科学文献出版社2000年版，第256页。

结保险契约，均非基于营利目的。因为保险之功能主要在于预防风险和风险发生后之经济补偿，基于利益之反面为损失之原理，投保人根本不可能从保险中获得超过其损失之外的利益。若想借保险谋取不当利益，只会刺激赌博和诱发道德危险。为他人利益之保险，即以被保险人或第三人为受益人，保险契约具有典型之利他目的；为自己利益之保险，投保人或以自己为被保险人兼受益人，或者以他人为被保险人并经该他人同意而将自己作为受益人，实为被保险人指定第三受益人。基于此，不能把具有特殊性的保险契约理解为具有营利目的之一般双务契约。

在采"二分法"之英美保险契约关系体制下，保险人（insurer）与被保险人（insured）相对应而为保险契约当事人，并无投保人的概念，投保人（applicant）实为保险契约当事人之被保险人在缔约过程之要约阶段对要约人的称谓。[①]即便被保险人之外另有所谓投保人（要约人或代理人），在无第三受益人时，被保险人基于其保险标的之上附着的保险利益的直接归属人，即为当然之受益人。若指定之受益人先于被保险人死亡、放弃或丧失受益权，保险契约利益回归被保险人。[②]

保险契约为双务契约，但并不意味着契约所生之权利只能归缔约之当事人。若投保人意在为自己之利益而订立保险契约，就不会指定第三人为受益人，而由自己享有保险给付请求权，就不存在推定何人为受益人之问题。若投保人意在为他人之利益而投保，可以自己或他人为被保险人，并以他人为受益人，其为此而支付保险费完全出于其自愿，即不会一方面支付保险费而另一方面耿耿于他人享有保险契约利益。因此，保险契约未指定受益人或有疑义而无法确定时，保险契约利益仍归属于被保险人或回归被保险人。英国《1882年已婚妇女财产法》(Married Women's Property Act 1882)就受益人取得权利所规定的条件之一是其不能先于被保险人死亡[③]，否则保险契约所生利益将回归被保险人[④]。如果保险收益在满足第11条项下的信托关系后仍有剩余，则该余下部分就作为一种回归信托关系，将利益归于被保险人及其遗产（Cleaver v. Mutual Reserve Fund Life

---

① 梁宇贤、刘兴善、柯泽东、林勋发：《商事法精论》，今日书局1994年版，第558页。

② See David Norwood & John P.Weir, *Norwood On Life Insurance Law In Canada*, Carswell A Thomson Company, 3rd edition, 2002, p285.

③ Re Takimidis' Policy Trusts[1925]1Ch 403; Re Fleetwood [1926]Ch 48.

④ Re Collier[1930]2Ch 37(applyling1870Act.)

Assn[1892]1QB147（appellate court））。①如果第11条项下信托关系的目的无法实现，同样产生利益归于被保险人及其遗产的回归信托关系。若认为订立保险契约者，即当然享有保险给付利益，尤在人寿保险，何以避免以他人之生命为保险标的而行赌博或制造道德危险？因此，在受益人有疑义时，推定投保人为受益人，与保险保障被保险人利益之宗旨不合。

以投保人为推定受益人之立法例和学术观点在发达的市场经济国家，或有其社会经济背景。因为这些国家已建立了完善的社会保障体系而能为国民提供优裕的社会福利，人们的生活完全无后顾之忧，故而使保险的个体保障功能淡化而更多地为投资理财功能所代替。因而"谁投资谁受益"的朴素观念才合乎非保障性保险业务。在此意义上，在保险契约未指定受益人或受益人有疑义时，把缔结保险契约和负担保险费给付义务的投保人推定为受益人也当在情理之中。

中国虽然已成为世界第二大经济体，但人均GDP仍然与欧美发达经济体有很大差距而属于发展中国家，社会保障体系远未建立，人民所向往的还免费医疗、教育和养老等社会福利还遥不可及。在此背景下，保险对于中国广大国民而言，其基本功能仍应定位于风险保障。中国大陆和台湾地区立法均将被保险人明确规定为是对其财产或人身受保险合同保障而依法当然享有保险给付请求权的人。②基于上述，在保险契约别无第三受益人时，被保险人即为固有的受益人，断无理由推定投保人为受益人。

（二）推定被保险人为受益人之画蛇添足

无论投保人与被保险人合一或分离，在保险契约未指定受益人、受益人有疑义或受益人放弃或依法被剥夺受益权时，被保险人作为固有和法定保险给付利益主体，保险契约利益仍然归属于被保险人或回归被保险人。这一结论之依据乃直接源于法律规定，自然无须通过推定之方式而确定，即被保险人作为受益人不是基于推定，亦无须推定，而是根于法律的直接规定。

被保险人对附着于保险标的上之利益享有财产权或人格权，是保险事故发生时直接遭受损失之人，故而被法律确定为保险保障之对象，因而对保险契约利益享有给付请求权。因此，当保险契约未指定受益人、受益人有疑义而无法确定、指定受益人放弃受益权或依法被剥夺受益权时，保险

---

① ［英］Malcolm A.Clarke：《保险合同法》，何美欢 等译.北京大学出版社2002年版，第138~139页。

② 参见《中华人民共和国保险法》第12条；中国台湾地区《保险法》第4条。

给付利益作为被保险人之财产或归入遗产，顺理成章。根据施文森先生的
"法律推定以被保险人为受益人"①或"推定保险契约利益由被保险人本人享
有"②的表述，被保险人经由推定为受益人而受领保险给付，与之基于法律
规定作为保险给付利益之固有权人而受领保险给付，结果虽然一致，而确
认的依据和方式则显有区别：一为推定，一为法定。因此，使用"推定"
一语甚为不妥。已如上述，被保险人根据法律规定对保险契约利益享有固
有权原本无须通过推定而确认，所谓推定被保险人为受益人，就否定了其
法定、固有受益人之地位。这种推理逻辑无疑犯了因果倒置的错误。

综上，在立法、实务和学理上妥帖的表达似应这样："保险契约未指
定受益人或受益人有疑义者，保险契约利益仍归被保险人。"在这一问题
上，适用于加拿大普通法区域的《统一人寿保险法》（Uniform Life Insurance
Act）之规定很值得我国的保险立法、司法和实务借鉴。该法规定，保险
契约到期或保险事故发生之前，被指定之受益人死亡时，其受益人资格随
即消灭。所以，在单一受益人先于被保险人死亡时，保险契约利益回归被
保险人或归入被保险人之遗产。③

四、结论：推定非为受益人之生成途径

所谓被保险人（insured），即受保险保障之人，其正与提供保险保障
之保险人（insurer）相对应。中国大陆地区《保险法》第12条清楚地表
明，④被保险人和保险标的之关系是：被保险人，在财产保险，是作为保险
标的之财产及其有关利益的权利人（物权人或债权人）；在人身保险，其
为保险标的自己的寿命和身体之人格权人。所以，在保险标的发生风险
而招致保险利益损失时，被保险人即为承受损害之人，故其享有保险给付
请求权自属名正言顺。在此被保险人与受益人即为一体，或谓当然之受益
人，亦即英国、美国和德国之保险法所谓的第一受益人。当保险由财产保
险发展到人身保险，尤以被保险人之死亡为给付原因之人寿保险阶段，因

---

① 施文森：《保险法总论》，三民书局1990年版，第26页。

② 施文森：《保险法论文》（第一集），三民书局1988年版，第224页。

③ See David Norwood & John P.Weir, *Norwood On Life Insurance Law In Canada*, Carswell A
Thomson Company, 3rd edition, 2002, p.278.

④ 《中华人民共和国保险法》第12条规定："人身保险是以人的寿命和身体为保险标的的
保险。财产保险是以财产及其有关利益为保险标的的保险。被保险人是指其财产或者人身受保
险合同保障，享有保险金请求权的人。"

保险事故的发生，被保险人之给付请求权主体资格消灭，故有指定受益人之必要。在以生存为保险给付事由时，被保险人以其享有的保险给付利益而为其抚养、赡养之亲属的生活费或教育费之用，亦可指定其亲属为受益人。指定之受益第三人，其享有的保险金请求权即源自第一受益人被保险人对保险契约利益之处分。故而，在未指定受益人、受益人有疑义而不能确定、受益人放弃或依法被剥夺受益权时，其效果如同未指定受益人，保险契约利益仍归属于被保险人或回归被保险人。因此，立法将被保险人作为保险给付利益之固有权利人，乃实至名归，天经地义，何须以推定这一画蛇添足、因果颠倒之方式确定之？投保人仅为订立保险契约和负担保险费给付义务之人，对保险标的所承载之保险利益并无固有之权利，其若为受益人，亦须经由被保险人指定或同意。所以，在保险契约未指定受益人、受益人不能确定确定、受益人放弃或被依法剥夺受益权时，保险契约利益即为被保险人之固有财产或回归被保险人；在被保险人死亡时，保险金作为其遗产，由其继承人依继承法继承，或者由继承人作为法定受益人依保险法受领保险金。

综上所述，本章的结论是：被保险人作为保险给付之固有权利人，无须推定；投保人非为保险给付之固有权人，其成为受益人亦须经指定，未经指定不能其推定为受益人。所以，推定非为保险受益人之生成途径或确定方式。

第七章　保险受益人生成途径之指定

　　追溯保险产生、发展和演变的轨迹可知，海上保险先于陆上保险产生，财产保险先于人身保险出现。在财产保险，被保险人即保险契约之当事人，系因保险事故发生遭受损失而享有保险给付请求权之人。财产保险基本属于为自己利益之保险，被保险人即为受益人，故在契约当事人之被保险人以外无须另行创设受益人之概念，以免画蛇添足。正如施文森先生所言："'Insured'一字不仅指以其存有保险利益之财产为保险标的之人，同时亦指提出要保申请之人及于危险事故发生后向保险人请求赔偿之人。"[①]在财产保险之后出现的人身保险，尤以被保险人之死亡为保险事故之人寿保险，具有为生者利益之特点。正如美国《新闻周刊》(*Newsweek*)所刊登的一则人寿保险产品的营销广告所云："Life insurance isn't for the people who die.It is for the people who live."[②]因此，在以死亡为保险事故之人身保险，随着被保险人之死亡，其民事权利主体资格亦随之消灭，故保险契约利益将归入被保险人之遗产或移转于第三人。而受领保险金之第三人若为被保险人属意之人（intended beneficiary），则须于保险事故发生前经由被保险人指定才可能实现被保险人之意愿，犹如被继承人以遗嘱指定遗产继承人一样。在此情形下，出现了在被保险人之外由被指定之第三人享有保险契约利益之现象。由于被保险人在此情形下已不能涵盖受领保险给付利益之第三人，于是该第三人即获得了保险受益人这一称谓，此即保险受益人概念之由来。[③]除人寿保险外，在健康保险和人身伤害险中，也有被保险人因意外伤害或疾病致死之危险发生。因此，在保险契约当事人之外，就有立法创设受益人概念和相应规则之必要。随着社会经济之发展和人们对保

---

　　① 施文森：《保险判决之研究》（上册），三民书局2001年版，第123页。

　　② Peter Nash Swisher, *The Insurable Interest Requirement For Life Iinsurance: A Critical Reassessment*, 53 Drake L. Rev. 477,Winter, 2005.

　　③ 庐世宁：《论我国保险法上受益人之适用范围——兼评析两则"最高法院"判决》，台北《"立法院"院闻》第30卷第4期。

险之功能和意义认识的深化，当事人订立人寿保险契约之目的已出现多样化，即不再限于在被保险人死后为其亲属提供生活保障之单一目的，还可以将保险给付利益用于清偿当事人所负债务、为债务提供担保，以及纯粹用于赠与之目的等方面。被保险人不仅可以指定以其死亡为保险给付条件之受益人，在非死亡保险，被保险人亦可通过指定受益人而处分其基于保险契约所享有的给付利益以实现其多种目的，只要其目的依法在意思自治的范围以内。既然指定受益人不以被保险人之死亡为限，那么，受益人之指定也应不限于人身保险。已如上述，在财产保险也有指定受益人的可能和需要。因此，受益人之概念已不仅仅适用于人寿保险，也可适用于非人寿保险，包括财产保险。纷繁复杂的保险实务和与时俱进的保险立法和司法实践已充分证明了这一点。

因此，本章所论保险受益人之指定并不限于人身保险，亦包括财产保险。

一、受益人"指定"与"约定"之辨析

根据中国大陆地区《保险法》第18条、第39条之规定，受益人之生成方式为"指定"，而根据中国台湾地区《保险法》第5条等规定，受益人之生成方式为"约定"，除此二语之表述不同之外，其他表述文义相同。那么，海峡两岸保险法分别使用的"约定"和"指定"，是仅为表述之不同而无实质之区别，还是既有表述之不同，也有实质之区别？本章将从文义解释、体系解释等方面予以辨析。

第一，"指定"一语，是指将主体的意思指向某个对象而加以确定之谓。保险受益人之指定，是指定权人基于意思自治而依法选择或确定保险金受领人之单方法律行为。原因在于，保险受益人之指定，无论于保险契约订立时于契约内为之，或是于保险契约订立后于保单上记载，乃至在独立于保险契约之遗嘱内或其他文件中为之，均无须征得保险人之同意，因其乃被保险人对其保险金请求权之处分，故仅基于指定者单方意思表示即可产生受益人指定之效果。另"指定"对应的英文一词为"designate"，主要有"指定""指明""标出""选派"等含义，并没有"约定"或"商议"之意。①

---

① 参见薛波 主编：《元照英美法词典》，法律出版社2003年版，第407页。

　　第二，"约定"一语，有经当事人双方协商确定之意，其典型为双方法律行为之契约行为。而作为被保险人处分保险金请求权之相对人，即受益人的确定纯属被保险人个人之意思，犹如遗嘱行为，无须经保险人同意，甚至无须通知保险人。虽然中国台湾地区《保险法》关于受益人的定义使用了"约定"一语，但该法第110条至第113条皆使用的是"指定"一语。另"约定"对应的英文单词为"stipulate"。[1]因此，从体系解释之角度和本义上理解，"约定"实为"指定"一词之误用。刘宗荣[2]、江朝国[3]等亦认为，"约定"一语不妥，应使用"指定"为当。

　　基于上述，笔者认为，"约定"不是受益人生成的方式，其本义是"指定"，或者说是"指定"的误用。

二、受益人指定之性质

　　所谓受益人之指定，是指定权人基于意思自治原则确定保险金受领人的行为，是被保险人对保险给付利益所享有的固有权利基于利他目的所为的处分。受益人之指定，在人身保险，尤其死亡保险中最为常见。故下文主要以人身保险为典型论述受益人指定之性质。

（一）受益人指定为单方法律行为

　　根据法律行为原理，法律行为以意思表示为必备要素，根据意思表示之表意人为一方或多方而分为单方法律行为、双方法律行为和多方法律行为。单方法律行为，或称单独行为或单行为，是指原则上仅由当事人一方之意思表示即可发生法律效果的行为。[4]单方法律行为之典型，有如遗嘱之设立、可撤销合同之撤销等。双方法律行为，是指双方当事人相互意思表示之一致而成立并发生私法上之效果的行为，[5]合同或契约即为典型的双方法律行为。

---

　　① 参见薛波 主编：《元照英美法词典》，法律出版社2003年版，第1294页。

　　② 刘宗荣：《新保险法：保险契约法第理论与实务》，中国人民大学出版社2009年版，第66~67页。

　　③ 江朝国：《论被保险人有无指定受益人之权》；载江朝国：《保险法论文集》（三），台北瑞兴图书股份有限公司2002年版，第337~339页。

　　④ 参见［德］卡尔·拉伦茨：《德国民法通论》（下册），法律出版社2003年版，第432页。

　　⑤ 参见韩松：《民法总论》，法律出版社2017年版，第307页。

保险受益人之指定，乃以意思表示为基础而生一定法律效果的行为，系法律行为的一种。但指定人如何行使指定权才能成立生效，涉及受益人指定的性质属契约行为还是单独行为等问题。关于受益人指定之性质，有持单方法律行为和契约行为之不同见解。笔者持单方法律行为之见解。因为，无论在保险契约订立时在契约内指定，或者于保险契约订立后指定，乃至于在保险契约之外通过遗嘱（典型的单方行为）或其他方式指定，均无不可。受益人之指定，既然为被保险人处分其保险契约利益之行为，自然无须征得保险人之同意，仅基于指定人单方意思表示即可产生受益人指定之效果。[①]首先，指定受益人本为被保险人对其保险契约利益之处分，作为另一方当事人之保险人自无权干涉被保险人对受益人之指定。其次，被保险人无论指定何人为受益人，对保险人而言，无论其向何人履行保险金给付义务，均无多大利害关系，既不会增加保险人给付义务之额度，更不会改变保险人保险金给付义务之性质，也不会产生其他不利后果。因此，受益人之指定乃仅须被保险人或保险合同当事人一方之意思表示而无须保险人为相对意思表示之单方法律行为。即便有法律关于受益人指定范围的限制（如团体保险指定之受益人应仅限于被保险人之近亲属），或保险人基于道德危险之防阻而依法对指定的受益人与指定人之间的关系进行审查以确定受益人保险利益之有无，也不因此而否定或改变受益人指定的单方法律行为之性质。因为，此乃保险人依法所负的审查义务，并非基于双务契约对待给付之性质而对指定受益人意思表示之承诺。正如日本学者山下友信所认为的："原则上，保险合同当事人可以自由决定保险金领取人，对此，保险人无权干涉。因此，合同订立时对保险金受领人的指定，实质上也因保险合同当事人的单方意思而发生。"[②]

（二）受益人指定是以保险人为相对人之单独行为

如上所述，受益人指定乃以指定权人一方之意思表示而可成立生效的单独行为，又单独行为因是否有相对人而分为有相对人的单独行为和无相对人的单独行为。有相对人的单独行为，在意思表示到达相对人时发生效

---

① 《澳门商法典》第1034条（为第三人之利益订立之保险合同）第4款之"投保人得指定受益人或改变已作出之指定而无须保险人之许可"，即为保险受益人之指定乃单方法律行为之明证。

② ［日］山下友信：《保险法》，有斐阁2005年版，第488~489页。

力；无相对人的单独行为，在意思表示做成时发生效力。[①]典型的无相对人的单独行为，如设立遗嘱（的意思表示无须向继承人或其他人做出即可成立）、捐助行为和物权的抛弃等。保险受益人的指定究为有相对人的单独行为或无相对人的单独行为，在理论上加以探讨不无意义。

1. 受益人指定为无相对人的单独行为说

江朝国先生力倡受益人之指定为无相对人之单独行为。他认为，意思表示需有相对人，是因该意思表示发生效力于相对人而言关系甚巨，有使相对人知悉而能有所因应之必要。因此判断有无相对人之标准在于该意思表示对于受影响之人是否重要。指定权人指定何人为受益人，于保险人并无特别之利害关系，而且若认为指定受益人之行为系有相对人之单独行为，则指定行为之生效时点将晚于无相对人之单独行，为尊重被保险人对其保险金权益之处分自由，受益人指定行为之法律性质应为无相对人的单独行为。[②]山下友信也认为受益人之指定为无相对人之单独行为：受益人的指定构成保险合同的内容，即使认为指定行为仅须当事人的单方意思，对合同相对人之保险人为意思表示当然可行。但是，既然对保险人的通知是指定（或指定的变更）的对抗要件，那么，除了对保险人为意思表示之外，判例同样对新、旧受益人所为的意思表示赋予对抗的效力，通说也对此予以支持。[③]

2. 本书见解——受益人指定系有相对人之单独行为

笔者认为，受益人的指定（包括变更）系有相对人的单独行为。问题在于以何人为相对人，是以保险人为相对人，还是以被指定人为相对人，意义有无不同？首先，就被指定的受益人而言，其是否为指定意思表示的相对人？笔者认为，受益人的指定（或变更）类似于被继承人以遗嘱指定继承人，因而无须通知被指定之受益人，更无须被指定之受益人的同意。这既是对被保险人人格自由之尊重，更为重要的是，不以受益人为相对人，可以此秘而不宣而有利于防阻来自受益人的道德危险。如《魁北克民法典》第15章（保险）第2483条第2句"为保单持有人的利益订立的保险或为受益人的利益缔结的为第三人约款，不管此等受益人是否知道它们或者它们有无可能发生，均有效"之规定表明，受益人指定即为不以受益人

---

①　参见［德］维尔纳·弗卢梅：《法律行为论》，迟颖 译，米健 校，法律出版社2013年版，第163~164页。

②　参见江朝国：《保险法逐条释义 第四卷 人身保险》，元照出版公司2015年版，第333页。

③　参见［日］山下友信：《保险法》，有斐阁2005年版，第497页。

为相对人之例证。[①]

其次，就保险人而言，其是否为受益人指定意思表示的相对人，笔者持肯定见解。因为，保险人作为保险契约当事人，负有保险给付义务，在保险契约未指定受益人或虽指定有受益人，但其先于被保险人死亡或依法丧失受益权时，（生存保险）被保险人即为保险给付权利人，保险人即应以之为保险给付对象；在保险契约指定有受益人时，该受益人即为保险给付权利人而以保险人为给付请求义务人；换言之，保险人即应以指定受益人为保险金给付对象。若保险人不为给付或给付错误，如将保险金给付于不享有受益权之人，即为无效给付，其对真正受益人之给付义务并未免除而应继续履行。依据前述，虽然受益人指定以保险人为相对人，但无须以通知保险人为受益人指定的生效要件。指定的意思表示只要具备法律行为的有效要件，自意思表示做出时生效，通知保险人仅发生对抗效力。若指定权人不为通知的，保险人依据契约所为的保险金给付有效，其所负债务因此而消灭。

（三）受益人指定为处分行为

法律行为，依其所追求的法律效果可分为义务行为和处分行为。所谓义务行为，又称负担行为，是指以义务之产生为目的之行为，典型者如买卖、互易和赠与等；[②] 所谓处分行为，是指不以义务之产生为目的之行为，行为之后果均不使当事人负担义务，典型者如对所有权之抛弃，对权利之转让、变更以及撤销等。[③] 在保险契约中，被保险人指定受益人的行为，乃被保险人基于自己单方之意思将其保险给付请求权（依保险契约所设定的附生效条件的债权）所为的处分，该行为并不使指定的受益人负担义务。虽然被保险人依法享有的保险给付请求权属于法律规范意义上的权利，但在特定的保险合同订立之际，该权利已经由规范意义上的权利成为具体法律关系上的权利。因此，受益人之指定乃法律行为分类中之处分行为。又因被保险人通过指定受益人所处分的保险金请求权是以保险人为给付义务人之债权，而对债权的处分为准物权行为。[④]

---

① 参见徐国栋 主编：《魁北克民法典》，孙建江 等译，中国人民大学出版社2005年版，第302页。

② 参见[德]迪特尔·施瓦布：《民法导论》，郑冲 译，法律出版社2006年版，第302~304页。

③ 同上，第319~320页。

④ 参见王泽鉴：《民法总则》，中国政法大学出版社2001年版，第263页。

（四）受益人指定为设权行为

基于受益人指定的处分行为性质，又处分行为与负担行为相对立，而负担行为系导致一项给付义务发生的行为，但该行为只能为行为人自己设定义务，而不得为他人设定义务。因此，与负担行为相反，处分行为乃指直接使某种权利发生、变更或消灭的法律行为。[①]在保险契约，指定受益人的行为乃处分行为中发生某种权利的法律行为，是使受益人获得保险给付利益的行为。为他人设定权利之行为，类似于票据法上为持票人或收款人设定票据权利之行为。在学理上将票据称为设权证券，而票据作为证券也是设权行为的形式与凭证。尤其是具有证券化特征的人寿保险保单，受益人之指定具有设权行为之性质。

（五）受益人指定为无偿行为

江朝国先生认为："受益人之称谓，观其字义可知其系纯粹享受利益之人，不负交付保险费的义务……保险契约受益人经指定后，其保险金额不得作为被保险人之遗产。"[②]受益人的指定，若仅从保险契约的内容（权利和义务）与形式本身观察，为无偿行为，因法律和保险契约均不要求被指定的受益人提供任何对价。至于被指定的受益人与指定人之间是否基于赠与目的或有偿经济关系（如债权债务关系），则是保险契约之外的因素，非为受益人指定的要件。除符合法律行为一般规则之外，保险人于保险事故发生或给付条件成就而向受益人履行保险金给付义务时，也不要求受益人提供其与指定人之间原因关系之证明。

若考察受益人指定背后的原因或基础关系，可能系有偿或无偿。大多情况下，受益人的指定是基于赠与之目的，如基于亲情、爱情或友情而指定亲属、配偶或其他关系密切之人为受益人，在指定人与受益人之间并不存在对价关系。在美国保险法及理论上将未提供对价的受益人称为"A donee beneficiary"。[③]若被保险人或保险契约当事人基于清偿债务之目的而指定债权人为受益人，在保险事故发生或给付条件成就时，作为受益人之债权人可请求保险人给付保险金，受领给付后，其债权因受偿而消灭。此种情形下指定的受益人，在美国保险法及理论上称为"A creditor

---

① 参见王泽鉴：《民法总则》，中国政法大学出版社2001年版，第263页。

② 江朝国：《保险法逐条释义 第四卷 人身保险》，元照出版公司2015年版，第1058~1059页。

③ See Muriel L.Crawford, *Life & Health Insurance Law*, 8th edition, Irwin McGraw-Hill , 1998, p.201.

beneficiary"，与"A donee beneficiary"相对应而构成保险受益人分类之一。^①

（六）受益人指定为不要式行为

法律行为贯彻自由主义之理念，表现在形式上，以不要式为原则，以要式为例外。恰如德国法学家迪特尔·梅迪库斯所言，法律行为"无论以何种形式，只要将意思宣示于外部，意思表示即可有效成立。发出意思表示既可用口头的话语，也可用书面的文字，还可使用电子脉冲或灯光脉冲及其他信号，只要他们具备可资识别的意义即可"。^②在法律演进的早期阶段，对法律行为的形式采用强制原则。起源于罗马民族古老习俗传统的市民法特别注重法律行为的形式，几乎所有重要的法律行为都有特定形式之要求，如转移要式物所有权的要式买卖、拟诉弃权和设定债之关系的要式口约等。不依此形式为法律行为者，不产生市民法上的效力。但裁判官法的发展逐渐弱化了法律行为形式化之要求。^③现代私法虽以不要式为法律行为之常态，但基于特定目的，法律会例外要求某些法律行为采用特定形式，如不动产物权之公示与变动、知识产权之交易、票据行为等须采用书面甚至登记、批准等形式。王泽鉴将法律行为采用要式的原因归纳如下：第一，为警告目的，促使行为人知悉法律行为的意义及利害关系，以免招致仓促、轻率的决定；第二，为留存证据，以确定法律行为成立与否及固定法律行为之内容；第三，使法律行为具有公示公信力；第四，便于无形体权利之公示及流通，尤以有价证券为典型。^④若将上述法律行为采用要式的诸项要求与保险受益人之指定加以对照分析，似无采用要式之理由。原因概括如下。

首先，自1995年我国第一部《保险法》颁布至今几度修订，包括最新文本（2015年）均未将保险合同规定为要式合同。世界主要国家或地区的保险法也未要求保险合同应采用特定形式。保险合同采用不要式形式与保险合同为诺成合同、双务合同、有偿合同和最大诚信合同等特征相一致。^⑤

---

① See Muriel L.Crawford, *Life & Health Insurance Law*, 8th edition, Irwin McGraw-Hill , 1998, p.201~202.

② ［德］迪特尔·梅迪库斯:《德国民法总论》，邵建东 译，法律出版社2013年版，第459页。

③ 参见费安玲:《罗马私法学》，中国政法大学出版社2009年版，第99页。

④ 参见王泽鉴:《民法总则》(增订版)，中国政法大学出版社2001年版，第304~305页。

⑤ 中国台湾地区《保险法》第1条规定:"本法所称保险，谓当事人约定，一方交付保险费于他方，他方对于因不可预料，或不可抗力之事故所致之损害，负担赔偿财物之行为。根据前项所订之契约，称为保险契约。"该条及其以下条文均未表明保险契约应采用特定形式。

中国大陆地区《保险法》第10条第1款和第13条之规定表明保险合同为不要式合同,[①]学界之通说即源于此规定。根据法律行为之体系解释原则,作为保险合同组成部分的受益人指定条款,自然也应属于不要式形式。

其次,若受益人的指定即便采用独立于保险合同的形式(如以遗嘱指定受益人),但基于受益人指定之单独行为、处分行为、设权行为等性质,该行为既不为他人设定义务,更无损害他人利益和公共利益之有害因素,而是为他人带来利益之行为,由此断不存在将其规定为要式行为的理由。再者,中国大陆地区《保险法》第18条第3款及第39条第1款之规定也表明,法律对受益人之指定未做要式之要求。[②]

最后,指定受益人所据以行使的权利为形成权。依民法理论,权利以其行使对象或义务主体为标准可分为绝对权和相对权,绝对权之主要类型有物权、人身权、知识产权等,相对权之主要类型为请求权与形成权。"形成权赋予其承担人以通过单方意思表示对另一个人的法律状况以影响之权能",[③]积极之权能赋予另一人以权利,如对代理人之授权、对继承人之遗嘱继承权之赋予等;消极之权能如终止、消灭另一人之权利等。就受益人指定而言,被指定之受益人因指定而取得保险金给付请求权,具有形成权之特征,且为积极之权能,故指定受益人所依据之权利即指定权为形成权之一。[④]对保险受益人指定之变更或撤销亦属于仅须指定人一方意思表示的单方法律行为,该行为所依据之权利亦为形成权之一。

三、受益人之指定主体

受益人之指定主体或曰指定权人究竟为何人,或何人享有指定受益人

---

① 《中华人民共和国保险法》第10条第1款规定:"保险合同是投保人与保险人约定保险权利义务关系的协议。"第13条规定:"投保人提出保险要求,经保险人同意承保,保险合同成立。保险人应当及时向投保人签发保险单或者其他保险凭证。保险单或者其他保险凭证应当载明当事人双方约定的合同内容。当事人也可以约定采用其他书面形式载明合同内容。依法成立的保险合同,自成立时生效。投保人和保险人可以对合同的效力约定附条件或者附期限。"

② 《中华人民共和国保险法》第18条第3款规定:"受益人是指人身保险合同中由被保险人或者投保人指定的享有保险金请求权的人。投保人、被保险人可以为受益人。"第39条第1款规定:"人身保险的受益人由被保险人或者投保人指定。"

③ [德]迪特尔·施瓦布:《民法导论》,郑冲 译,法律出版社2006年版,第143页。

④ 郑玉波:《保险法论》,刘宗荣 修订,三民书局2003年版,第176页;林群弼:《保险法论》,三民书局2003年版,第567页;尹田:《中国保险市场的法律调控》,社会科学文献出版社2000年版,第257页。

之权利，对此一问题，中国大陆、澳门、台湾地区保险法的规定有所不同，学术见解也不一致。域外大陆法系国家的保险法关于受益人的指定主体的规则也不一致。因此，笔者试图通过对中外保险法相关规则的考察和对学说观点之梳理和归纳以对受益人之指定主体究为何人之问题尽力做出合乎逻辑与合乎情理的解释。

（一）受益人指定主体的立法考察

1. 受益人指定主体的中国法考察

根据我国现行《保险法》第18条第3款和39条第1款以及《最高人民法院关于适用〈中华人民共和国保险法〉若干问题的解释（三）》（法释〔2015〕21号）（以下简称《保险法司法解释三》）第9条的规定，被保险人和投保人均可指定受益人，但投保人指定受益人时须经被保险人同意。[①]

根据中国台湾地区《保险法》第5条之规定，被保险人与要保人亦享有受益人指定权。但根据该法第45条、第52条和第110条之规定，投保人亦享有指定受益人之权；依中国台湾地区《公教人员保险法》[②]第7条及该法施行细则[③]第11条之规定，被保险人为受益人之指定权人；依中国台湾地区《军人保险条例》[④]第6条之规定，被保险人为受益人指定之主体；另依中国台湾地区《简易人寿保险法》[⑤]第11条第2款和第3款之规定，投保人为受益人之指定主体。

根据《澳门商法典》第1034条之规定，投保人具有指定受益人之权利。

综上，通过考察中国大陆、澳门、台湾地区保险法关于受益人指定主体的规定可以看出，受益人之指定主体有规定为投保人的，亦有规定为被

---

① 《最高人民法院关于适用〈中华人民共和国保险法〉若干问题的解释（三）》（法释〔2015〕21号）第9条规定："投保人指定受益人未经被保险人同意的，人民法院应认定指定行为无效。"

② 中国台湾地区《公教人员保险法》（2000年1月26日）第7条规定："被保险人之受益人为其本人或其法定继承人，如无法定继承人时，得指定受益人。"。

③ 中国台湾地区《公教人员保险法施行细则》第11条规定："被保险人应指定其法定继承人为死亡给付受益人。如法定继承人，因受地域环境之限制，无法联系，不能为受益人者，得指定其他亲友或公益法人为受益人。"

④ 中国台湾地区《军人保险条例》（1970年2月12日）第6条规定："退伍及残废给付，以被保险人本人为受益人；死亡给付，由被保险人就下列亲属中指定受益人……"

⑤ 中国台湾地区《简易人寿保险法》（1998.10.21）第11条第2款和第3款规定："II.要保人在赔偿事故发生前，得指定或变更受益人，但被保险人为他人时，应得其同意。III.未指定受益人时，在终身保险，其保险金额视为被保险人之遗产；在定期保险，视被保险人为受益人，被保险人死亡时，其被保险金额视为被保险人遗产。"

保险人的，还有同时规定为被保险人和（或）投保人等三种情形。

2. 受益人指定主体的外国法考察

考察外国保险法关于受益人指定主体的规定，有规定投保人为受益人指定之主体者，亦有规定被保险人为受益人指定之主体者。

（1）以投保人为指定主体之立法例

根据《韩国商法典》保险编第733条和第734条之规定，投保人（亦称为保险合同人）为受益人指定之主体。[①]

根据《意大利民法典》第1921条（利益的撤回）之规定，该法采用投保人为受益人指定主体之立法例。[②]

（2）经被保险人同意，以投保人为指定主体之立法例

采用此立法例者主要为大陆法系国家。

根据2008年5月31日日本国会通过，6月6日颁布的《日本保险法》的规定，以被保险人的死亡为保险金给付条件的人寿保险和定额之人身伤害保险和健康保险，保险契约之生效须经被保险人同意；以保险给付请求权为标的之转让或设质行为也须经被保险人同意。但被保险人为受益人时，不在此限。由此表明，在投保人指定受益人时，应有被保险人之同意。因为，投保人与被保险人合一时，可以指定任何人为受益人；若被保险人为指定受益人之主体，其指定本身就包含了自己的意图。由此看来，被保险人实为真正的指定受益人之主体，投保人实为被保险人授权的指定代理人，被保险人对投保人指定受益人的事后同意实为对代理指定的追认。[③]

《法国保险合同法》以投保人为指定受益人之主体，但须以被保险人同意为指定生效的要件。[④]

2008年1月1日生效的《德国保险合同法》以投保人为指定受益人之主体，但死亡险和意外险须经被保险人书面同意。该法相关条文规定，投保人为人寿保险契约和意外伤害保险契约受益人的指定主体，但以被保险人死亡为保险事故且保险金超过普通丧葬费用的人寿保险和以意外伤害为

---

① 参见《韩国商法典》第733条（指定或变更保险受益人的权利）、第734条（保险受益人指定权等的通知）和第731条第1款。崔吉子、黄平 译著：《韩国保险法》，北京大学出版社2013年版，第276~277页。

② 参见《意大利民法典》第1921条，费安玲 等译，中国法大学出版社2004年版。

③ 参见《日本保险法》第2条、第38条、第45条、第47条、第67条、第74条和第76条。

④ 参见《法国保险合同法》L.132-2条第2款、L.132-8条第6款、L.132-9条第2款和L.132-24条第3款。

保险事故的保险，须经被保险人书面同意。[①]

《俄罗斯联邦民法典》第84章（保险）以投保人为指定受益人之主体，并以被保险人之书面同意为指定或指定变更的生效要件。[②]

（3）以被保险人为指定主体之立法例

在英美法系国家之保险法和理论上，人身保险契约当事人为保险人和被保险人。[③]理论上相应的解释为："The parties to a contract of insurance are the 'assured' or 'insured' and the 'insurers. Any person who is capable of contracting may be the assured under a contract of insurance."[④]以此安排配置保险契约权利和义务，理论上将此体制称为"二分法"。在大陆法系国家之保险法和理论上，人身保险契约以保险人和投保人为当事人，以被保险人为关系人，并以此种角色配置契约权利和义务，投保人为缔约人而负担保险费给付义务和告知义务等附随义务，被保险人为以其生命和身体为保险标的而享有保险给付义务。[⑤]理论上将此种契约关系体制称为"三分法"。由此，两种不同的保险契约关系体制导致了受益人指定主体的差异。

在英国、美国和加拿大等国之保险法及理论上，以被保险人为指定受益人之主体。如《美国加州保险法》第10350.12条规定："除非被保险人指定受益人并抛弃处分权，被保险人保有变更受益人之权利，而本保险单权益之转让或中途解约，或其他变更保险单，亦无须经受益人同意。"[⑥]该规定已清楚表明，保险受益人之指定或指定变更的主体为被保险人。根据加拿大普通法各省所实施的《统一人寿保险法》（Uniform Life Insurance Act）和在魁北克省实施的《丈夫和父母人寿保险法》（Husbands and Parents Life Insurance Act of Quebec）之规定，被保险人为指定受益人之主体。[⑦]

---

① 参见《德国保险合同法》第45条（投保人的权利）、第150条第2款、第159条第1款和第179条第2款；孙洪涛 译，中国法制出版社2012年版，第93~95页。

② 参见《俄罗斯联邦民法典》第934条第2款、第956条（受益人变更）；黄道秀 等译，中国大百科全书出版社1999年版。

③ 英国《2015年保险法》（Insurance Act 2015）第1条保险合同的主要定义中对被保险人的定义为："insured" means the party to a contract of insurance who is the insured under the contract, or would be if the contract were entered into.

④ E.R.Hardy Ivamy, *General Principles on Insurance Law*, London Butterworths, 1979, p.5. Also see John Birds, *Birds' Modern Insurance Law*, Thomson Reuters Uk limited, 10th edition, 2016, p.5.

⑤ 参见《中华人民共和国保险法》第10条第3款、第12条第5款；中国台湾地区《保险法》第3条、第4条；中国澳门特别行政区《澳门商法典》第965条（合同主体）第1款和第2款。

⑥ 施文森 译：《美国加州保险法》，财团法人保险事业发展中心1999年版。

⑦ David Norwood & John P.Weir, *Norwood On Life Insurance Law In Canada*, Carswell A Thomson Company, 3rd edition, 2002, p.283.

英美法系中的"被保险人"，有时称保单持有人(policyholder)，容易引起人们的误解。正如美国保险法学者基顿（Robert E.Keeton）和威迪斯（Alan I. Widiss）所言："当人寿保险单的购买人同时为以其死亡为保险人承担保险给付义务之保险事故的个人，在此保单下几无可能存在谁是被保险人的困惑。如果人寿保单的购买人不是以其生命为保险标的之人，而仍然使用'insured'来称呼，混淆就会产生。因此，不用'insured'来指称人身保险保单的购买人似乎更明智，即用'insured or assured'来指称以其死亡为保险给付条件的人更为可取。换言之，'被保险人'（insured）即以其死亡为保险标的之人，而不考虑谁是购买保单之人，谁是支付保险费的人，以及谁是被保险人死亡时受领保险金的人。"[1]

（二）受益人指定主体的学说梳理

受益人指定之主体究竟为何人，理论见解至少在表面上与所在国家和地区之立法规定基本一致。归纳之，大致有三种不同的观点，以下分述之。

1. 投保人为受益人指定主体说

以要保人为受益人指定主体的观点，在中国台湾地区为保险法理论上之通说，保险实务亦认为要保人具有指定受益人之权。[2]此见解根据之一是中国台湾地区《保险法》之规定，除该法第5条于受益人之定义中规定被保险人或要保人指定受益人之外，在第45条、第52条和第110条等其他大多数条文里，亦仅将投保人表述为受益人指定之主体。中国台湾地区《保险法》主要借鉴德国保险法以投保人为受益人指定主体之立法例，[3]施文森先生在提及此点时认为："中国（台湾地区）《保险法》仿自德国立法例，在体制上将与保险契约有关之人分为三类，即要保人、被保险人与受益人。"[4]投保人指定说根据之二是中国台湾保险实务之见解："寿险契约因由要保人与保险人所订立并支付保费，故受益人亦唯要保人所得指定，被

---

[1]　Robert E.Keeton & Alan I. Widiss, *Insurance Law——A Guide to Fundamental Principles, Legal Doctrines, and Commercial Practices*, West Publishing Co., 1988, p.296.

[2]　参见江朝国:《论被保险人有无指定受益人之权》；载江朝国:《保险法论文集》（三），台北瑞兴图书股份有限公司2002年版，第337~339页。

[3]　中国台湾地区《保险法》第45条规定："要保人得不经委任，为他人之利益订立保险契约。受益人有疑义时，推定要保人为自己之利益而订立。"本条文后一句与《德国保险合同法》第74条有关，应与该法做相同之解释。该法第74条第2款为"保险契约若为他人之利益而订立，即令已指明第三人之姓名，于有疑义时，订立契约之人，推定非以代理人而是以自己之名义为第三人利益订立契约"。刘宗荣:《保险法》，三民书局1997年版，第276~277页。

[4]　施文森:《保险判决之研究》（上册），三民书局2001年版，第123页。

保险人不得为受益人之指定，是以受益人之指定为要保人之专属权，行使与否，要保人有自行斟酌之权利。"[1]

刘宗荣先生认为，"由于要保人为契约当事人，且受益人之决定应由要保人一方之意思表示为之，并且以契约约定，因此应由要保人指定为是，至于被保险人只有同意权而已"。[2]持受益人指定主体为要保人之见解的学者还有桂裕[3]、陈顾远[4]、林群弼[5]、袁宗蔚[6]等，其余不再一一列举。

部分中国大陆学者持受益人指定主体为投保人之见解。如有学者认为，因投保人负担保险费给付义务而为保险契约利益第一受益人。受益人受益权之取得源于要保人基于意思自治而处分保险给付利益之结果。故受益人之指定与变更权应专属于要保人。[7]而须注意的是，根据英美保险法，与保险人订立保险契约之当事人谓之被保险人（insured or assured），只是在向保险人提出投保申请时，即缔约阶段，有时称之为申请人（proposer，applicant）即要约人，或潜在的被保险人（prospected insured），而一旦保险契约成立，申请人或要约人即成为被保险人了（"In the process of making a contract of insurance, the person asking for the protection from the insurer against events is called the proposer or proposed assured or prospective assured, and when the contract is completed the proposer is called the assured or insured."）。[8]在保险实务中，通常把实际与保险人订立保险契约的人叫做保单持有人（policyholder），但英美学者并不乐于使用"保单持有人"这一称谓，而倾向于使用"insured"或"assured"，即"被保险人"这一称呼。[9]

2. 被保险人为受益人指定主体说

以被保险人为受益人指定主体之观点，当属英美法系学界共识性之通说。尤其英国、美国和加拿大等国的学者在受益人指定主体上所持观点

---

① 台北市人寿保险商业同业公会、人寿保险业务发展委员会：《寿险法律实务之研究》，1983年版，第43页。

② 刘宗荣：《保险法》，三民书局1997年版，第60页。

③ 参见桂裕：《保险法》，三民书局1984年版，第133页。

④ 参见陈顾远：《保险法概论》，正中书局1977年版，第56页。

⑤ 参见林群弼：《保险法论》，三民书局2003年版，第569页。

⑥ 参见袁宗蔚：《保险学：危险与保险》，首都经济贸易大学出版社2000年版，第206页。

⑦ 参见尹田 主编：《中国保险市场的法律调控》，社会科学文献出版社2000年版，第256页。

⑧ See E.R.Hardy Ivamy, *General Principles on Insurance Law*, London Butterworths, 1979, pp.97~100.

⑨ See John Birds & Norma J. Hird, *Birds' Modern Insurance Law*, Thomson Reuters UK limited, 10th edition, 2016, p.5.

与其所属国家之制定法和判例所确立的规则一致。如美国学者斯坦普尔（Jeffrey W.Stempel）指出："此处所用'保险单持有人（policyholder）'，是指保险单中以其生命为保险对象之人，有时也被称为'CQV'（cestui que vie），即以其生命为保险标的之人……保险单持有人可以指定任何人或物为受益人"。英美法系的保险单持有人对应的是大陆法系保险法的"被保险人"，而非投保人。[①] 采"三分法"之大陆法系保险法将投保人定位于保险契约之当事人，而将被保险人作为非当事人之关系人，而采"二分法"体制之英美保险制定法和判例法则以被保险人为契约之当事人，理论上亦持此见解。保险契约关系体制"三分法"与"二分法"之成因或许是，在大陆法系诸国，人身保险以被保险人和投保人分离为常态；在英美法系诸国，则以被保险人和投保人合一人为常态，或者是以被保险人涵盖吸收投保人。[②] 因为"英美法系认为由于一般人通常系为自己之利益而投保，亦即其投保之目的乃在保障自己，故称当事人为the insured，投保之后，基于契约当事人之地位当然取得保险给付请求权。因其将危险移转于保险人，故被保险人基于当事人之地位亦负有交付保费之义务"。[③]

美国学者A.L.科宾的一段话可以说明学者观点与制定法及判例基本一致，其大意是：若人身保险契约当事人以可撤销的方式指定受益人，该受益人之地位随时会因指定人变更或撤销指定而受到影响，这种指定方式是无可置疑。保险契约通常将此表述为"被保险人保留变更受益人的权利"。[④] 加拿大学者诺伍德（David Norwood）指出："指定团体人寿保险受益人的权利，根据制定法属于被保险人。"[⑤]

部分中国大陆学者持被保险人为指定受益人之主体的观点，如有学者认为："受益人也称保险金受领人，是指人身保险合同中由被保险人指定的享有保险金请求权的人。"[⑥] 也有少数中国台湾学者持此观点，如学者吕锦

---

① Jeffrey W. Stempel, *Interpretation of Insurance Contracts*: *Law and Strategy for Insurers and Policyholders*, Little, Brown and Company, 1994, pp.360~361.

② 参见施文森：《保险法判决之研究（总则编）》（上册），三民书局2001年版，第122~124页；梁宇贤、刘兴善、柯泽东、林勋发：《商事法精论》，今日书局1994年版，第558~559页。

③ 参见梁宇贤、刘兴善、柯泽东、林勋发：《商事法精论》，今日书局1994年版，第558~559页。

④ 参见[美]A.L.科宾：《科宾论合同》（下册），王卫国 等译，中国大百科全书出版社1998年版，第192页。

⑤ David Norwood & John P.Weir, *Norwood On Life Insurance Law In Canada*, Carswell A Thomson Company, 3rd edition, 2002, p.221.

⑥ 孙积禄：《保险法论》，中国法制出版社1997年版，第62页。

峰即持此见解。[①]

但是大陆法系国家学界与英美法系国家学界持被保险人为受益人指定主体的观点所处的立法基础和保险实务规程不同。因英美法系人身保险契约关系采"二分法",以被保险人(the person whose life is insured)为合同当事人,而不以订立保险合同的人为定位基准。大陆法系人身保险契约关系体制采"三分法",以被保险人(以其生命和身体为保险标的,此与英美法系关于被保险人的表述相同:the person whose life is insured)为关系人,而以订立保险合同和负担保险费给付义务之投保人为合同当事人。

3. 折中说

所谓折中说,是指既不完全同意投保人为受益人指定主体之见解,也不完全同意被保险人为受益人指定主体之见解,而是认为被保险人和投保人均为受益人指定主体,或享有受益人指定权。持折中说之学者,在中国大陆和台湾地区均有,中国大陆学者中尤为普遍。折中说的根据主要源于海峡两岸保险法关于受益人概念的立法表述,[②]而且我国保险法关于受益人指定的条文均将被保险人与投保人并列为指定人。中国大陆学界暨保险业界资深人士李玉泉先生在解释受益人时说:"受益人,又称保险金受领人,是指由投保人或被保险人在保险合同中指定的,于保险事故发生时,享有赔偿请求权的人,也即享受保险契约利益,领取保险金的人。"[③]除法学学者外,亦有保险学学者有类似的表述。[④]但是,在持折中说学者的表述中,存在着一个值得注意的差别,即对被保险人和投保人表述的顺序不同,有的将投保人表述在前,被保险人在后;有的则是将被保险人表述在前,投保人在后。这种差别的原因为何,似乎并未受到学者的深究。其他大陆学者如尹田、樊启荣、邹海林等,亦持折中观点,恕不一一列举。

中国台湾学者梁宇贤亦持折中观点,其对受益人概念的表述乃直接援引中国台湾地区《保险法》第5条之规定,但他在论及人寿保险受益人时说:"人寿保险之受益人,系指要保人与被保险人指定享有人寿保险契约利益或保险金给付请求权之人。"[⑤]赖上林先生在论及财产保险与人身保险受益人时,均以中国台湾地区《保险法》第5条为基础,即认为投保人与被

---

① 吕锦峰:《保险法新论》,神州图书出版有限公司2002年版,第47页。

② 参见《中华人民共和国保险法》第18条第3款;中国台湾地区《保险法》第5条。

③ 李玉泉:《保险法》,法律出版社2019年版,第99页。

④ 王绪瑾:《保险学》,经济管理出版社2004年版,第66页。

⑤ 梁宇贤:《保险法新论》,中国人民大学出版社2004年版,第42页、234页。

保险人均有受益人指定权。[①]

折中说的一种变相说法是，投保人是以被保险人隐藏性授权为基础之受益人指定主体。此说以江朝国先生为代表。他认为，被保险人与要保人应皆有受益人指定之权利。被保险人之受益人指定权限因于其所处保险保障中心之地位，当然对保险契约利益享有固有权和处分权；要保人以被保险人之生命、身体为保险标的而与保险人缔结保险契约，应系要保人出于关爱被保险人前提下之具体表现。要保人为保障被保险人之幸福而设计之风险管理计划，让被保险人享有受益人指定权并无不妥。因此，被保险人当有指定受益人之权，而并非仅处于被动同意之附庸地位。至于要保人又何以具有受益人指定之权，则系因被保险人之隐藏性授权，以便利要保人与保险人缔结保险契约之考量之故。即于缔约时不妨先由要保人指定受益人，尔后再经被保险人同意便是。依照此说，投保人指定受益人之权利，实为被保险人明示或默示赋予之效果。[②]

除上述三种观点之外，另有部分学者在受益人指定主体上所持观点有前后不一之情形。如施文森先生在其所著《保险法判决之研究（总则编）》（下册）一书论及受益人概念时，以中国台湾地区《保险法》第5条为例，认为要保人和被保险人均得为受益人指定之主体。但是，在其后论及人寿保险受益人的指定主体时则说，投保人为受益人指定之主体。[③]然而，他在其著作《保险法论文》（第一集）一书里论及人寿保险受益人之定义时，先说要保人或被保险人均得为受益人之指定主体，但下文则仅提被保险人为受益人指定之主体，即"所谓受益人，系指要保人或被保险人约定享有人寿保险契约利益或保险金给付请求权的人……被保险人未为受益人之指定者，亦不使保险契约无效……"[④]郑玉波在其同一著作《保险法论》中论及受益人之概念时，也以中国台湾地区《保险法》第5条之规定为依据，即受益人指定主体被保险人和投保人均属之，而在论述人寿保险受益人指定时，则仅提要保人为指定人。[⑤]同一学者在受益人指定主体问题上观点前后不一的原因，笔者忖度，或许是同受保险契约关系体制"二分法"和

① 赖上林：《保险受益人法律地位之研究》；载尹章华、刘孟锦 编著：《两岸保险契约法》，文笙书局2003年版，e-1-2。

② 参见江朝国：《论被保险人有无指定受益人之权》；载江朝国：《保险法论文集》（三），台北瑞兴图书股份有限公司2002年版，第344~345页。

③ 参见施文森：《保险法判决之研究（总则编）》（下册），三民书局1997年版，第458~459页。

④ 参见施文森：《保险法论文》（第一集），三民书局1988年版，第223~224页。

⑤ 参见郑玉波：《保险法论》，刘宗荣 修订，三民书局2003年版，第19、176、177页。

"三分法"影响之结果，而中国台湾保险法也似乎受到了这两种保险契约关系体制之影响。

（三）受益人指定主体的立法例及学说评析

上述受益人指定主体的三种立法例和相对应的学说，其背景复杂，既可能有保险实务对立法产生的影响，随即立法又对理论产生了影响；反过来说，理论对立法和保险实务亦会发生影响。总之，立法体例的不同和理论观点的差异之间有相互作用的因素，同时也可能有其他因素对各自的影响和交互作用。以下就此加以评析。

第一，就投保人为受益人指定主体之立法例和理论见解而言，其偏颇与弊端显而易见。在投保人与被保险人合一时，其有权指定受益人当无任何疑问；在投保人与被保险人分离时，赋予投保人指定受益人之权，则缺乏充足的理由：一则，投保人并非附着于保险标的上保险利益的直接归属人，尤以被保险人之生命、身体和健康为标的之人身保险，由投保人指定自己或他人为受益人，在道德危险的防阻不如由被保险人自己指定其信任和属意的人为受益人更合理、更有效。因此，为堵塞投保人指定受益人易诱发道德危险之漏洞，立法便以投保人对保险标的具有保险利益而为应对。但就投保人和被保险人二者与保险标的和附着于保险标的之保险利益之间利害关系的远近相比，投保人所占权重远不及被保险人。因被保险人对人身保险之标的享有人格利益，该利益为固有利益、直接利益。而投保人仅因其与被保险人之间的身份法律关系或财产法律关系而与保险标的之间仅存在间接利害关系。因而，由被保险人指定受益人而防阻道德危险的可靠性和有效性远高于投保人。而且在人身保险，若投保人不同时为受益人，以及在以保险单设质或转让时，要求其具有保险利益并无实际意义。因为图谋保险金而制造道德危险的人在受益人，而不享有保险金请求权的投保人无制造道德危险之动机。二则，以投保人为受益人指定主体，不符合以被保险人为保障对象的保险基本功能和制度宗旨。从损害为利益之反面的逻辑推断，被保险人乃因危险而遭受损害并应受损害补偿之对象。因此，对保险契约利益（通过指定受益人的方式）之处分自当由被保险人为之才具有正当性与合理性。三则，以投保人为受益人指定主体，违背"任何人不得以大于自己的权利处分与他人"之公理。因为被保险人是保险契约利益之固有权人，亦只有被保险人对该利益享有处分权，所以由投保人享有受益人指定权欠缺正当性与合理性。退一步讲，以投保人为受益人指定主体，若不赋予被保险人以干预或决定之权利，将会架空被保险人，构成对被保险人人格权的漠视，更会让被保险人处于道德危险之威胁中。

第二，就被保险人为受益人指定主体之立法例和学说而言，比投保人指定说合理和妥当。其理由为，被保险人为保险标的上所附着利益的归属之人，其当然对保险标的具有保险利益，因而由其指定保险受益人最能防止道德危险。尤其在人身保险，以自己之生命为保险标的之被保险人不会指定一个会谋杀他（她）的人为受益人。[①]以被保险人为受益人指定主体之妥当性与以投保人为受益人指定主体之非妥当性恰成鲜明的对比。只是仅以被保险人为受益人唯一指定主体之缺憾在于不能克服被保险人因主客观原因（如行为能力之欠缺、保费支付能力之不足等）不能订立保险契约和指定受益人之局限，因此而影响保险契约之缔结和保险之展业。但是，在此情况下，可透过监护或代理制度由被保险人的监护人或代理人行使受益人指定之权。

第三，以投保人和被保险人并列为受益人指定主体之折中立法例和理论见解产生的疑问是，两者享有的受益人指定权有无差别？是基于共同或连带关系而不分先后、轻重、无质的差别的共同指定权？或两者可以互为受益人指定的代理而无须另一人之同意？或者相反？笔者认为，在被保险人和投保人分离之场合，因各自与保险标的和附着于保险标的之保险利益之间所存在的利害关系远近、轻重不同，因而以受益人指定作为保险给付利益处分方式的受益人指定权就不可能是平分秋色或无差别共同享有的状态。即使两者无差别共有受益人指定权，但是，如果没有受益人指定权之合理分配或协调机制，则难免发生意见不一而争执不下之僵局。因此，结合江朝国先生之观点，笔者认为，被保险人作为受益人指定主体，指定受益人作为对保险给付利益之处分方式，其指定权或处分权源于其对保险给付利益之固有权利；投保人作为受益人指定主体，其指定权系经被保险人明示授权（同意权）或隐藏性授权而来。唯有这样理解才合乎受益人指定权产生和行使的内在逻辑。一则，投保人作为保险契约当事人，有缔约能力和负担保险费给付义务之资力，便于保险契约之订立，并可弥补被保险人行为能力和资力之不足；二则，由投保人指定受益人而经被保险人同意，可克服纯由投保人指定受益人妥当性的缺失和逻辑自洽性不足，也可以使道德危险处于合理而有效防控状态；三则，经被保险人同意而由投保人指定受益人，实际效果如同被保险人与投保人之间为代理关系一般。

---

① Peter Nash Swisher, *The Insurable Interest Requirement for Life Insurance: A Critical Reassessment*, Insurance Law Annual, Drake Law Review, Winter, 2005, 53 Drake L. Rev. 477.

基于上述，笔者认为在受益人指定主体或指定权之分配上，应该以被保险人为轴心，即以被保险人为受益人指定权人（包括对投保人指定受益人的同意权和否决权），同时为便利保险契约之订立，将投保人视为被保险人指定受益人之辅助人或代理人：在非以被保险人死亡为保险给付条件下，基于被保险人事先之隐藏性授权授予投保人指定受益人之权；在以被保险人死亡为保险给付条件下，通过被保险人之事先同意，即明示授予投保人指定受益人之权。并且，在以上两种情况下，被保险人皆可行使事先同意权、事后追认权或否决权。如此，既能便利保险契约之订立和受益人之指定，亦能兼顾对被保险人人格权之尊重和被保险人保险给付利益之保护，还能收到防阻道德危险之效果。

（四）中国法受益人指定主体规则之检视与建议

中国台湾地区《保险法》将受益人概念规定于总则，并以要保人和被保险人为受益人指定之主体。那么，根据总则效力之全局性，受益人之概念亦应适用于人身保险和财产保险。根据该法第二章保险契约通则第45条和第52条之规定则得出要保人为受益人指定主体之结论；又在该法分则人身保险一章第110条、第111条和第114条等条文亦明示或默示规定要保人为受益人指定主体。同一部法律就同一问题出现前后规定不一致之现象，或许是受大陆法系保险契约关系"三分法"体制和英美法系保险契约关系"二分法"体制的共同影响所致，并由此构成影响学界观点分歧的主要原因。此种扞格现象既有损于法律之严谨和权威性，也易引起学术纷争和学术资源的浪费，还会导致司法实践中同案异判之现象而损害司法的公正，最终亦有碍于保险业务之健康有序运行。

我国保险法虽然没有在受益人指定主体之规则上出现前后不一之轩轾，但也并不表明其规则之完美无缺。例如，关于受益人指定主体之规则，有关条文均将被保险人与投保人并列，即表述为"被保险人或投保人"。这种排列与表述难免会引起理解上的歧义：或可理解为被保险人与投保人均为受益人指定主体，不分伯仲，均有同等指定之权；或可理解为首先以被保险人为受益人指定主体，在被保险人不便（如无行为能力或限制行为能力）指定受益人时，即由要保人指定；亦可理解为被保险人与投保人同时共同指定受益人，但若在指定何人为受益人、以何种方式指定、指定受益人之顺序和受益份额等问题上易出现分歧。这些含义不甚明了的规定易造成司法的困惑、理论上的纷争以及保险契约订立和理赔等方面的困扰。

保险实务表明，在财产保险契约，被保险人和投保人合一为常态，且与保险人相对应的当事人通称为被保险人。但在人身保险契约，尤其人寿保险契约，投保人和被保险人合一或分离之比例究竟如何，并未有精确的统计。在人身保险投保人与被保险人合一时，声称受益人指定主体是投保人也好，或被保险人也罢，亦无关紧要。在投保人与被保险人分离时，首先应以被保险人为受益人指定主体，因其为保险契约利益之固有权人，仅在被保险人因受行为能力限制等原因而不能指定时，由投保人代为指定受益人。投保人代为指定受益人时，或以被保险人之法定监护人身份，或以被保险人之委托代理人身份，即在被保险人明示或默示授权的情况下指定受益人。因而就本质而言，被保险人为受益人指定的真正权利人，其对受益人指定享有决定权（同意权和否认权），投保人仅系隐藏性授权或明示授权之指定主体。正如一学者所言："受益人之指定权人通说以要保人为指定权人。有关受益人之约定权、指定权、变更权、撤销权应归属于何人，应属同一问题，可由受益人之由来观察：受益人本为确定被保险人死亡后保险给付请求权归属而生，足见保险给付请求权原来应归属于被保险人，此与损失填补之法理相符，此外，受益权之归属与道德危险又直接相关，与被保险人最有利害关系，故将受益人指定权归属于被保险人最能防止道德危险。"[1]

综上所述，笔者认为，受益人指定之实质系对保险契约利益之处分。根据"任何人不得以大于自己享有权利让与他人"之古老法则，只有保险契约利益之固有权人，即被保险人享有受益人指定之权利。[2]英国《2015年保险法》规定："被保险人是受保险保障的保险契约当事人。"[3]因此，在财产保险，被保险人是以其享有物权或债权等财产性权利的财产为保险标的，在人身保险，被保险人是以其享有人格权的生命、身体和健康为保险标的，当保险事故发生于保险标的，必然使存在于保险标的之上的保险利益受到损失，而该损失的承受人即被保险人，因此被保险人即为损害填补之对象。基于此理，在受益人指定上，当以被保险人为当然之受益人指定权人，但为便利保险合同之缔结，以投保人为代理或辅助指定人；而在投保人指定受益人时，被保险人享有同意权和撤销权，双方意见不一时，被保险人有决定权。

---

[1]　吕锦峰：《保险法新论》，神州图书出版有限公司2002年版，第47页。

[2]　参见《中华人民共和国保险法》第12条；中国台湾地区《保险法》第4条。

[3]　《Insurance Act 2015》, Article 1, Part 1, Chapter 4, "insured" means the party to a contract of insurance who is the insured under the contract, or would be if the contract were entered into.

四、受益人指定之理论基础

受益人的指定，本质上是被保险人对其固有的保险给付利益的处分，该处分行为是以意思表示为要素的单方法律行为，遵循的是意思自治原则。另一方面，受益人的指定，是为保险契约当事人以外的第三人设定权利，遵循的是第三人利益契约理论。因此，为第三人利益契约理论是受益人指定的合法性依据，意思自治原则是受益人指定的正当性基础。

（一）第三人利益契约：受益人指定的合法性依据

保险契约中被指定的受益人必然为当事人以外的第三人（third party beneficiary）。指定之受益人虽然不是保险契约当事人，但却对保险人享有以保险金给付为客体的直接请求权。[①]指定之受益人所享有的直接请求保险人给付保险金之权利，与其说是源于立法的直接规定，毋宁说是法律对保险契约当事人使第三人受益意图之确认，犹如《法国民法典》之经典条文所宣称："依法成立的契约，对缔结该契约的人，有相当于法律之效力。"[②]第三人对保险契约利益之直接请求权的理论依据，即所谓的为第三人利益契约理论。然而，第三人利益契约理论被法律所确认并体现为法律规范，在大陆法和英美法系法制史上却是经过几个世纪的曲折努力赢得的法治成果，其中的原因就在于根深蒂固的"债的相对性"原则。虽然在我国保险法中，被指定的受益人对保险人的直接给付请求权至少从法条文义来看，确为法律所规定，但这一第三人利益契约理论之结晶在中国私法史并未经历"债的相对性"的障碍和困扰。道理很简单，因为中国历史上一直缺乏私法理念及其浸润的私法传统，从清朝末年至新中国改革开放的民商事立法基本系对外国法尤其是大陆法系私法及其理论的移植。新中国成立之前漫长的古代和近代历史中，法律体系一直呈现的是公私法不分的诸法合体状态，星星点点的私法法律规范被浩瀚的公法所淹没，甚至民事关系也以刑事规范来调整。新中国成立后的30多年一直实行计划经济，没有私法产生的土壤。自改革开放以来，我国陆续开展民商立法以因应民商事关系的调整，但众所周知，从私法的理论体系到法律体系的构建相当程度地学习和借鉴自大陆法系，商法理论和立法也相当程度地吸收了英美法

---

① 参见《中华人民共和国保险法》第18条第3款；中国台湾地区《保险法》第5条。

② 参见《法国民法典》第1134条第1款；罗结珍 译，中国法制出版社1999年版。

系的理论和立法成果。我国于1995年颁行《保险法》，于1999年颁行《合同法》。如果说保险合同法为合同法之特别法，那么就二者的关系来讲，是特别法先于普通法制定。而且我国《合同法》并未制定为第三人利益契约之规则，仅在第64条将第三人作为受领合同给付之主体，并未赋予其给付请求权。①由此看来，我国《合同法》并未给保险受益人指定提供利益第三人契约理论之支撑和基本规则依据。《中华人民共和国民法典》（以下简称《民法典》）弥补了这一缺漏，②但这一规则仅以一款之规定支撑，显得极为简略。退一步讲，作为一般法之民法有无为第三人利益契约之规则，也不影响作为特别法之保险法制定特别规范，事实正是如此。在《合同法》和《民法典》之前，《保险法》早已制定和实施，体现第三人利益契约理论和规则的保险受益人指定规则已经存在。

虽然在中国大陆未曾经历"债的相对性"与为第三人利益契约之间的纠葛，但考察作为典型的为第三人利益的人寿保险契约在传统大陆法系国家和英美法系国家是如何在"债的相对性"原则之外获得存在和发展空间的历史，对我国立法、司法、理论和实务均有参考价值。

债的相对性，源于罗马法的"无论何人均不得替他人缔约"之规则，③以罗马法为基础的《法国民法典》将这一规则表述为："契约仅在缔约当事人间发生效力。"④债的相对性在英美法系谓之合同的相对性或关联性（privity of contract），为19世纪英国普通法之法官所确立的一项契约法上之基本原则，即非当事人外不得主张契约上之任何权利，即使当事人间已有约定，亦不例外。⑤既然债的相对性原则如此刚性，那么作为典型的为第三人设定权利的人寿保险契约又如何在这一原则之外存在和发展的呢？本书以下分别就世界两大法系之主要国家在此方面的历史作一探索性追溯。

近代大陆法系各国并没有完全承袭罗马法的传统，而是在贯彻债的相对性原则的同时，创设了某些"例外"，即对所谓"为第三人利益订立的契

---

① 《中华人民共和国合同法》第64条规定："当事人约定由债务人向第三人履行债务的，债务人未向第三人履行债务或者履行债务不符合约定，应当向债权人承担违约责任。"

② 《中华人民共和国民法典》第522条第2款规定："法律规定或者当事人约定第三人可以直接请求债务人向其履行债务，第三人未在合理期限内明确拒绝，债务人未向第三人履行债务或者履行债务不符合约定的，第三人可以请求债务人承担违约责任；债务人对债权人的抗辩，可以向第三人主张。"

③ ［意］彼德罗·彭梵得：《罗马法教科书》，黄风 译，中国政法大学出版社1992年版，第313页。

④ 参见《法国民法典》第1165条；罗结珍 译，中国法制出版社1999年版。

⑤ 参见王泽鉴：《民法学说与判例研究》（八），中国政法大学出版社1998年版，第40页。

约"予以承认。^①"为第三人利益订立的契约"简称"为第三人利益契约"，通说认为，是指契约当事人一方约请相对方向第三人给付，第三人因而取得直接请求给付权利之契约，又称向第三人给付之契约，或利他契约。但第三人利益契约并不是独立的契约类型，任何契约均可为此第三人利益之约定，例如买卖契约、赠与契约、保证契约或保险契约等均可为第三人利益之约定。因此，所谓第三人利益契约实为此等契约之附款。^②

较为完整继承罗马法的《法国民法典》虽然以其第1165条表现了对"债的相对性"原则的遵循，但同时又在其中设置法定例外。如《法国民法典》第1121条规定"使第三人受益的约定条款"，但是所附条件为在被允诺人要求允诺人向第三人履行义务时，对允诺人进行了附条件赠与，要么要求对其自己履行义务。^③19世纪中期，法国保险业开始蓬勃发展，但执行作为第三人利益契约之人寿保险契约仍有很大的阻力。于是自1888年起，法国最高法院认为，《法国民法典》第1121条中所附"赠与"之条件可以通过支付保险费或由受允诺方给予允诺方任何其他的经济利益而得到满足，以至于后来法院索性抛弃了第1121条所设的限制。现在的结果是，所有为第三人所作的约定在法律上都是有效的，唯一的问题就是当事人双方是否意图给予第三人诉讼权利。^④关于指定第三人为受益人的人身保险契约作为典型的第三人利益契约，《法国保险法》第一章的规定（尤其是其中关于人身保险的规定）具体确定了为第三人利益订立的契约的有关问题，弥补了《法国民法典》第1121条规定的不足。^⑤由此可见，《法国保险法》作为民法典之外的特别法，尤其以第三人为受益人的保险契约不仅不受债的相对性原则的约束，反过来却弥补或者促进了《法国民法典》第1121条的进步与完善。

法国学者指出，通过对《法国民法典》第1121条的规定作扩大解释的情况下，为第三人利益之契约在法国现代契约法中获得很大发展，其适用范围越来越大：既适用于有偿契约也适用于无偿契约；既适用于债权人为第三人设定权利的情形，也适用债务人为第三人设定权利的情形。例如，

---

① 参见尹田：《论涉他契约——兼评我国新合同法第64条、第65条之规定》，《法学研究》2001年第1期。

② 参见王泽鉴：《民法学说与判例研究》（七），中国政法大学出版社1998年版，第150~151页。

③ 参见[德]海因·克茨：《欧洲合同法》（上卷），周忠海 等译，法律出版社2001年版，第355~360页。

④ 同上，第361页。

⑤ 参见尹田：《法国现代合同法》，法律出版社1995年版，第276页。

对运输途中货物意外损失的保险，起初仅适用于海洋运输。依据这种保险合同，当发生保险事故时，货物的所有人应以保险受益人的地位获得补偿。此后这一制度被扩大适用于陆上货物运输保险，包括货物的承运人为收货人之利益而订立的保险合同、保管人为寄托人或保管物之提取人的利益而订立的保险合同等。在法国，这些保险合同的类型起初为司法判例所确认，后来为制定法所确认，如1930年7月13日法律确认了陆上货物运输保险（《法国保险法》L.112-1条）；1967年7月3日法律确认了海上保险（《法国保险法》L.171-4条）。[①]

德国在19世纪接受了第三人在合同中享有权利的观念。[②] 合同双方当事人欲使第三人受益的意思表示是第三人取得直接请求给付之权利的关键。至于第三人在获得权利前是否须经其同意，虽然长期以来一直存在争议，但最终的结论是，这一点并不必要。[③] 为第三人创设可以直接请求给付的权利不必十分明确，只要有充足的根据从双方当事人明示的内容中、从交易的目的中以及从案件的其他情况中推断出这一点即已足够。[④]《德国民法典》第328条（有利于第三人的合同）第1款规定："当事人可以合同约定向第三人履行给付，并具有使第三人直接要求给付的权利的效力。"《德国民法典》将这一规则之效力延伸到保险契约，并在第330条规定："人寿保险合同或终身定期金合同订明向第三人给付保险金或终身定期金的，在产生疑问时应认定，第三人直接取得要求给付的权利。"[⑤]《德国保险合同法》以特别法的形式全面贯彻了民法典创立的为第三人利益契约之规则。[⑥]

《瑞士债法典》明确规定了为第三人利益合同之规则，承认第三人享

---

① 尹田：《法国现代合同法》，法律出版社1995年版，第280页。

② ［德］海因·克茨：《欧洲合同法》（上卷），周忠海 等译，法律出版社2001年版，第356页。

③ 《德国民法典》第328条所要求的是：当事人是否意图于使第三人取得此权利。然而此权利不能强加给第三人；如果他拒绝，就视为从未授予此权利。

④ ［德］海因·克茨：《欧洲合同法》（上卷），周忠海 等译，法律出版社2001年版，第361页。

⑤ 郑冲、贾红梅 译：《德国民法典》，法律出版社1999年版。

⑥ 参见孙洪涛 译著：《德国保险合同法》第1条、第30条、第31条、第43条、第159条、第160条、第179条等，中国法制出版社2012年版。

有合同当事人为其设定的合同权利。[①]通过双方当事人合意为第三人设定的利益，尽管该第三人对于合同的缔结完全置身于局外，其不仅可以接受约定之给付，而且也有权以自己的名义要求债务人给付合同利益。在合同一方当事人想要保证其家庭成员维持将来生活的情况下，通过为第三人利益合同的方式为家庭成员提供给付请求权最清楚地表现了当事人的意图。[②]人身保险合同系当事人为第三人设定权利的典型例子，即保险人在保险事故发生时所为的保险给付，通常并不是向被保险人给付，而是向被保险人指定的第三人给付；在财产保险合同中，保险人则是向损害发生时对财产享有权利的人给付。[③]

为第三人利益契约规则经过漫长的历史演进，迄今，欧洲所有国家的分类制度中都有确定第三人在何时可以提出履行合同的诉讼请求或违约损害赔偿的诉讼请求方面的规则。[④]保险合同，尤其是指定第三人为受益人的人寿保险合同作为典型的为第三人利益合同，自然毫不例外。在相当程度上来说，正是意图使第三人受益的人寿保险合同促进了为第三人利益合同规则在大陆法系国家民法典中的确立及其完善，而不是民法典之第三人利益合同为受益人利益之保险合同提供了一般性规则基础。

英国是一个比较固守契约相对性原则的国家，对于为第三人利益的人寿保险合同，立法和司法对此的处理方式是通过创设法定例外来认可第三人合同权利。[⑤]在18世纪，源于对价乃产生合同义务和针对该义务诉请执行的权利之要件的原理，作为受赠之受益人无请求执行合同的权利。于是，英国衡平法院绞尽脑汁另辟蹊径，对尤其是为合同一方当事人之家庭利益而订立的人寿保险合同受益人之地位以法律认可。例如，法院建议将保险行为不以合同看待，而将其视为系为受益人之利益所做的信托安排。因此，保险受益人作为信托受益人，将对契约利益取得既得权。但最终是合同规则占了上风。因此，长时间内在普通法上，人寿保险受益人不能对

---

① 《瑞士债法典》第112条（为第三人利益的合同）规定："以自己的名义为第三人利益设定债权的人，可以为第三人利益要求履行合同。依照当事人的意图或者按照惯例，第三人或者其代理人有权直接要求履行合同。第三人通知债务人要求履行债务的意思之后，债权人不得再免除债务人的责任。"吴兆祥 等译，法律出版社2002年版。

② 参见[德]海因·克茨：《欧洲合同法》（上卷），周忠海 等译，法律出版社2001年版，第355页。

③ 参见[美]缪里尔·L.克劳福特：《人寿与健康保险》，周伏平 等译，经济科学出版社2000年版，第224页。

④ 参见[德]海因·克茨：《欧洲合同法》（上卷），周忠海 等译，法律出版社2001年版，第356页。

⑤ 参见[英]P.S.阿狄亚：《合同法导论》，赵旭东 等译，法律出版社2002年版，第390页。

契约利益提出请求。[1]直到19世纪中期，英国法仍固守对价原则，但是后来案件的判决法院已不太用对价原则，而更多地运用同属于普通法基本原则的契约相对性原则。在保险合同中，当被保险人自己不愿或不能请求给付的情况下，基于契约相对性原则，第三人仅当其能够表明特别的法律授权或者被保险人是作为受托人或其代理人的情况下，方可对保险人提出给付请求。因此，面对如何为人寿保险合同的受益人提供取得契约利益之请求权的问题，立法机关便采取措施对契约相对性原则进行了调整，即赋予第三人一种法律的起诉权。除制定法[2]外，通常通过信托关系确认第三人之权利。[3]信托关系理论上可适用于任何种类的保险，而在保险实务中更多见之于人寿保险，以及有关货物的"商业信托"。对于人寿保险，主要采用以下几种方式处理：①于保险契约中指明信托关系；②由订立保险契约的被保险人声明转让保险单于受托人持有，而该方式其他方面的有效性，则依信托法的一般规则调整；③第三人以偿还保险费的方式向缔结保险契约之被保险人购买保险单，以此通过事实形成的信托关系受益；④根据《1882年已婚妇女财产法》第11条成立法定信托关系。但是，《1882年已婚妇女财产法》仅适用于以妻子和子女为受益人的保险合同，而为其他人利益订立的保险合同仍受契约相对性原则之限制。[4]但是，现代人寿保险合同受益第三人对保险人的直接请求权已无须迂回曲折地经由信托等途径来实现了。因为，自2000年5月11日之后成立的保险契约，由《1999年第三人合同权利法》(The Contract Rights of Third Parties Act 1999) 赋予第三人对合同债务人的直接请求权，从而为包括人寿保险合同在内的第三人利益合同开辟了畅通的途径。

在美国，基于契约相对性原则的限制，因各州在保险有自己的立法和司法权，对包括保险合同在内的为第三受益人利益之合同，是通过依靠契约相对性或借助信托、判例及制定法等手段来进行调整的。

"合同的相对性"作为一个能带来好运的词汇而被乐于使用的年代，很多法院认可受益第三人享有一种能够申请强制执行的权利，法院以"合同的相对性"系法律所创设而作为其裁判的依据。这一说法，除法院认为

---

① See David Norwood & John P.Weir, *Norwood On Life Insurance Law In Canada*, Carswell A Thomson Company, 3rd edition, 2002, p.277.

② See《The Married Women's Property Act 1882》。

③ ［英］Malcolm A.Clarke：《保险合同法》，何美欢 等译，北京大学出版社2002年版，第136页。

④ 参见［美］A.L.科宾：《科宾论合同》（下），王卫国 等译，中国大百科全书出版社1998年版，第203页。

双方当事人为第三人利益订立的合同为该第三人创设了一项可强制执行的权利之外，别无其他任何合理的意义。即，通过合同为第三人创设权利就像当事人缔结合同为他们自己创设权利一样。[①]在少数几个州里，是通过制定法来支持某些种类的受益人，比如保单的受益人和抵押权人受益人；这些州的法院在一些疑难案件中通过确立拟制的"合同相对性"或"信托"关系来对第三人做出判决。[②]通常根据被保险人和保险人订立的人寿保险合同，保险人允诺依约定条件向指定的受益第三人给付保险金。可以相信的是，现在美国所有的司法官辖区都不会拒绝人寿保险合同的第三受益人根据保险单起诉和胜诉，尽管在英国和美国的一些州，对此种权利的承认是由制定法实现的。现在不再提所谓"合同的相对性"，也无须受益第三人提供什么"对价"。受益第三人的权利在一般的契约之诉中就可得到强制执行。[③]

在美国，关于人寿保险之基本规则与传统民法规则更趋于一致，因而受赠的受益人确有权利主张保险契约之利益，尽管其属于合同外之第三人。事实上，从19世纪中期开始，受益人被看作是人寿保险单之"真正"所有人，对保险契约利益享有既得权利(vested right)。[④]

在加拿大，为第三人利益的人寿保险合同作为一种简单而广为使用的商业安排，囿于契约相对性原则，同样存在着受益第三人是否享有可执行的合同权利的基本问题。随着人寿保险自身在19世纪的发展，合同法和信托法为确认被保险人和受益人之利益而都经受了考验。

把被保险人作为赠与人、保险人作为允诺人和第三人作为受赠的受益人，法官及法学家面临着如下一些基本法律问题：受赠的受益人是否有权请求强制执行为受赠人利益的合同，合同是否仍受被保险人之控制以及作为受赠人财产之一部分。在这些问题上，普通法之契约与民法之契约是完全沿着两条不同的路线演进的：普通法本质上认为合同外之第三人没有法律上之权利，而民法则认为合同外之第三人有完全的既得权利。但是，在人寿保险领域法律演变的最终结果则是：被保险人和受益人之法律地位在

---

① 参见［美］A.L.科宾：《科宾论合同》(下)，王卫国 等译，中国大百科全书出版社1998年版，第197页。

② 同上，第180页。

③ 同上，第203页。

④ See David Norwood & John P.Weir, *Norwood On Life Insurance Law In Canada*, Carswell A Thomson Company, 3rd edition, 2002, p.276.

普通法各省及魁北克省基本上是并行的。[①]但这并不是说在加拿大各独立司法管辖区，法律是沿着相同的路线发展的，也不能说这一相同的法律发展结果是追随其他法系，包括英国和美国的法律制度所致。

赋予受益人能够诉请保险契约利益之权利这一非常务实的做法，能很好地满足人寿保险之基本意图。在加拿大，普通法各省的法律，为了满足受益人对人寿保险金请求强制执行的权利，被迫历经曲折，通过成文法而把已行走一百多年的路线扭转过来而到达了同一目的地。在加拿大各省，包括魁北克省，为系属家庭成员的受益人之利益订立人寿保险合同的特别法律得以颁行。该法一直拖延到1962年才得以在《统一人寿保险法》（Uniform Life Insurance Act）和一直拖延到1976年才在久已制定的魁北克《丈夫和父母人寿保险法》(Husabnds and Parents Life Insurance Act of Quebec)之下以特别法之形式出现。[②]

在加拿大普通法各省，制定法给亲属受益人以特别权利，而且也给所有其他受益人对保险合同诉请给付之权利。因此，制定法是人寿保险受益人权利的唯一依据。[③]换言之，人寿保险受益人之权利是法定权利。自《统一人寿保险法》颁布到今天，有一明确的条款规定被保险人和保险人之间订立的人寿保险合同的受益人，为自身的利益而可强制执行该合同。在民法上，为第三人利益的"第三人契约权利"规则出现，并在《魁北克民法典》第1029条规定："一方当事人可以为第三人缔约，而以此作为为自己缔约的条件，或者作为对另一人之赠与；如果第三人已表示同意接受，缔约人即不得撤销该约定。"

在加拿大，针对人寿保险受益人之权利，一些法律理论被提出以支持一方当事人（受约人）与另一方当事人（允诺人）为受益人订立的人寿保险合同中受益人之权利。首先，人寿保险合同代表一项要约，对该要约受益人可以"承诺"，以此将受益人置于与保险人之间的合同关系之中。这一理论的实质就是将受益人拟制为合同的当事人而与合同的相对性原则相"符合"。其次，在某种意义上，被保险人，在受益人接受契约利益和认可时，成为为受益人之利益处理被保险人事务的人。这一观点，实际上

①　See David Norwood & John P.Weir, *Norwood On Life Insurance Law In Canada*, Carswell A Thomson Company, 3rd edition, 2002, pp.275~276.

②　See David Norwood & John P.Weir, *Norwood On Life Insurance Law In Canada*, Carswell A Thomson Company, 3rd edition, 2002, p.276.

③　See David Norwood & John P.Weir, *Norwood On Life Insurance Law In Canada*, Carswell A Thomson Company, 3rd edition, 2002, p.277.

就是把授予受益人契约利益的被保险人拟制为受益人之代理人。然而，另一种也许是最普遍流行的理论认为，这是一项根据双方当事人和受益人之"共同意志"创设的义务。但殊途同归，依上述各理论，在任何情况下受益人均取得针对保险人之直接给付请求权，以此使其能够为自身之利益而诉请强制执行保险契约。

然而，现在也许可以说，自1976年《魁北克民法典》修订以来，为受益人之利益而被接受的1029条不再适用于人寿保险合同，而是现行关于人寿保险的法典条款确认人寿保险受益人针对保险人有强制执行契约利益之直接诉权。[①]

已如上述，关于受益人权利的人寿保险法走过长时间的弯路，但是，尽管其根据在普通法和民法之间是完全冲突的，而最终以标准化的一组条款，于大部分程度上，并行于加拿大各省，[②]从而在实现人寿保险第三受益人享有合同为其设定的权利这一目标上普通法和民法走向统一。

综上所述，在保险合同受益第三人权利问题之历史上，囿于契约相对性原则，英美等国家和地区开始是以拟制信托关系或朝契约相对性上挂靠之方式确认第三人之保险合同权利。在大陆法系的法国、德国等国家则是以司法解释或法定例外对保险合同受益第三人权利予以认可。而今现代各国和地区无不以立法对保险合同受益第三人权利予以认可：有的是在民法典中加以规定，如意大利、加拿大魁北克、俄罗斯和荷兰等；有的是在商法典中加以规定，如中国澳门和日本、韩国；而有的则以保险单行法予以规定，如中国大陆、台湾地区，德国，法国，美国各州和加拿大普通法各省等；英国自2001年5月起实施的《1999年第三人合同权利法》（The Contracts（Rights of Third Parties）Act 1999）也适用于为第三人利益的保险契约。保险合同指定受益人（第三人）对保险契约利益直接请求权的法律确认为包括人身保险和财产保险在内的保险业的发展开拓了更加广阔的发展空间。

保险合同中被保险人通过指定第三人为受益人，不受契约相对性原则限制地使第三人取得对保险人的直接给付请求权，在学理上将此归为为第三人利益合同的一种。那么，指定受益人的保险合同，即为第三人利益的保险合同，其获得法律承认的正当性基础是什么，正是本书以下即将讨论的话题。

---

① 参见《魁北克民法典》第2453条（Que.C.C.2453.）。

② See David Norwood & John P.Weir, *Norwood On Life Insurance Law In Canada*, Carswell A Thomson Company, 3rd edition, 2002, p.282.

（二）意思自治：受益人指定的正当性依据

上文已述，由于契约相对性原则构成了契约当事人为第三人创设契约权利之障碍，为绕过这一障碍，两大法系之立法或判例绞尽脑汁地创设了为第三人利益契约规则，从而为保险契约创设受益第三人之保险给付请求权提供了合法性依据。其实，基于意思自治的契约相对性规则成为契约为第三人设定权利之障碍，恰是人类基于当时自我认识的有限性，反倒以片面的规则束缚了自己的思想和行为。结果，历经曲折"绕开"契约相对性规则以例外形式创设的为第三人利益契约规则，归根结底，仍然以意思自治原则为基础。回过头来，我们终于看到契约相对性源于意思自治，突破契约相对性的为第三人利益契约规则也源于意思自治。颇有"不识庐山真面目，只缘身在此山中"的意味。有学者在论及契约相对性原则的基础时认为，这是当事人意思自治之内在要求，即所谓"在近代民法经典的契约理论中，合同相对性原则被认为是意思自治原则所导致的当然结果。依照意思自治的要求，当事人的意志是合同权利义务的'渊源'、'根据'和'原动力'，只有在合同中表达自己意志的人，才能受该合同的约束"。[1]如果契约效力作用于当事人之外的第三人，则无异于使他人对自身以外的意志负责，这与契约自由原则格格不入。[2]

意思自治或私法自治（Private Autonomy）原则，又称法律行为自由原则，其精髓就是在法律许可的范围内，私人可以自由为自己设定权利，并由国家为其实现提供法律保护。[3]这一原则是在18、19世纪西方资产阶级革命取得成功并极力推行个人主义、自由主义的历史背景下产生的。罗马法孕育了意思自治原则的思想，但并未提出这一概念，也未将其提炼为私法的基本原则。[4]正式提出这一学说的人是16世纪法国法学家查理·杜莫林。私法的意思自治原则在19世纪得到了充分的发展，西方各国通过工业革命确立的自由竞争的市场经济体制为其奠定了经济基础；代议制民主政体为其建立了政治基础；人文主义哲学思想、自由主义经济理论和古典自

---

① See J. Flour et J. Aubert, *roit civil, Les obligations*, t.I, 5e edition par A.C.E. Paris, 1991, p.73.

② 参见段程瀚：《论契约法由近代向现代的嬗变》，西南政法大学2002年硕士学位论文，第6~7页。

③ 参见［德］迪特尔·施瓦布：《民法导论》，郑冲　译，法律出版社2006年版，第408页。

④ 《罗马十二表法》第5表规定：凡以遗嘱处分自己的财产，具有法律上的效力。这一规定是意思自治的萌芽。参见刘凯湘、张云平：《意思自治原则的变迁及其经济分析》，《中外法学》1997年第4期。

然法学说为其铺设了理论基础。①

意思自治原则作为近现代私法的基本原则，在《法国民法典》中以第1134条为主要标志，即契约自由，这一经典性条文赋予了契约当事人意思相当于法律之效力。②《德国民法典》则以更高位阶之意思自治原则兼容了契约自由原则，第305条的规定实际上赋予了当事人更多的自由，即只要当事人遵守关于契约的一般性规定，任何内容的契约都是可以合法有效的。③但是，合同当事人只能为自己设定权利和义务，即合同的效力只及于合同双方当事人，尤其不得损害第三人利益；反过来，第三人亦不得对合同当事人主张合同中的权利，也不承担合同义务和责任。由此可以论断，契约相对性原则之立法初衷就在于尊重合同当事人的意志，同时也意味着不得将合同当事人的意志施加于第三人。

既然契约相对性原则是合同当事人意思自治之要求和表现，而与保险人缔结合同的被保险人将其保险契约利益以指定受益人的方式使第三人受益，这不正是被保险人之意思或保险合同双方当事人的意思吗？保险契约当事人为第三人设定权利，与其说违背了契约相对性原则，即违背了自己的意志，毋宁说将保险契约利益施与第三人"违背"第三人的意思。但是，保险契约为第三人设定契约权利，未必违背第三人的意志，大多数情况下合乎第三人的本意，即便第三人不愿意享有契约为其设定的权利，其完全可以将自己拒绝接受的意思通知契约当事人。因此，为第三人设定契约权利，原则上不违背第三人的意志，更不会损害第三人之利益。所以，为当事人自己利益的契约和为第三人利益的契约均体现的是契约当事人的意志，当事人也并未把为第三人利益的意思强加于第三人。这与意思自治并不矛盾，而是意思自治统领了为自己利益契约和为第三人利益契约。因此，认为为第三人利益契约违背契约相对性，是误把体现当事人意思的契约相对性当作同时体现当事人意志的为第三人利益契约之假想敌。这一现象或许是由于立法者过分强调当事人意思自治而矫枉过正，抑或是立法者一时思路卡顿未拐过弯的缘故。也许这两种情形兼而有之。将契约当事人意志提升到与法律一样之高度，只要该意志不违背公序良俗和损害他人权益，这一做法就没有什么不妥；同样当事人一方基于单独意思或双方基于合意授予第三人以契约利益也没什么不妥，尤其在以被保险人死亡为

---

① 苏号朋：《论契约自由兴起的历史背景及其价值》，《法律科学》1999年第5期。

② 《法国民法典》第1134条规定："依法成立的契约，在缔结契约的当事人间有相当于法律的效力。前项契约，仅得依当事人相互之同意或法律规定的原因取消之。"

③ 参见傅静坤：《二十世纪契约法》，法律出版社1997年版，第5页。

给付保险金条件的人寿保险契约中指定受益人更无不妥。诚如马克思所言："无论是政治的立法或市民的立法，都只是表明和记载经济关系的要求而已。"[①]立法者"不是在制造法律，不是在发明法律，而仅仅是在表述法律"[②]。

意思自治原则作为德国法律的创造，包含了契约自由，但以契约自由为核心。"自《德国民法典》提炼出'法律行为'概念后，契约成了法律行为的下位概念，契约自由原则也让位于更高位阶的意思自治原则。但离开契约自由就无法解读意思自治，就此可以说，两部法典（另一部即《法国民法典》）对契约自由的不同定位，只是法典编纂体例不同显现的逻辑问题，而不是在价值取向上有什么根本的不同。"[③]在私法体系中，意思自治不仅反映在民法的债法之中，也反映在物权法、婚姻法、继承法等一切私法领域，[④]主要表现为：契约自由、（财产）处分自由、婚姻自由、遗嘱自由和结社自由等。[⑤]在保险契约关系中，被保险人指定第三人为受益人，体现的是被保险人对保险契约利益处分之自由；至于被保险人指定何人为受益人纯属于被保险人本人自由决定之事，于保险人或其他人并无损害可言。

英国学者阿蒂亚对契约自由的解释也可以适用于对意思自治的理解。他认为，契约是当事人相互同意的结果，即合意是契约成立的基础。契约订立程序之要约和承诺就是合意达成的明确印证。以此可推导出如下结论：①若当事人意思表示存在瑕疵，则因其非为"合意"之结果，契约不生效力，而应给予法律救济；②因当事人的意思是支配契约双方权利义务的根据，因而当发生争议而需对契约进行解释时，当事人的真实意思就是解释契约的唯一原则。[⑥]

英国以契约自由作为对意思自治原则的反映。亚当·斯密的古典自由主义经济学说和亨利·梅因的"从身份到契约"法史观的巧妙结合，构成了普通法上的自由主义契约观。英国著名法官乔治·杰塞尔爵士宣称："如果有一件事比公共秩序所要求的另一件事更重要的话，那就是成年人和神

---

① ［德］马克思：《哲学的贫困》；载《马克思恩格斯全集》第四卷，人民出版社1958年版，第121页。

② ［德］马克思：《论离婚法草案》；载《马克思恩格斯全集》第一卷，人民出版社1956年版，第183页。

③ 姚新华：《契约自由论》，《比较法研究》1997年第1期。

④ 刘凯湘、张云平：《意思自治原则的变迁及其经济分析》，《中外法学》1997年第4期。

⑤ ［德］迪特尔·施瓦布：《民法导论》，郑冲 译，法律出版社2006年版，第408页。

⑥ 参见［英］阿蒂亚：《合同法概论》，程正康 等译，法律出版社1982年版，第5页。

志清醒的人应拥有订立合同的最充分的自由权利。如果他们所订立的合同是自由的或自愿的，那么，就应当认为这些合同是神圣的，并应由法院强制执行。"[①]

美国与英国一样也是以契约自由反映了私法的意思自治原则。美国最高法院1897年在奥尔盖耶诉路易安娜州案件中，首次宣布：契约自由是一种基本的宪法权利，为宪法第14条修正案所规定的"自由"所包括。契约自由原则是全部法律的支柱，通过自由缔结契约而实现个人自治是法律发展的方向。契约自由作为私法的出发点和落脚点，是19世纪美国法的鲜明特征。[②]

中国大陆、台湾地区的民商立法也贯彻了意思自治原则。以中国大陆为例，从《民法通则》《合同法》《物权法》《公司法》《证券法》《保险法》《民法总则》到新近通过的《民法典》等一系列私法规范，均以自愿原则对契约自由或意思自治原则作了表述，作为为第三人利益契约的保险合同也在《保险法》之总则和保险契约部分做了明确规定。

作为意思自治原则之表现的为第三人利益合同，尤其以指定第三人为受益人的保险合同之所以在契约相对性原则之外获得法律认可，根本原因在于社会经济生活的要求。

首先，简化给付关系，节约行为成本是为第三人利益契约存在的主要原因。

在保险契约中，指定受益人主要有亲属受益人、债权人受益人两类。这一分类与美国《第一次合同法重述》受赠受益人和债权人受益人之基本分类相似，也与王泽鉴先生将第三人利益契约依其功能所做的基本类型相似。一为以缩短给付为目的，旨在简化契约关系；二为具有生计扶养照顾性质的第三人利益契约，以第三人利益之保险契约为典型，以契约上之给付自始归于第三人为目的。[③]

如果恪守契约相对性原则而不能越雷池一步，那么，被保险人就不能通过保险契约将保险金给付与其子女或其他亲属以维持他们的生计，只能通过遗产继承或信托来达其目的了。而通过遗产继承来处分保险金具有不可克服的弊端：一是作为遗产的保险金应缴纳遗产税，相比于受益人受领的保险金额，继承人获得的给付额则会减少许多，这往往并不符合被继承

---

①　See M. P. Furmston, *Law of Contract*, Butterworth Co., 12th edition. 1991, p.11

②　参见［美］伯纳德·瓦施茨：《美国法律史》，王军 等译，中国政法大学出版社1990年版，第132~135页。

③　参见王泽鉴：《民法学说与判例研究》(七)，北京大学出版社2009年版，第108~109页。

人的意愿；二是遗产分割前还应先用于清偿被保险人生前所负债务，债权人有优先于继承人之权利。另一方面，就债权人来讲，一是会增加被保险人（债务人）清偿债务的成本，因为债权人作为第三人因契约相对性之限制而不能直接向保险人请求给付保险金，如此，保险金只能先归入被保险人的财产，然后由被保险人或其继承人受领后再以此清偿其债务，这样就增加了了结债权债务关系的环节，这比由债权人从保险人处直接受领保险金而支付了更多的成本；二是会增加债权人受清偿的风险，因为保险金经由被保险人或其继承人之手再移转于债权人的过程中，可能会发生保险金遗失或被盗抢等不测风险，还存在被保险人背信而将保险金挪作他用甚至赖账的可能；三是如果在以被保险人之死亡为保险金给付条件的情况下，被保险人因死亡而无从行使保险金请求权，只能通过被保险人之继承人来替被保险人偿还其债务，而这比被保险人亲自清偿债务又多了一个环节或有节外生枝的可能，即继承人比被保险人更有可能出现背离诚实信用的行为；四是严格遵循契约相对性原则，会延宕诉讼环节，增加诉讼成本。尤其在以保险金清偿债务的情况下，保险金最终归于债权人可能会遭遇因被保险人或其继承人与保险人之间的保险合同纠纷和被保险人或其继承人与债权人之间的债务纠纷而产生的几个诉讼。如此，既增加了所涉当事人的诉讼成本，亦增加了法院的司法成本。

其次，会造成受益人期待利益之损害。

如果受益人得知其被指定为受益人，那么，他/她（们）就会对此产生期待，并基于该期待而对其生活做出某些安排或规划，如此必将使其付出一定的时间、人力或物力等成本。但是，当保险事故发生而主张保险金给付时，却因为契约相对性之障碍而使受益人无法向保险人主张保险给付，则其为此所作的计划或安排将白费而蒙受损害。"如果法律承认第三人有一项权利，这种权利本身对于他来说是有价值的……受益第三人的权利主要基于这样一个事实，即该合同将为他创造某些合理的期望，并且该合同将会诱使他基于信赖而改变其立场。受益第三人的权利还基于这样一个事实，即允许由受益人享有这种权利，可在尽可能少地采用诉讼的方式下，实现受约人的意向和满足受约人的希望。"[①]

针对契约相对性原则所存在的诸多弊端，学者与法官也对此进行了批评。如法国学者卡尔波尼埃针对规定这一原则的《法国民法典》第1165

[①]　[美]A. L. 科宾：《科宾论合同》（下册），王卫国 等译，中国大百科全书出版社1998年版，第183页；王泽鉴：《民法学说与判例研究》(七)，中国政法大学出版社1998年版，第152页。

条①提出了批评。他认为，这一规定太过极端，因为合同毕竟是一种社会事实，而不可能是一种孤立的存在。因为在两个当事人分别成为债权人与债务人时，这一事实就不可能与其他人无关，即合同必然要对第三人产生对抗力。同时，当事人因合同而享有的权利也应得到第三人的尊重。②英国学者P.S.阿狄亚亦批评道，（在诸如为第三人利益的保险合同中）若顽固地坚持契约相对性原则，则容易导致意想不到的不便和严重的不公正。③

为因应社会经济生活的要求在立法上确认第三人利益契约，并没有出现违背契约相对性原则所产生的不利后果。正如美国学者A.L.科宾所总结的："通过对第三人实施了救济的几千个案件的研究表明，对被告人没有任何不公正；相反，这一研究表明，拒绝给予救济可能与一般奉行的正义和便利观念不符，而且那些被拒绝给予救济的案件经常在事后被认为与现存道德有惊人的冲突。"④

契约相对性原则与为第三人利益契约这一看来似乎对立的概念，其实皆由意思自治原则或契约自由原则而起，也由意思自治原则或契约自由原则而得以圆满解释。在现代社会交易的对象（商品）浩如烟海、交易的方式千变万化，层出不穷的环境下，以指定受益人的保险合同为代表的为第三人利益合同的出现及其在立法上的确认，正是法律对当事人意思自治的确认。意思自治表现为个人自由，而个人自由是达到社会效益和社会公正的最佳方法。

五、受益人指定之程式

（一）受益人指定的程序

1. 概述

考察相关国家和地区保险法，其通常并不对受益人指定的程序做明确系统的规定，一般仅对受益人指定的形式和效力等要点做出规定。因为，

---

① 《法国民法典》第1165条规定："合同仅于缔约当事人之间发生效力；双方的合同不得使第三人遭受损害。"

② 参见尹田：《法国现代合同法》，法律出版社1995年版，第248页。

③ 参见［英］P.S.阿狄亚：《合同法导论》（第5版），赵旭东 等译，法律出版社2002年版，第390页。

④ ［美］A.L.科宾：《科宾论合同》（下册），王卫国 等译，中国大百科全书出版社1998年版，第177页。

这毕竟属于保险业务方面内容。受益人的指定乃单方法律行为，其意思表示的做成无须遵循保险合同订立的要约与承诺之程序，因而只要遵循单方法律行为实施的方式即可，即指定权人将指定何人为受益人的意思以他人可以理解的形式表达即可。另一方面，受益人指定的意思表示是以保险人为相对人做出的，因保险人为保险金给付义务人。基于受益人指定的单方法律行为之性质，指定的意思表示以通知的方式向保险人为之，通知的形式以口头或以书面等形式均无不可。但通知并不是受益人指定的生效要件，仅为对抗要件，即未通知保险人的，保险人不受指定意思表示之拘束。我国《保险法》规定，受益人指定的变更以书面形式通知保险人，并由保险人在保险单上批注或附贴批单，[①] 此规定可推及于受益人的指定。因为受益人的指定是受益人变更的基础，没有指定即无指定的变更，或者说受益人的变更包含于指定之中。至于保险人受领受益人指定之通知后，在保单上所为的批注或附贴批单并不是受益人指定的生效要件，只是保险人在保险业务上所遵循的规程，目的是为避免保险人的疏忽或遗忘而发生纠纷或出现重复给付的风险。因此，保险人不得以未为保险单批注或附贴批单而对抗受益人。另外，受益人指定虽然以保险人为相对人，但并非必须通知保险人，受益人可在保险事故发生后，直接向保险人请求给付保险金，该请求已经包含了通知的意思，犹如证券债权的转让无须通知债务人一样。

2. 受益人指定的流程

在加拿大，保险受益人的指定，无论于保险契约或保险单上为之，还是以遗嘱抑或其他方式为之，除了必须采用书面形式并由被保险人签名之外，没有固定的程式，有无证人见证均非所问。[②] 之所以必须采用书面形式，或许是因为受益人的指定是以保险人为相对人之意思表示行为，因对话式的意思表示不易固定而易生纠纷；指定权人若于保险契约生效之后方为受益人之指定，还须通知保险人，方可产生对抗保险人之效力。[③] 因此，在保险实务上非书面和无签名的指定无效。

在美国许多州，如果保险单载有特别程序，诸如为便于在保单上记载受益人而为保单的交付。因此，不符合保单要求的受益人的指定不

---

① 参见《中华人民共和国保险法》第41条。

② See David Norwood & John P.Weir, *Norwood On Life Insurance Law In Canada*, Carswell A Thomson Company, 3rd edition, 2002, p.293.

③ 参见吴日焕 译：《韩国商法典》第734条第1款，中国政法大学出版社1999年版；另参见王书江、殷建萍 译：《日本商法典》第667条（指定、变更保险金额受领人的对抗要件）第1款，中国法制出版社2000年版。

被认可。在此情形下，由保险合同来处理。Lloyd v.Travelers Co.(1986).21 C.C.L.I.161（B.C. S.C.）一案确认了这一规则，以克服来自加拿大的被保险人针对在美国签发的保单为受益人指定时忽略保单要求之弊。[①]其他州设置了"实质遵守"规则（Substancial Compliance）以克服保单关于受益人指定方法的技术性要求之僵硬。[②]这在加拿大并不必要。因为《统一人寿保险法》和《魁北克民法典》明确规定，若被保险人以书面形式表明了其意图，受益人的指定即是适当的，而不考虑保单条款有何规定。[③]

针对保险受益人指定之程序，笔者认为加拿大的立法及实务经验最具人性化，可资中国保险立法及实务借鉴。保险公司在保单条款中设置受益人指定的特别程序，主要是出于自身业务操作之方便及避免支付风险的考虑，但由此会增加被保险人、投保人以及受益人的不便。

（二）受益人指定的方式、方法

1. 于保险契约中指定

在保险契约中指定受益人是受益人指定所采用的最常见方式。所谓于契约中指定受益人，是指由被保险人或投保人经被保险人同意而于保险契约订立之际在保险契约中指定受益人，或于保险契约成立生效后终止前于保险契约中指定受益人之方式。立法或学说上有称此种指定受益人之方式为"契约指定"的，严格而论，此种表述并不准确。已如上述，受益人之指定乃仅以被保险人一方之意思表示即可生效之单方法律行为，指定受益人实为被保险人对保险给付利益的处分；另一方面，保险人亦无权对被保险人就受益人之指定施加干预或拒绝，盖因被保险人无论指定何人为受益人，对保险人而言并无多大利害关系。换言之，保险人对何人为保险金给付，均不增加其给付额或受有损失，故受益人之指定无须被保险人与保险人之间通过要约与承诺之缔约程序完成。正如有学者所言："指定受益人……以要保人一方意思表示即已足，无须经保险人同意（Ohne zustimmung des Versicherers），因此无须以契约为之。"[④]

---

① See David Norwood & John P.Weir, David Norwood & John P.Weir, *Norwood On Life Insurance Law In Canada*, Carswell A Thomson Company, 3rd edition, 2002, p.294.

② Doering v.Buchler,[1945]F.2d 784.

③ Ont.s.171,190.Que.C.C.2541.Zwicker v. Pettingill.[1931]2D.L.R.95(N.S.C.A.).Crown Life Insurance Co.v. Fell.[1971]I.L.R.1–436(B.C.S.C.). See David Norwood & John P.Weir, *Norwood On Life Insurance Law In Canada*, Carswell A Thomson Company, 3rd edition, 2002, p.294.

④ 刘宗荣：《保险法》，三民书局1997年版，第415页。

在保险契约或保险单上为受益人之指定的方式，即使立法上有此表述，仅能认为其系任意性规定，而非强制性规定。因此，即使被保险人在保险契约或保险单之外为受益人之指定，只要能够表明被保险人指定受益人之意图，即为有效。根据如下所列举之立法例和学说即可说明此点。

《意大利民法典》第1920条（有利于第三人的保险）第2款规定"受益人的指定可以在保险契约中或者嗣后给保险人的书面表示中，或者通过遗嘱进行……"[1]

《魁北克民法典》第2446条规定："指定受益人或代位的保单持有人应在保单或另一文件上为之，此处的另一文件可采用遗嘱形式，也可以不采取遗嘱形式。"[2]加拿大学者诺伍德、韦尔（David Norwood, John P.Weir）也指出："受益人的指定可以作为合同的一部分，包括投保申请，或者在保单上背书，但是也可以在不附于保单的单独的文件中做出。"[3]

而与上述国家和地区保险立法和实务不同的是，在英国，"在为第三人利益合同之场合，该第三人的实际姓名必须记载于保单上，否则保险合同无效"，[4]即受益人之指定必须于契约或保险单上为之，否则不生受益人指定之效力。

中国台湾地区《保险法》第108条第2款、第132条第2款分别就人寿保险契约和伤害保险契约受益人姓名及与被保险人之关系或确定受益人之方法作了规定，但对前述规定记载事项不予记载或于保险契约之外另行记载应无不可。中国台湾学者林群弼即如此认为："订约时未约定受益人或约定之受益人尚未确定者，得由要保人指定之。指定之方式或为口头或为书面，但为慎重起见，常多以书面为之。"[5]郑玉波先生也认为："指定之方法以通知为之，口头书面均无不可，但为慎重计，实例上多以书面为之。"[6]

《澳门商法典》第1034条（为第三人之利益订立之保险合同）之(一)规定："若属为第三人之利益订立之保险合同，得在合同中指定受益

---

① 费安玲　等译：《意大利民法典》，中国法大学出版社2004年版。

② 徐国栋　主编：《魁北克民法典》，孙建江　等译，中国人民大学出版社2005年版。

③ See David Norwood & John P.Weir, *Norwood On Life Insurance Law In Canada*, Carswell A Thomson Company, 3rd edition, 2002, p.292.

④ E.R.Hardy Ivamy, *Personal Accident, Life and Other Insurances*, London, Butterworths, 2nd edition, 1980, p.5.

⑤ 林群弼：《保险法论》，三民书局2003年版，第569页。

⑥ 郑玉波、刘总荣：《保险法论》，三民书局2003年版，第177页。

人……"①由此表明，受益人之指定在保险契约中为之或保险契约外为之均无不可。

我国现行《保险法》未明确规定受益人指定之方式，仅在第34条规定死亡保险合同和保险金额以被保险人书面同意为合同有效要件，此等保单的转让和质押，亦同。由此规定不能排除于保险契约中为受益人指定之可能，况且保险契约为不要式契约，受益人之指定亦为单独行为，故无须经由保险人承诺或认可。基于上述，我国保险法关于受益人指定之方式可推定为不要式，尽管在实务上大多于保险契约或保险单上为之。

基于上述，根据大多数国家或地区立法之规定或保险实务之惯常做法，受益人的指定既可在保险合同或保险单上进行（并非必须于保险合同或保险单上为之），也可以在保险合同之外以其他方式为之。这一做法与受益人指定的单方行为性质相合。

2. 于遗嘱中指定

所谓于遗嘱中指定受益人，即被保险人在保险契约或保险单之外，将指定受益人的意思通过遗嘱予以表达的方式。如同被继承人设立遗嘱指定其财产继承人一样，被保险人以遗嘱指定保险受益人也是以其单方意思表示而处分保险契约利益的单方法律行为。唯与继承法上的遗嘱不同的是，指定保险受益人之遗嘱，并不以继承法所规定的遗嘱的全部有效要件为受益人指定之有效要件，因为遗嘱只是受益人指定这一意思表示的载体而已，只要该意思明确即可。换言之，在保险合同或保险单之外，不以遗嘱而以其他方式指定受益人亦无不可，关键在于能明确被保险人指定何人为受益人的意图即可。以下将对一些以遗嘱指定保险受益人之立法例及学说做一介评。

在中国区际法域内，澳门和台湾地区之立法均允许以遗嘱作为保险受益人指定之方式。根据中国台湾地区《保险法》第111条之规定，以可撤销的意思表示指定的受益人，于受益人指定后，仍可以遗嘱予以变更。②鉴于受益人指定和指定变更系同一性质之法律行为，可以推断出受益人指定亦可采用遗嘱方式。《澳门商法典》第1034条第1款（为第三人之利益订立之保险合同）规定："若属为第三人之利益订立之保险合同，得在合同中指定受益人，或于日后透过向保险人作出之书面意思表示，又或在遗嘱

---

① 参见中国政法大学澳门研究中心、澳门政府法律翻译办公室 编：《澳门商法典》，中国政法大学出版社1999年版。

② 中国台湾地区《保险法》第11条规定："受益人经指定后，要保人对其保险利益，除声明放弃处分权者外，仍得以契约或遗嘱处分之。"

内指定受益人。"复于第3款规定："在遗嘱中将保险金额作出分配，在一切效力上，视为受益人之指定。"这一规定已十分清楚地将遗嘱作为指定受益人之方式。

《日本保险法》分别在生命保险契约一章之第44条第1款和伤害疾病定额保险契约一章之第73条第1款做了相同的规定，即保险受益人之变更可以遗嘱方式为之。[①]根据此规定当可推导出受益人的指定亦可通过遗嘱进行。根据受益人指定的单方法律行为的性质以及法律规范的体系解释方法推论，受益人的指定也应可通过遗嘱为之。因为，受益人的原初指定是嗣后变更的前提。既然法律规定受益人的变更可以通过遗嘱方式为之，那么指定也应可采用遗嘱方式。由此无法得出指定的方式不可以遗嘱为之的相反结论。

《意大利民法典》第1920条（有利于第三人的保险）第2款规定："受益人的指定可以在保险契约中，或嗣后给保险人的书面表示中，或者通过遗嘱进行；即使受益人仅被一般性指定，保险仍然有效。在遗嘱中有利于特定人的保险金归属，与指定具有同等的效力。"此规定已非常明确地将遗嘱作为受益人指定的方式之一。

《法国保险合同法》针对保险受益人的指定和指定变更的方式列举规定了遗嘱这一方式。[②]

依照《魁北克民法典》第2446条之规定："指定受益人……可采用遗嘱形式，也可以不采取遗嘱形式。"遗嘱亦为保险受益人指定方式之一。关于遗嘱指定受益人的效力，该法第245条规定："遗嘱因形式瑕疵无效的，其中包含的指定或撤销并不仅因这一理由无效。但若遗嘱被撤销，此等指定或撤销归于无效。在遗嘱中所为的指定或撤销不得用于对抗签署遗嘱后的另一指定或撤销，也不得用于对抗签署遗嘱前的指定，但遗嘱提到了有关的保单或遗嘱人明确表示此等意图的，不在此限。"此外，在加拿大普通法各省，以遗嘱单独为受益人之指定具有与遗嘱之外的指定同等的

---

① 　《日本保险法》第44条第1款、第73条第1款均规定："（受益人的遗嘱变更）保险受益人可以通过遗嘱方式予以变更。"

② 　《法国保险合同法》L.132-8第6款规定："投保人有权指定受益人或变更先前指定的受益人……投保人的上述行为可以保险合同的附文形式做出，或以《民法典》第1690条规定的格式做出，或对可转让的保险单以背书形式做出，或以遗嘱形式做出。"L.132-25条规定："如果保险人不知遗嘱或其他形式指定的受益人，或其他受益人的接受，或指定的撤销，保险人……给付年金的，构成善意给付。"

效力，其例外只是遗嘱里所为的指定不能是不可撤销的指定^①以遗嘱作为指定受益人之方式，有两种情形：一是以遗嘱为单独的受益人之指定，即以保险受益人指定为遗嘱之全部内容；二是受益人之指定仅为遗嘱之一项条款。区别遗嘱中单独的受益人的指定与在遗嘱中将保险金作为遗赠的遗嘱条款是很重要的。因为，在前一种情况下，人寿保险之保险金存在于遗产之外；而在后者，保险金之归属因借由遗产而受制于被保险人之债权人。[2]

虽然遗嘱，且作为遗嘱，"从死亡之日起执行"，其中受益人的指定被认为是单独的指定。因此，遗嘱执行之日，而非被保险人死亡之日将被作为该专门指定的生效之日。而遗嘱执行日后所为受益人的指定将优先于遗嘱。[3]例如，被保险人于2018年某月某日立了一份遗嘱并于其中指定甲为保险受益人，然后于2019年的某月某日作了以乙为保险受益人的指定，那么以乙为受益人的指定将取代以甲为受益人的指定，尽管被保险人后来去世留下了指定甲为受益人的遗嘱。

当然，根据遗嘱规则，遗嘱若未采用必要的形式，作为遗嘱它将是无效的。但是，由于保险受益人的指定乃单独的指定，而且保险受益人的指定无须任何特定形式或证人证明。因此，遗嘱中保险受益人的指定即为适当的指定，尽管遗嘱本身是无效的。然而，撤销遗嘱会随之撤销其中的受益人的指定。[4]相似的情形是，遗嘱里对某个特定人的遗赠根据适用于遗赠的法律而可能为无效遗赠，但是，又因为遗嘱里保险受益人的指定乃一专门的指定，而保险金并不依遗嘱作为赠与物，所以，遗嘱里的受益人指定仍成立，即使遗嘱不符合要式形式而为无效遗赠。[5]这一规则的道理在于单独的受益人指定揭示了被保险人的意图并且就像其本应是那样而被认为有效，如同在遗嘱之外为之一样。

如上所述，遗嘱里保险受益人指定的内容或条款的效力具有独立性，根据继承法规则因形式欠缺或瑕疵而无效的遗嘱里受益人的指定，仍为一有效指定，即使作为遗嘱的遗嘱是无效的。[6]但是，遗嘱人对遗嘱的撤销，

---

① See David Norwood & John P.Weir, *Norwood On Life Insurance Law In Canada*, Carswell A Thomson Company, 3rd edition, 2002, p.303.

② See David Norwood & John P.Weir, *Norwood On Life Insurance Law In Canada*, Carswell A Thomson Company, 3rd edition, 2002, p.309.

③ Ont.,s.192(2).Que.C.C.2450.

④ Ont.,s.192(1).Que.C.C.2450.

⑤ Ont.,s.192(1).

⑥ Ont.,s.192(3).Que.C.C.2450.

是其变更遗嘱里所指定受益人意图的明显反映。类似情形为，当特定情形变化时，法律推定遗嘱人的意图发生了变化，尽管遗嘱人或许还没想过要撤销一份有效遗嘱，因而，遗嘱里受益人的指定也相应地被认为撤销。

在加拿大普通法各省所施行的《统一人寿保险法》有意特别拓宽遗嘱适用于这样的情形：若保险受益人的指定存在于一份遗嘱中，而该遗嘱结果无效，那么因其为无效遗嘱，也就不受撤销规则的约束。例如，如果被保险人为其妹妹而设立一有效遗嘱，而后来在该遗嘱依法将被撤销的情形下结婚，那么整个遗嘱连同里面受益人的指定都将无效，因而，以其妹妹为受益人的指定亦将被推翻。但是，如果该遗嘱作为遗嘱自始即为无效，其所包含的受益人的指定有效，那么在被保险人后来结婚时适用于撤销遗嘱的法律即不适用，而以其妹妹为受益人的指定仍将有效。因此，根据《统一人寿保险法》①规定，如果一意图为遗嘱的法律文件会被撤销，而如果作为遗嘱其曾经有效，那么存在于其中的受益人的指定也将被撤销。

在美国有些州，只要保险单没有特别规定受益人变更的其他方式，或者受益人的变更方式并不排除其他形式，被保险人可以通过遗嘱变更受益人的指定。②仍如上文所述，通过受益人变更可采用的某种方式的规定，亦可推断出受益人指定亦可采用同样的方式。另一方面，美国也有某些州不接受遗嘱变更受益人之方式。如德克萨斯州保险公司所提供的受益人变更申请表格中有这样的说明——指定德克萨斯保险受益人：在美国一些州，不要错误地认为你可以在遗嘱里变更受益人。在遗嘱里所为的受益人之变更不能够推翻受益人指定表格中所为的受益人的指定。如果你要变更受益人，须在受益人变更申请表格上为之，而不要指望以遗嘱为之。以此推论，受益人的指定是否可以遗嘱方式为之，似应与受益人变更可否以遗嘱方式为之具有相同的结论。

我国现行《保险法》因对受益人指定未规定要式形式，这与保险合同为不要式合同的规定相一致，但未就受益人指定方式做任意性示范列举。因此，根据意思自治原则以及保险契约为不要式契约之性质，被保险人当可以遗嘱以及其他方式指定受益人。

3. 其他指定方式

所谓其他方式指定，是指除在保险契约或保险单以及遗嘱指定受益人

---

①　Ont.,s.192(4).

②　Muriel L.Crawford, *Law & Life Insurance Contract*, Richard D. Irwin, Inc., th edition,1994, p.262.

之外，以其他形式指定受益人之意。其他方式在保险实务中多以书面文件为之，如纸质信函、传真、电子邮件等。既然法律对指定保险受益人之方式采用非强制性态度，当事人只要以客观可适当理解之方式指定受益人皆无不可。

如《澳门商法典》第1034条（为第三人之利益订立之保险合同）第1款规定："若属为第三人之利益订立之保险合同，得在合同中指定受益人，或于日后透过向保险人作出之书面意思表示，又或在遗嘱内指定受益人。"这一条款以列举的方式规定了受益人指定可采用的形式，包括保险契约、遗嘱和其他书面形式。

《意大利民法典》第1920条（有利于第三人的保险）第2款之规定也清楚表明受益人之指定可以在保险契约之外以（非遗嘱方式）其他方式指定。[①] 由《魁北克民法典》第2446条之规定亦可得出相同的结论。[②]

虽然中国台湾地区《保险法》第108条、第132条均规定受益人之指定应于保险契约内予以记载之方式为之，[③] 但依受益人指定之性质，此规定应为任意性规定，故于保险契约或保险单以及遗嘱之外，被保险人仍可以其他方式为受益人之指定。

中国大陆地区《保险法》没有受益人指定方式之规定，依私法之意思自治原则，被保险人得于保险契约或保险单以及遗嘱之外，以其他方式为受益人之指定。因此未来中国大陆或台湾地区修法，可就保险受益人指定之方式做示范性列举规定。

六、受益人指定之解释

在为他人利益的保险合同中，受益人的指定是被保险人对保险契约利

---

① 《意大利民法典》第1920条（有利于第三人的保险）第2款规定："受益人的指定可以在保险契约中，或者嗣后给保险人的书面表示中，或者通过遗嘱进行；即使受益人仅被一般性确定，保险仍然有效……"

② 《魁北克民法典》第2446条规定："指定受益人或代位的保单持有人应在保单或另一文件上为之，此处的另一文件可采用遗嘱形式，也可以不采取遗嘱形式。"

③ 中国台湾地区《保险法》第108条、第132条第2项同时规定："人寿保险契约，除记载第55条规定事项外，并应载明左列事项……二、受益人姓名及与被保险人之关系或确定受益人之方法……"

益的处分。通说认为，受益人的指定是无相对人的单独行为，[①]这对于被指定的受益人而言，当无疑问，其类似于被继承人以遗嘱指定继承人；对于保险人而言，无论被保险人指定何人为受益人，其均应在保险合同的框架内履行保险给付义务。但被保险人在保险合同生效后指定受益人的，则会引起保险给付对象的变化，即由法定第一受益人（被保险人）变更为指定的第三受益人为给付对象。以此而论，受益人的指定应以保险人为相对人，被保险人或指定人不为指定通知的，不得以此对抗保险人。被保险人或指定权人为受益人指定时，若指名道姓地指定受益人，尤其以身份证或户口簿上所载信息等法定身份信息指定的情形，受益人是何人是很明确的。但是，根据受益人指定的单方法律行为之性质及其所依据的意思自治原则，若被保险人或指定权人不愿实名指定受益人的，保险人自然不得强制被保险人实名指定或拒绝非实名指定。因此，在现实生活中因受益人指定的方式、方法各异，难免发生受益人确定的纠纷或麻烦。比如与被指定的受益人姓名相同之数人，都请求保险金之给付的现象，值此情形，保险金当如何处理？又如被保险人以笔名、昵称等指定受益人的，该受益人如何确定？在中国大陆保险实务中常以"法定""法定受益人"等文句为受益人指定之表述，受益人又当如何确定？再设若被保险人以"妻子""丈夫""子女""继承人"等身份指定时，指定后被保险人与受益人之间身份关系发生变化的，就会出现究竟以指定之时的身份确定受益人，还是以保险事故发生时存在的身份确定受益人的疑问。

上述各种疑问，属于私法上法律行为的解释问题，需运用法律行为意思表示的理论来解释受益人之确定。虽然受益人的指定因指定权人单方意思表示即可为之，具有单独行为的性格，但是对于履行保险给付义务的保险人来说具有一定的利害关系。因此，在解释受益人指定行为时，是采用"尽可能探求真意"的单独行为的主观解释方法，还是采用"合同中体现的且为相对人（保险人）所能理解的"客观解释方法，以下将对此一一论之。

（一）受益人指定的解释方法

意思表示是法律行为的工具，对法律行为的解释就是对表意人的意思表示的解释。我国《民法典》总则编第142条根据有无相对人而对法律

---

① 参见江朝国：《保险法逐条释义 第四卷 人身保险》，元照出版有限公司2015年版，第331~333页。

行为意思表示的解释方法做了区分。①两相对比，主要区别在于：有相对人的法律行为之解释采用以文义为基础的客观主义解释方法，而无相对人的法律行为之解释采用偏主观主义的解释方法。总体而言，这种分别法律行为之性质或样态而采用不同解释方法的思路是妥当的。就保险受益人的指定而言，受益人的指定具有单独行为的性质，类似于被继承人以遗嘱指定继承人，对于被指定的受益人，不必将指定的意思通知于他（她），更无须经其同意。这样处理，对于防阻来自受益人的道德危险具有重要的意义。因此从被保险人与受益人的关系之角度考虑，受益人的指定应采用"尽可能探求真意"的单方行为（以遗嘱为典型）的主观解释方法，如此才能符合被保险人的真实意思。

虽然受益人的指定为单独行为，指定何人为受益人，与保险人无重大利害关系，但保险人对指定的受益人于保险事故发生时应履行给付保险金之义务，若受益人指定不明确，或多个受益人竞相请求给付保险金时，会延长理赔的进程、影响保险人理赔的效率、增加理赔的成本、甚至可能导致保险人双重给付的风险。因此，相对于保险人，受益人的指定则为有相对人的单独行为。根据《民法典》第142条第1款之规定，受益人指定的解释似应采用能为"保险人所理解"的客观解释方法。这种考虑保险人利益的客观解释方法，对于处于交易当事人地位的保险人而言可能是妥当的。尤其在把对保险人的关系与争夺保险金给付请求权的众多"受益人"之间的关系分开处理，前者采用客观解释方法，后者采用主观解释方法，从解释论的观点看，似乎是两全其美的。依据这种思路，能够以受益人的身份向保险人请求给付保险金的，是依据指定权人的指定行为的客观解释确定的受益人。依据指定行为中没有体现的其他种种情况，能够证明指定权人的主观意思是指定其他人为受益人的，在对保险人的关系上，该其他人就成为受益人，得向从保险人处受领保险金给付之人请求不当得利之返还。这种做相对处理的思路，在日本获得了学说上较为广泛的支持。但也有反对者认为，采用相对的解释方法确定实体法上的权利人，在逻辑上难以自洽，且可能导致法律关系的复杂化。针对同一个法律行为，在不同的法律关系中，依据相对的解释基准，采用不同的解释方法，这种解决方案是牵强的。一言以蔽之，对于同一法律行为的解释，主观解释与客观解释无法

---

① 《中华人民共和国民法典》第142条规定："有相对人的意思表示的解释，应当按照所使用的词句，结合相关条款、行为的性质和目的、习惯以及诚信原则，确定意思表示的含义。无相对人的意思表示的解释，不能完全拘泥于所使用的词句，而应当结合相关条款、行为的性质和目的、习惯以及诚信原则，确定行为人的真实意思。"

同时采用，只能择其一而为之。对此，山下友信主张仍然以客观解释为基础。[1]而笔者认为，基于受益人指定的单独行为之性质，应以主观解释为基础，这符合被保险人的真实意思，也与指定的单独行为的性质相符合，更与保险契约以被保险人为损害填补对象之目的相一致。但为兼顾保险人之利益，避免保险人双重给付之风险，赋予受益人指定之意思以通知发生对抗保险人的效力已属妥当，并且事实上大多数国家之保险法或判例均采用这种以主观解释为原则、适当兼顾保险人之缓和的主观解释方法。

（二）具体事例与解释

1. 无指定的情形

根据大多数国家和地区立法通例，在保险契约未指定受益人，且系非以死亡为保险给付条件时，被保险人因对保险契约利益享有固有权利，即应以之为法定第一受益人。[2]反之，在保险契约未指定受益人，且以被保险人之死亡为保险给付条件下，根据中国大陆地区《保险法》第42条之规定，保险金作为被保险人之遗产由其继承人根据《民法典》继承编法定继承规则继承之。[3]但对此规定做文义解释，被保险人的继承人是以继承人名义领取已转化为遗产的保险金，而非以受益人名义领取未转化为遗产的保险金。在这种情况下，国外的处理方法有两种，一种与我国保险法的规定相似，即保险金遗产化处理；另一种是保险金非遗产化处理。两种处理方法，何者可取，后文拟做详论。

2. 以笔名、昵称等指定的情形

在中国大陆保险实务和司法实践中，似未曾出现以笔名、昵称等信息指定受益人的案例，也没有相应的司法解释对此情形加以规定。如果出现这种情形，可以参考或借鉴有关国家的做法。

在加拿大，不必使用被指定的受益人的正式法律姓名，而以昵称或其他为被保险人所熟知的名字指定受益人也可得到法院及保险实务的认可。[4]例如，X先生以"牡丹"为名指定了受益人，此外再无其他指认方式，这就足够了——只要通过"牡丹"这一昵称能够确认指定人以此名相称且认识

---

① ［日］山下友信：《保险法》，有斐阁2005年版，第493页。

② 参见《中华人民共和国保险法》第12条；中国台湾地区《保险法》第4条、第5条。

③ 《中华人民共和国保险法》第42条规定："被保险人死亡后，有下列情形之一的，保险金作为被保险人的遗产，由保险人依照《中华人民共和国继承法》的规定履行给付保险金的义务：（一）没有指定受益人，或者受益人指定不明无法确定的……"

④ Moran, Re(1910), 17 O.W.R.578, 2 O.W.N. 293(Ont. H.C.). See David Norwood & John P. Weir, *Norwood On Life Insurance Law In Canada*, Carswell A Thomson Company, 3rd edition, 2002, p.299.

该人即可。如果 X 先生以"牡丹，我的妻子"指定了受益人，而结果表明"牡丹"不是他的妻子，但是他确曾有一名叫"普鲁登斯"的妻子，"妻子"的表述并不推翻以"牡丹"（不管其名字是什么）相称之人作为保险金受领人"的意图。[①] 但是，若结果表明被保险人是借由"牡丹"之名而熟知与其共同生活的女人和法定妻子的称呼，那么 X 先生就遇到了问题，至少是受益人的指定有问题。例如，在一案件中，两位女士有一相同的名字，就被保险人之意图为何以及仅凭所记载的受益人名字本身而认为法定的 X 妻子就是受益人而言，法院认为不能随意采纳口头证据予以认定。[②]

上述表明，在以名字指定受益人这一问题上，法院和保险实务均持宽容之态度，只要能够表明被保险人以签名的书面形式使其意图明了，而受益人亦能够确认，就会得到法院的支持。

在中国大陆保险实务中，各人寿保险公司所拟定的受益人条款均规定，以死亡为保险给付条件的，当事人可以指定受益人，否则，保险公司拒绝接受受益人的指定。而且保险公司在当事人指定受益人时，大多要求实名指定，即要求填写受益人的居民身份证上之姓名及号码以作为确认受益人之依据。此举对保险公司来说固然稳妥，很少会因受益人相关信息发生理赔纠纷，即使有与记载的受益人同名同姓者，但身份证号码也相同的现象几乎为零，从而也不会出现双重支付之风险。但对被保险人或投保人而言，此种做法可能过于僵硬而多有不便，甚至构成被保险人指定其所属意的人为受益人的障碍。尤其在保险契约订立后经过若干时间被保险人才指定受益人时，如遇被保险人与受益人相隔遥远等情形而无法及时获得受益人之法定身份信息或受益人身份证件丢失而尚未补办等情况而遭到保险公司拒绝时，又恰遇被保险人在未完成受益人指定情形下随后即不幸离世，那么，依据我国保险法之规定，保险金将作为被保险人的遗产由其继承人继承，而这一结果未必符合被保险人之意愿。或者被保险人与保险人签订保险契约时欲指定受益人，但由于上述原因而未能提供欲指定之人法定身份信息，被保险人可能暂时签订了契约而搁置受益人的指定，也有可能索性放弃订立保险契约之念头，这对保险人而言则意味着失去了一位客户或一笔保费收入，也使被保险人错过了以保险合同转移风险的机会并因此而感到扫兴。再者，指定受益人若要求实名制，而被保险人若欲指定的

---

① Kirkby v. Booth(1963), [1964] I.O.R.286,42 D.L.R.(2d)32(Ont.H.C.). See David Norwood & John P.Weir, *Norwood On Life Insurance Law In Canada*, Carswell A Thomson Company, 3rd edition, 2002, p.299.

② Shawaga.Re, [1944]2 W.W.R.402,11 I.L.R.256.[1944]4D.L.R.410(Sask.K.B.).

受益人为胎儿甚至将来的人，则其愿望更无可能实现了。还有，若要求被指定的受益人姓名采用实名制，则有可能不利于保护或尊重被保险人或受益人之隐私。因此，要求实名指定受益人的保险条款既不符合情理，也与私法自治精神难相符合。因为被保险人指定受益人乃基于意思自治而实施的单方法律行为，无须保险人之同意，也不应受保险人阻挠或干涉。

基于上述，笔者认为，针对以名字指定受益人所存在的问题，加拿大的经验颇值我国的司法实践和保险实务参考与借鉴。因此笔者建议保险公司在拟定的保险条款里，或在保险展业宣传手册或其他信息载体上，倡导性地提出受益人指定的建议，或将指定的方式加以列举，并表明其倾向性的意图而不宜以单一甚至"强制性"条款为规则。

3. 以"法定""法定受益人"和"法定继承人"指定的情形

在中国大陆保险实务中，投保人或被保险人常常在保险合同受益人指定一栏书写"法定"或"法定受益人"等字句，其意应该是根据法律规定来确定受益人。其实这种表述与未指定受益人的效果一样。根据中国大陆和台湾地区保险法关于被保险人、财产保险、人身保险和保险标的等概念之规定，被保险人乃固有之保险金请求权人。因此，在保险契约未指定受益人的情况下，被保险人即为法定第一受益人。[①]但是，在是否以被保险人之死亡为保险事故的条件下，保险金之归属有两种处理方法：不以被保险人死亡为保险金给付条件的，被保险人即为法定第一受益人，如前所述。[②]以被保险人死亡为保险金给付条件的，被保险人死亡即保险事故发生，保险金给付条件成就，但被保险人因死亡而权利能力终止，保险金归入其遗产由其继承人依《民法典》继承编之规定继承。因此，在后一种情况下，保单上所记载之"法定"或"法定受益人"，首先应适用保险法的规定而确定保险金之归属。因为保险法是专门规范保险契约关系的特别法。具体而言应适用我国现行《保险法》第42条之规定，又根据该条之指引，则应以《民法典》继承编法定继承制规则为准据法，首先由第一顺序继承

---

①　参见《中华人民共和国保险法》第12条第3款、第4款和第5款；《中华人民共和国保险法》(2002年版)第12条第4款；中国台湾地区《保险法》第4条。

②　《中华人民共和国保险法》第12条第5款前句："被保险人是指其财产或者人身受保险合同保障，享有保险金请求权的人。"

人继承，没有第一顺序继承人的，由第二顺序继承人继承。[①]但此种情况下取得作为遗产之保险金的继承人，绝非所谓的"法定受益人"。

从文义解释出发，《保险法》第42条中所谓的"保险金"已转化为遗产，被保险人的继承人是以法定继承人名义领取遗产，而不是以保险受益人名义受领保险金。保险金债权具有独立性，不受被保险人、投保人或受益人之债权人的追索，也不是应纳税所得收益。而保险金作为遗产则受债权人追索，也属于应纳税所得收益。然而《保险法司法解释三》第9条第2款第1项规定所使用的文句，其文义十分清楚，[②]与《保险法》第42条将保险金遗产化处理的规定相反，即对死亡保险金似乎采用了非遗产化处理，被保险人之法定继承人是以保险受益人的身份或名义受领保险金的。虽然笔者也持保险金非遗产化处理之主张，但在立法被修改之前，《保险法司法解释三》不应做出与制定法完全相反的规定，因司法机关无法律修订权，只能根据制定法相关条款的原意或目的进行司法解释。所谓司法解释，首先应是对制定法规范文义之解释，如果文义清楚明了，即无须解释，或者只能在文义基础上进行不违背立法原意或目的之体系解释、限缩或扩张解释，而不能改变制定法规范的性质，否则就构成立法解释或法律修订了。而令人疑惑的是，根据《保险法司法解释三》第14条的规定，保险金的处理仍然遵循的是《保险法》第42条的规定，即将保险金遗产化处理，被保险人的继承人并不是以保险受益人的名义受领保险金，仍然是以法定继承人名义继承遗产化的保险金。[③]因此，《保险法司法解释三》第14条与第9条第2款第1项对保险金的非遗产化处理立场是完全相反的。同一司法解释对同一问题做出文义完全相反的规定的是完全应该避免的。但《保险法司法解释三》的制定者对《保险法》第42条和该解释的第9条所

---

① 《中华人民共和国保险法》第42条规定："被保险人死亡后，有下列情形之一的，保险金作为被保险人的遗产，由保险人依照《中华人民共和国继承法》的规定履行给付保险金的义务：（一）没有指定受益人，或者受益人指定不明无法确定的；（二）受益人先于被保险人死亡，没有其他受益人的；（三）受益人依法丧失受益权或者放弃受益权，没有其他受益人的。受益人与被保险人在同一事件中死亡，且不能确定死亡先后顺序的，推定受益人死亡在先。"

② 《最高人民法院关于适用〈中华人民共和国保险法〉若干问题的解释（三）》（法释〔2015〕21号）第9条第2款第1项规定："当事人对保险合同约定的受益人存在争议，除投保人、被保险人在保险合同之外另有约定外，按以下情形分别处理：（一）受益人约定为'法定'或者'法定继承人'的，以继承法规定的法定继承人为受益人。"

③ 《最高人民法院关于适用〈中华人民共和国保险法〉若干问题的解释（三）》（法释〔2015〕21号）第14条规定："保险金根据保险法第42条规定作为被保险人遗产，被保险人的继承人要求保险人给付保险金，保险人以其已向持有保险单的被保险人的其他继承人给付保险金为由抗辩的，人民法院应予支持。"

做的解释仍然认为，中国大陆就死亡保险金采取的是遗产化的处理措施。[①]由此表明《保险法司法解释三》第9条第2款第1项所使用的语言存在词不达意的错误。

但是，笔者认为《保险法司法解释三》应以《保险法》第42条为根据，与保险金遗产化处理的相关条文的表述应保持一致。而且笔者更希望在未来修改《保险法》时改采用保险金非遗产化的处理模式。

另外《保险法司法解释三》第9条第2款第1项对以"法定"与"法定继承人"两个不同文句所表述的受益人指定做相同的解释与处理，显得有些武断或任性。因为，仅从文义来看，"法定"与"法定继承人"差别非常显著。已如上述，"法定"的表述与未指定受益人无异，其效果也是根据法律规定确定保险金的性质及其归属；而"法定继承人"则比"法定"一词之含义明确许多，应理解为以法定继承人指定为保险受益人之意，而且这种指定方法在美国保险法理论上称为"class designations"，即与指名道姓的具体指定相对应的类别指定，与使用"配偶""孩子"或"父母"等文句指定的意义同属一理。虽然《保险法司法解释三》将"法定"与"法定继承人"做了效果相同的处理，但在解释的方法上明显差强人意，难以使人苟同。以"法定受益人"之文句指定受益人的司法案例可参见安徽省六安市中级人民法院（2014）"六民二中字第00299号民事判决书"。

4. 以身份关系指定受益人之情形

以身份关系指定受益人，即指定权人不是指名道姓，而是以被指定人与其所存在的身份关系确定受益人的方法。如指定权人以"妻子、我的妻子"或"丈夫、我的丈夫""孩子、我的孩子"等称谓指定受益人。正所谓"受益人不必以姓名确定，也无须于指定之时存在，只要能使受领保险金之人可以认定即可"。[②]或所谓"受益人之指定只要可以充分理解及客观，即使以概括或间接方式指定亦有效"。[③]

以身份关系指定受益人几乎是各国和地区保险实务中都存在的做法，司法实践或判例也认可这种指定方式，其概括性强，可以避免指名道姓指

---

① 参见杜万华 主编：《最高人民法院关于保险法司法解释（三）理解适用与实务指导》，中国法制出版社2016年版，第249页。

② See David Norwood & John P.Weir, *Norwood On Life Insurance Law In Canada*, Carswell A Thomson Company, 3rd edition, 2002, p.299.

③ 参见《澳门商法典》第1034条；中国政法大学澳门研究中心、澳门政府法律翻译办公室 编，中国政法大学出版社1999年版。《意大利民法典》第1920条（有利于第三人的保险）（2）规定，"即使受益人仅被一般性确定，保险仍然有效"；费安玲 等译，中国法大学出版社2004年版。

定的特定受益人先于保险事故发生前死亡而无人受领保险金或频繁变更受益人之繁琐。但以身份关系指定受益人的缺点是受益人与被保险人之间所存在的身份关系有发生变化的可能，一旦身份关系发生变化即会产生以何时存在的身份关系确定受益人之问题。

以身份关系指定受益人的，在被保险人和被指定的受益人之间的身份关系发生变化或终止时，则会发生保险金给付请求之争。最典型者如夫妻离婚，婚姻关系存续期间被指定为受益人的一方，离婚后是否仍有权以配偶身份请求给付保险金？或者夫妻离婚之后又再婚的，前妻（夫）与现任妻子（丈夫）都主张给付保险金的，何者有权主张给付保险金？类似的比如指定权人和被指定的受益人之间存在收养关系，收养关系的解除也会产生原被收养人是否有权请求给付保险金，乃至发生已解除收养关系的被收养人与新建立收养关系的被收养人之间争相主张给付保险金的纠纷。

（1）以配偶身份指定的情形

以"配偶"身份所表述的受益人指定，会产生被保险人究竟是意图使指定之时的配偶、再婚的配偶，还是被保险人死亡时存在配偶关系之配偶受领保险金的疑问。加拿大1962年《统一人寿保险法》之前的案件是以不同的成文法规范判决的，这些判决判定再婚之配偶在保单条件成就时获得保险金。[①]而依1962年《统一人寿保险法》，受益人先于被保险人死亡的，产生保险契约利益回归被保险人之效果[②]。这因此而似乎表明，不论受益人是否为指名或未指名之配偶，其先于被保险人死亡的，保险金将归入被保险人之遗产，而并不为再婚之配偶保留。

与受益人先于被保险人死亡之效果不同的是，对配偶受益人的离婚，1962年《统一人寿保险法》根本未涉及，而依《魁北克民法典》，则明确规定离婚消灭此等受益人之保险金权益，婚姻之宣告无效亦产生同样之结果。[③]这似乎表明，在适用1962年《统一人寿保险法》之普通法的各省，若没有被保险人之撤销或变更受益人之行为，离婚之受益人仍保持其受益人之地位。

会引发争议的是，例如以"我的配偶"之表述而最初指定的受益人，被保险人的意图是使再婚之配偶而不是已离婚之前配偶受益，依据推理，应该是因被保险人之死亡而遭受经济损失的配偶应当受益，而不是已离异

① See David Norwood & John P.Weir, *Norwood On Life Insurance Law In Canada*, Carswell A Thomson Company, 3rd edition, 2002, p.299.

② Ont.s.194(1)(c).

③ Que.C.C.2459.

的配偶。①然而以"我的配偶"之表述指定被认为是指保单条件成就时再婚之配偶，而非已离婚之配偶，并不是法律的明文规定。若被保险人于申请投保时将配偶限定于"投保时"，则当时之配偶将获得保险金而不考虑离婚或者再婚。②

另一方面，指名的配偶于离婚时仍保持受益人之地位，因为这是为特定人之利益所做的指定。③

针对以"配偶"身份而不指名的方式指定受益人之情形，在日本通说认为，在被保险人死亡时有合法配偶身份的人为受益人。④

在美国，有些州的判例和制定法以被保险人之遗孀为保险受益人，这类似于前述日本通说所表达的做法。而美国法院几乎一致认为，诸如"被保险人的妻子"这样的表达只是描述性的。如果被保险人指定"妻子"为受益人而未写她的名字，那么合法妻子将有权领取保险金。⑤在 In Manufacturers Life Insurance Co. v. Dougherty⑥一案中，被保险人之遗孀和前妻对以前妻为第一顺位受益人的两份保险单下的保险金都提出了请求。法院注意到，宾夕法尼亚州法律规定以前配偶为受益人的指定无效，除非法院认为该指定意在避开离婚之影响。

中国台湾保险实务上所采用之通行做法与日本之通说类似：即若无要保人明确意思表示，则应以保险事故发生之时与被保险人依法结婚之配偶为受益人，且于请求保险金额时仍然生存者为限，不包括情人或同居人。因此，离婚或婚姻之无效等原因均足以使以"配偶"为身份的指定归于无效，因离婚期间已无保险利益之存在，这一点应无疑问。⑦

上述各国和地区的制定法、判例和保险实务惯例各有其理而无绝对

---

① See David Norwood & John P.Weir, *Norwood On Life Insurance Law In Canada*, Carswell A Thomson Company, 3rd edition, 2002, p.299.

② Eaton Life Assurance Co. v. LeNeat(1988),33C.C.L.I.291(Man.Q.B.).

③ See David Norwood & John P.Weir, *Norwood On Life Insurance Law In Canada*, Carswell A Thomson Company, 3rd edition, 2002, p.300.

④ 参见［日］大森：《保险法》，第274页注（3）；转引自李红卫：《保险受益人的指定与变更——中日保险法比较研究》；载王保树 主编：《商事法论集》（第9卷）。

⑤ See Muriel L.Crawford, *Law & Life Insurance Contract*, Richard D. Irwin, Inc., 7th edition,1994, pp.247~248.

⑥ 986 F. Supp. 928 (E.D. Pa. 1997).>ENDFN, see Joseph J. Hasman, William A. Chittenden III & Joshua L. Smith, *Recent Developments In Health Insurance And Life Insurance Case Law*, Tort & Insurance Law Journal Winter, 1999.

⑦ 台北市人寿保险商业同业公会、人寿保险业务发展委员会：《寿险法律实务之研究》，1983年版，第43~45页。

优劣之分。但笔者认为，以抽象之"配偶"关系指定的受益人，究竟是以被保险人指定当时的配偶、还是再婚的配偶，抑或被保险人死亡时的配偶为最终受益人，首先应探求被保险人之真实意图以决定保险金之归属，仅在无法探知被保险人之真意时，以被保险人死亡之时的配偶为受益人。例如，与被保险人离婚的前配偶仍健在，被保险人再婚之配偶也健在，且于保险事故发生时仍为被保险人之合法配偶，那么如果被保险人与前配偶婚姻关系存续期间，夫妻关系尚属和睦，又经协议离婚，且被保险人对其心怀歉疚，而且被保险人也有充足的时间可以变更受益人而并未为之，同时前配偶较被保险人现实经济状况逊色，则可以认为使前配偶受益为被保险人之真实意图；反之，则应推定使现任配偶受益乃被保险人之真实意图；如果无从探知被保险人之真实意图时，则以保险事故发生时之配偶为保险受益人较妥。

（2）以子女身份指定的情形

若以"子女"之身份指定受益人，子女的范围如何，即除婚生子女外，非婚生子女、养子女、继子女是否亦包括在内，各国法律规定或判例规则并不一致。在中国大陆，被保险人若以"子女"指定保险受益人时，被保险人若无明确的意思表示，子女的范围应当以《民法典》继承编和婚姻编所规定的子女为准，即包括婚生子女、非婚生子女、养子女和与被保险人形成抚养关系的继子女。但是，对这类受益人的指定只能在被保险人死亡时，才能将保险金支付给予被保险人死后仍活着的子女，先于被保险人死亡的子女之受益份额不得通过继承而转移给该子女之继承人。

在加拿大，子女包括受益人指定之日前后被保险人的所有亲生子女，判例还把非婚生子女、继子女和养子女亦包括在内。[①]在以子女为受益人的做法上，加拿大与中国基本一致。在加拿大魁北克省，如果一子女在被保险人死亡之时还在孕中，这个假定要出生的孩子将拥有一份保险金。[②]

在美国，法院对"子女"一词的确切含义意见不一。一些法院认为"子女"这一术语包括非婚生子女，但其他法院认为不包括非婚生生子女，而趋势是包括非婚生子女。指定之后出生的子女通常也包括在内，但在某些情况下他们被排除在外。如果被保险人的子女是指定受益人，被保险人

---

① 根据Plummer v. Air Canada, [1976]I.L.R.I–574(Ont.H.C.)一案，非婚生子女、继子女和养子女亦包括在内。而Johnson v. Jefferson, [2000]I.L.R.I–3857(N.S.C.A.)一案判决则认为，收养的子女及继子女包括在内，而领养的子女却不包括在内，See David Norwood & John P.Weir, *Norwood On Life Insurance Law In Canada*, Carswell A Thomson Company, 3rd edition, 2002, p.300.

② Que.C.C.2447.

死亡后出生的子女也包括在内。法院基本同意，除非被特别排除在指定范围之外，养子女、婚生子女、成年子女和先前婚姻子女都包括在子女一词中。法院也基本认为，子女一词不包括孙子女和继子女。①

（3）以继承人身份指定的情形

被保险人若以"继承人"的表述指定保险受益人的，这仍然属于保险受益人的指定，而非属于以遗嘱指定遗产继承人。以"继承人"的表述指定受益人与上述以"配偶""子女"等身份关系的表述指定受益人并没有本质不同，"继承人"只是以类别或范围作为保险受益人指定的一种方法而已，在美国这种指定方法叫class designations。因此，将继承人指定为保险受益人的，即应以法定继承人的范围为指定受益人的范围，除非被保险人有特别的意思表示。被保险人以继承人指定为保险受益人的，不受法定继承人顺序的限制，即被保险人可以"法定第一顺序继承人"之表述指定受益人，也可以"法定第二顺序继承人"之表述指定受益人，还可以笼统地以"法定继承人"的表述指定受益人。此外，被保险人如果设置受益人顺序的，既可以法定第一顺序继承人指定为第一顺序受益人，以法定第二顺序继承人指定为第二顺序受益人；反过来，被保险人既可以将法定第二顺序继承人指定为第一顺序受益人，也可以将法定第一顺序继承人指定为第二顺序受益人；或者被保险人也可分别从法定第一顺序和第二顺序继承人中各选择一人或多人指定为第一顺序受益人或第二顺序受益人。②

在加拿大，如果以被保险人之继承人、受让人或直系亲属等为受益人的指定，除被保险人以外，不被认为是对某个人的指定，而是表示将保险金支付于被保险人之个人代表，该保险金将在被保险之生命死亡时构成被保险人遗产之一部分。③那么保险金将按照被保险人之遗嘱进行分配，或者若被保险人未留下遗嘱将按无遗嘱继承办理。④笔者认为，这一做法未必符合被保险人之真实意愿，实际上以"继承人"的表述指定受益人与上述以"配偶""子女"等表述指定受益人的方式十分相似而没什么本质不同。因为，将保险金作为被保险人之遗产分配与指定的受益人，就要根据继承法规则征收遗产税，并在被保险人负有债务时，还须先以遗产（包括

① See Muriel L.Crawford, *Law & Life Insurance Contract*, Carswell A Thomson Company, 7th edition, 1994, pp.248~249.

② 参见《中华人民共和国民法典》继承编第1127条。

③ Ont.,s.190(3).Que.C.C.2456. Quoted from David Norwood & John P.Weir, *Norwood On Life Insurance Law In Canada*, Carswell A Thomson Company, 3rd edition, 2002, p.301.

④ See David Norwood & John P.Weir, *Norwood On Life Insurance Law In Canada*, Carswell A Thomson Company, 3rd edition, 2002, p.301.

保险金）清偿债务，最后才轮到继承人受益人继承。这显然与被保险人订立保险契约使受益人受益的初衷或愿望不相符。

在美国，"继承人"通常指在未立遗嘱情况下那些有权继承被继承人财产的人。每一个州都有制定法明确规定何人可以成为"继承人"。各州的这些制定法彼此有差异并随时会被修订。这种制定法尤其会特别将配偶与子女规定为继承人，如果他们健在的话；如果配偶已不健在，则子女为继承人；如果配偶与子女都不健在，则父母为继承人；如果配偶、子女和父母都不健在，则兄弟姐妹为继承人；以此类推。[①]因此，将继承人指定为保险受益人，其解释应采取同一立场。

基于上述，"继承人"这一术语因其含义的不确定性而应避免使用。因为，一则耳熟能详的法谚是"活着的人没有继承人"。一个人死之前，无人能知道谁将是其继承人。[②]

(4)《保险法司法解释三》身份指定之规则的评析

《保险法司法解释三》第9条第2款第2项对以身份指定受益人的方式，区分投保人和被保险人合一与分离两种情形而有两种不同的认定结果："受益人仅约定为身份关系的，投保人与被保险人为同一主体时，根据保险事故发生时与被保险人的身份关系确定受益人；投保人与被保险人为不同主体时，根据保险合同成立时与被保险人的身份关系确定受益人。"从该项规定的文义来理解，以保险合同成立和保险事故发生两个时间点确定受益人，其共同点是均以受益人与被保险人的关系为基础来确定受益人。这种区分的原因为何、目的何在、有无合理性，以下将对其做一评述。

第一，投保人与被保险人合一的，以保险事故发生时与被保险人存在的身份关系确定受益人。假设丈夫以自己的生命为保险标的投保，以妻子为受益人，则：①保险事故发生时，若夫妻关系存续，则妻子为受益人确定不变，此当无疑问；②保险事故发生时，夫妻已离婚，丈夫未再婚的，则妻子丧失受益人资格，丈夫仍生存的，适用《保险法》第12条第5款的规定处理保险金的归属，即保险金给付请求权回归被保险人丈夫；丈夫死亡的，则适用《保险法》第42条的规定处理；③保险事故发生时，夫妻已离婚，丈夫再婚的，则现任妻子为受益人。对此情形，美国法院的处理与

---

① See Muriel L.Crawford, *Life & Health Insurance Law*, the McGraw-Hill Companies, Inc., 8th edition, 1998, p.205.

② See Muriel L.Crawford, *Law & Life Insurance Contract*, Richard D. Irwin, Inc., 7th edition, 1994, p.249.

《保险法司法解释三》第9条第2款第2项前段的规定一致：如被保险人指定"妻子"为受益人而未写她的名字，则以保险事故发生时的合法妻子为受益人。[1]以保险事故发生时与被保险人存在的合法身份关系确定受益人几乎是各国遵循的共同规则。

第二，投保人与被保险人分离的，以保险合同成立时与被保险人存在的身份关系确定受益人。对此，该解释起草者给出的理由是：若保险事故发生时受益人与被保险人的身份关系终止，因保险合同还涉及投保人，而投保人对保险单享有财产权，其可以对此等权利予以处分，包括指定受益人的权利。因此在受益人的指定问题上，不应仅仅注重被保险人对保单的人身性权利，还需注重保单购买人的财产性权利。[2]笔者认为这一理由并不充分。因为投保人只是订立合同和负担保险费给付义务之人，法律并未赋予其对保险给付利益之权利，只有被保险人依法享有保险给付请求权和对该权利中保险金的处分权（指定受益人的权利）。而对于保险合同中投资或储蓄账户里的利益投保人有权指定受益人，若其未指定受益人的，则应以被保险人为给付请求权人，在保险事故发生前或合同到期前，投保人解除合同的，对现金价值有请求权，这与法律行为撤销或解除的效果——恢复原状相符。但是，保险保障部分之给付利益是以被保险人之生命、身体和健康为标的，被保险人对其享有固有权，也只有被保险人对此权利可以处分，即指定受益人，对此应采用同一规则。该解释理由中使用"所有人"的概念，这是误将英美法系的保单所有人（policyowner）概念等同于大陆法系的投保人，而英美法系的保单所有人就是被保险人，而且英美学者更倾向于使用被保险人这一概念。

按此规则，受益人的指定一旦于保险合同成立时完成，该指定的效力即已确定，此后不管指定的受益人与被保险人的身份关系发生何等变化，均不影响原初指定的受益人之地位。假设：①丈夫以妻子为被保险人，以自己为受益人缔结保险合同，则无论于保险事故发生时夫妻关系存续、离婚、投保人再婚，则丈夫都为受益人。此种结果自然合乎投保人的意愿，但未必符合被保险人的意愿，且因前夫也是投保人，若一直履行了保险费给付义务，而被保险人也未表示过撤销指定前夫为受益人的意思，这尚能说得过去。但是，若合同成立生效后，夫妻离婚，丈夫为取得保险金，有

① See Muriel L.Crawford, *Law & Life Insurance Contract*, Richard D. Irwin, Inc., 7th edition,1994,p.248.

② 参见杜万华 主编：《最高人民法院关于保险法司法解释（三）的理解适用与实务指导》，中国法制出版社2016年版，第260页。

制造保险事故的道德危险，而被保险人又无合同解除权，其只能变更受益人或请求投保人解除合同，但这已超出了第9条第2款第2项适用的范围。②设丈夫以妻子为被保险人，以他们所生的儿子为受益人订立保险合同，则儿子无论于合同成立时还是保险事故发生时，其与被保险人基于血缘产生的身份关系都不会改变，其受益人地位在保险期间都不会受影响，一般也不违背投保人（父亲）的意愿。因此，第9条第2款第2项不适用于此例，即不适用于受益人与被保险人之间存在的血亲关系。③设儿子以父亲为被保险人，以母亲为受益人订立保险合同，在被保险人和受益人夫妻俩于保险合同成立后离婚的，也不影响母亲作为受益人的地位，这或许符合投保人的意愿，但未必符合被保险人的意愿，而且也存在受益人为取得保险金而致害于被保险人的道德危险。④若与被保险人（配偶一方）不存在法律关系（身份关系和财产关系）的第三人以配偶的另一方为受益人，则因投保人对被保险人不具有保险利益而使保险合同无效。在此情形，自然没有第9条第2款第2项适用的余地。

综上，例②和例④两种情形无适用第9条第2款第2项的余地。例①和例③两种情形适用第9条第2款第2项未必符合被保险人的意愿，且会发生道德危险，而且这已经不是以受益人与被保险人之间的身份关系为基础确定受益人，实际上已变成了以投保人与受益人之间的身份关系为基础确定受益人了。因此，第9条第2款第2项已经偏离了以被保险人为保险保障对象的目标，也违背了以被保险人决定（指定）受益人的意志和以被保险人掌控风险的原则。即使以姓名指定受益人时，该受益人仅于保险事故发生时仍生存才实际取得保险金请求权。同理，以身份指定受益人的，仅在保险事故发生时，与被保险人存在该身份关系的人才可确认为受益人，在保险事故发生前，身份关系变化或消灭的，其作为受益人确认的基础消灭。因此，无论被保险人与投保人合一或分离，均应以被保险人与受益人的身份关系确认受益人，以保险事故发生之时为确认时点。其实，以"子女"身份指定的受益人，也是以保险事故发生时生存的子女为受益人，其理并无不同。

5. 以姓名＋关系指定受益人

单独以姓名指定受益人的，并不能绝对避免同名同姓的人皆请求给付保险金的现象，而单独以关系指定受益人时，更容易产生不确定性。如受益人与被保险人身份关系消灭，如离婚，被保险人再婚，甚至再婚后又离婚，又结婚的情形。如此，就会出现前几次婚姻之各配偶与现任配偶均主张给付保险金之纷争。因此，以姓名附加关系的方式指定受益人，通常情况下，更容易确定受益人，他人主张保险金给付的概率极小。因为姓名加关系有相互协力确定受益人的效果，排除了单独以姓名或关系指定受益人时会出现的不确定因素。例如，若有与指定受益人同名同姓者主张给付保险金时，因其不具有与被保险人相应的身份关系而被排除于受益人之外；反过来，若有以相同身份者（如子女、配偶等）主张保给付险金时，则因其不具有被指定者之姓名而被排除于受益人之外。但是，姓名加关系的指定方式，也并非万无一失。

①究竟是姓名辅助关系，以关系为主确定受益人，还是以关系为辅助因素，以姓名为主确定受益人，两者之间差异显著。若以关系为确定之主要因素，则当受益人与被保险人的身份关系消灭时，姓名的辅助意义丧失，从而导致受益人指定之效力消灭；若以姓名为确定之主要因素，则当受益人与被保险人之身份关系消灭时，并不影响以姓名指定的受益人的地位。对此，山下友信举例说："指定人丈夫指定'妻子甲野花子'为受益人，其后，妻子花子与丈夫离婚，丈夫未及变更妻子甲野花子为指定受益人的情形下死亡的，花子是否有权领取保险金？指定人在'甲野花子'的名字上附加了'妻子'的身份限定，将这一意思表示解读为'花子是其妻子的前提下，才有权领取保险金领'，这并非不可能，且这种解释也符合社会的一般观念。"[1]这一观点类似上述姓名仅具有辅助意义之解释。但是，日本最高裁昭和五十八年九月八日判决的观点则与此相反，认为此种情形下，花子仍是保险金领取人。其认为"妻子"这一表示只是为了特定"甲野花子"这个人物而设置的，仅具有辅助性意义。因此，除非当事人另行做出意思表示，否则，并不能推导出离婚即丧失保险金领取人资格的结论。以此判例为基准，仅仅做出"妻子"这一抽象指定的情形，可以认为，离婚即意味着指定的失效。日本法院的观点与美国法院的观点不谋而合："诸如'被保险人的妻子'这样的表达只是描述性的，而名字本身就很有控制力。"Wesley D. Corder plaintiff v. Prudential Insurance Company defendant[2]一案更具说明意义。该案中的受益人的指定方式为姓名加关系，即"丈夫Wesley D. Corder"，但事实上受益人Wesley D. Corder与被保险人Anna M.Corder之间并不存在夫妻关系。因此，候补受益人被保险人的母亲Willa Eakman以Wesley D. Corder与被保险人Anna M.Corder并不存在法定的夫妻关系为由而主张受益人应该是自己。但法院最终判决Wesley D. Corder为受

---

[1]　［日］山下友信：《保险法》，有斐阁2005年版，第490~491页。

[2]　248N.Y.S.2d 265(N.Y.Sup.Ct.1964).

益人，有权领取保险金。法院的理由是，死者以自己的生命为保险标的订立保险合同，依据现行法律，她可以指定任何其属意的人为受益人，而不用考虑关系或者血亲。而"丈夫"一词的使用，仅仅是被保险人用来表达其所声称的与受益人之间的关系。即使指定的受益人事实上并非被保险人的丈夫，这也并不能改变被保险人意将原告指定为受益人的基本事实。①

基于上述，笔者认为，以姓名加关系指定受益人的情形下，即使身份关系消灭，仍以姓名确定受益人比较妥当。关系是抽象的，也是容易变化的，而姓名是确定的，总是与特定人相联系的，因而具有稳定性。单独以姓名指定受益人即可确定何人为受益人，再加上关系则使受益人的信息更加精准而得以固化，此后即使身份关系发生变化，其已经起到的固化受益人的效果并未因此消减，何故将此种情形视为未指定受益人或指定失效？况且被保险人并未因其与指定的受益人之间身份关系的变化而变更受益人，则往往表明被保险人愿意继续维持其原初的指定。随着社会文明的进步和婚姻自由观念的深化，离婚并不意味着"不成夫妻，即成仇人"，因而立法者不宜过分猜度被保险人的意思。故而笔者认为，前述美国和日本法院的观点值得我国的立法或司法借鉴。

但是，对于姓名加身份关系指定受益人的，当指定的受益人与被保险人身份关系消灭时，最高人民法院《保险法司法解释三》第9条第2款第3项却做出了受益人指定失效这种不合常理的解释："约定的受益人包括姓名和身份关系，保险事故发生时身份关系发生变化的，认定为未指定受益人。"这一规定与上述美日两国法院的观点也大相径庭，其不合常理之处至为明显。首先，姓名作为一自然人的人格标志符号，具有将某人特定化的功能，通常只要姓名即可确定受益人是何人。其次，在以姓名确定受益人的基础上，若再加上该指定的受益人与被保险人的身份关系，将强化该受益人的特定性和指定权人以其为受益人的特别意图。因此，即使该指定的受益人与被保险人之间身份关系发生变化或消灭，也不改变此前姓名加身份已经将受益人特定的事实效果。其三，即使受益人与被保险人之间身份关系消灭，但其并未变更受益人的事实也似乎表明指定权人仍以被指定者为受益人的意图没有改变，这与原本仅以姓名指定受益人而不附加身份，或不存在特定身份关系时的情形一样，而这种通常仅以姓名指定受益人的效力是肯定的。因此，《保险法司法解释三》第9条第2款第3项的规

---

① See Muriel L.Crawford, *Law & Life Insurance Contract*, Richard D. Irwin, Inc., 7th edition, 1994, pp.263~264.

定既不是对被保险人（指定人）意图的合理推定（探求真意的主观解释原则），也与美日在解释受益人指定时倾向于采用客观解释的原则不一样。

基于上述，笔者认为《保险法司法解释三》第9条第2款第3项宜修改为："以姓名附加身份指定受益人的，保险事故发生时身份关系发生变化的，仍以该姓名可以确定之人为受益人。"

②在姓名加关系指定受益人时，有时该关系并不存在，而只是被保险人表达其对被指定人的一种爱称或亲密感情的方式，如指定人称呼其女朋友或未婚妻"爱人"或"妻子"，对此情形，若依照《保险法司法解释三》第9条第2款第3项处理，也将被认定为未指定受益人。或者作为被保险人未婚妻或女朋友的受益人后来与其关系终止的，难道也要依照《保险法司法解释三》第9条第2款第3项确认该指定无效或认定为未指定一样吗？若如此，同样不合情理。此种情形，美、日等国仍是以姓名确定受益人。

③若以关系为基础，以姓名为辅助确定受益人的，当原指定的受益人与被保险人的身份关系发生变化的，如夫妻离婚而被保险人未再婚的，则指定受益人的基础丧失，姓名的辅助意义也丧失，那么依照《保险法司法解释三》第9条第2款第3项，该项指定也将认定为未指定受益人。或者当原指定的受益人与被保险人的身份关系发生变化的，如夫妻离婚，但被保险人再婚的，再婚的配偶与其接续夫妻的身份关系，但姓名的辅助确认意义已经丧失，但只要存在身份关系这一基础决定因素，是否意味着再婚之配偶将被确认为受益人呢？而依照《保险法司法解释三》第9条第2款第3项，受益人的指定也将被认定为未指定。而对此两种情形，美日等国仍是以姓名来确认受益人，而不管身份的真假或存在与否。在美国，法院的观点是：如果投保人兼被保险人将"Joanne Ellen Harrison，被保险人的妻子"，指定为受益人，而实际上玛丽·埃利夏·哈里森(Mary Alicia Harrison)是他的合法妻子，保险金通常会支付给乔安妮·艾伦(Joanne Ellen Harrison)，即使"被保险人的妻子"的表达是不正确的。[1]这也是以姓名确认受益人的惯例，而不管身份关系之有无或真假。

综上所述，笔者认为，以姓名加身份关系指定受益人时，只要以姓名可确认受益人的，即为已足，而不管身份关系的真假、有无或是否变化。

---

① See Muriel L.Crawford, *Law & Life Insurance Contract*, Richard D. Irwin, Inc., 7th edition, 1994, p.247.

七、受益人指定之效力

（一）受益人指定的有效要件

受益人指定产生何种法律效力，指定的有效要件有哪些、生效要件和生效时点以及无效的原因等问题，以下将逐一进行探讨。

1. 指定人须有指定权

指定受益人的本质是将请求给付保险金的权利授予被指定的人。根据"任何人不得将大于其所有的权利让与他人"之古老法则，只有对保险契约利益享有固有权利的才能指定受益人。江朝国先生认为，投保人的受益人指定权系经由被保险人的隐藏性授权而来。法律赋予投保人指定受益人之权利，因其为保险合同当事人，由其指定受益人也便于合同的订立，但法律同时又赋予被保险人对投保人的指定以同意权。因为保险给付请求权乃被保险人固有的权利，由其决定受益人的指定既是对其人格权的尊重与保护，更在于由被保险人控制道德危险。[①]我国现行《保险法》和《保险法司法解释三》均规定被保险人和投保人有指定受益人之权，但笔者认为两者指定受益人之权的依据不同，并由此决定两者行使的权利的权重和效果也不同。被保险人的受益人指定权源于其以自己的生命、身体和健康为保险标的而对保险契约利益享有固有权；投保人的受益人指定权源于被保险人的明示或默示的授予。

2. 指定人须有完全行为能力

保险受益人的指定，是以意思表示为要素的法律行为；根据法律行为之效力要件，指定人须具有完全行为能力。投保人作为保险合同当事人自当具有完全行为能力；被保险人若为完全行为能力人，当然可由其自身指定受益人，若其为无行为能力或限制行为能力人的，可由其法定监护人代为指定受益人。[②]

---

① 《中华人民共和国保险法》第18条第3款前句："受益人是指人身保险合同中由被保险人或者投保人指定的享有保险金请求权的人。"第39条第1款和第2款前句："人身保险的受益人由被保险人或者投保人指定。投保人指定受益人时须经被保险人同意。"《最高人民法院关于适用〈中华人民共和国保险法〉若干问题的解释（三）》（法释〔2015〕21号）第9条第1款规定："投保人指定受益人未经被保险人同意的，人民法院应认定指定行为无效。"

② 参见《中华人民共和国民法典》第23条、第27条、第28条、第35条、第143条；《中华人民共和国保险法》第39条第3款。

3. 受益人的指定不得违背公序良俗和法律禁止性规定

我国现行《保险法》和司法解释虽然均未有受益人指定因违背公序良俗而无效的规定，但受益人的指定作为民事法律行为当然不得违背法律的禁止性规定和公序良俗原则，此乃各国和地区私法所确立的法律行为效力原则。[①]例如，被保险人将与自己有婚外情的异性指定为受益人，意在维持婚外关系，则保险合同中关于指定受益人之部分因违反公序良俗而无效。再比如，被保险人将其贿赂的对象指定为受益人，以掩盖其行贿目的，该指定当然无效。其他以损害他人利益为目的所为的受益人的指定，亦应当无效。

4. 指定受益人的范围符合法律的限制性规定

中国大陆地区《保险法》第39条第2款之规定，投保人以其雇员为被保险人订立的团体保险合同只能以被保险人或其近亲属为受益人，否则该指定应属无效指定。[②]依此规定，团体人身保险的投保人当然也不得指定自己为受益人。根据中国台湾地区《军人保险条例》相关规定，以军人为被保险人的，以退伍和残废为给付条件的，只能以该军人为受益人；以军人之死亡为给付条件的，以军人的近亲属为受益人。[③]法律设此限制，乃由此种保险的性质与目的所决定。世界其他国家和地区如美国、加拿大、日本等均有类似规定。

（二）受益人指定有无形式要件？

已如前文所述，受益人之指定乃不要式行为，故关于受益人指定的形式采自由主义，以口头、书面以及其他形式均无不可。但法律并不限制保险契约当事人就受益人之指定约定采用特定形式。因此，基于意思自治或依实务惯例采用特定形式的，则以特定形式为形式要件。[④]因此，保险实务中，保险人通常要求指定人以书面形式指定受益人，尤其是以保险人提供的格式保险合同为范本的，在合同书上载有受益人指定的书面条款。亦

---

① 《中华人民共和国民法典》第8条规定："民事主体从事民事活动,不得违反法律,不得违背公序良俗。"

② 《中华人民共和国保险法》第39条第2款规定："投保人为与其有劳动关系的劳动者投保人身保险,不得指定被保险人及其近亲属以外的人为受益人。"

③ 中国台湾地区《军人保险条例》第6条规定："退伍及残废给付,以被保险人本人为受益人；死亡给付,由被保险人在其下列亲属中指定受益人配偶、子女、孙子女、父母、兄弟姐妹、祖父母。"

④ 《中华人民共和国保险法》第13条第3款后句："投保人和保险人可以对合同的效力约定附条件或者附期限。"

如前述，在英美法系国家的保险实务和司法判例中要求受益人的指定以书面形式并遵循一定的程式才能产生效力。综上所述，关于受益人之指定，以制定法之不要式为原则，以约定形式为例外。

（三）受益人指定的生效时点

基于受益人指定的单独行为之性质，仅在指定人一方意思表示做出或完成之时即发生指定的效力。然受益人指定的意思表示，依是否有相对人而有指定生效时点之不同。若为有相对人的意思表示，以何人为相对人，在此稍作分析，其详本文将另作探讨。首先，指定的意思表示不必以被指定之人为受领人，被指定人之地位类似于遗嘱指定的继承人，指定人指定何人为受益人，无须通知于他（她），也无须经其同意，甚至可以对此加以保密。这既是出于对被保险人意思自治的尊重，更在于防阻来自受益人的道德危险。其次，受益人指定的意思表示是否以保险人为相对人，笔者持肯定见解。因为，保险人对有效指定的受益人负有保险金给付义务，如果给付对象错误，会导致保险人重复给付的责任风险。但是，被保险人指定何人为受益人，于保险人并无特别的利害关系。因为无论对于何人为受益人所为之给付均为基于原保险契约所负的同一给付义务，即只有给付对象之不同，而无给付之质与量的不同。因此，被保险人于指定受益人时对于保险人有通知的权利，但并无通知的义务，是否为通知，仅对保险人产生有无对抗效力之差异，即通知保险人的，对其产生对抗效力；未为通知的，保险人依原契约内容所为的给付仍属有效，保险人责任免除。①

基于上述，因指定受益人之单独行为性质，不以受益人为指定意思表示的受领人，指定行为一旦完成，即产生指定的效力，被指定之人取得受益人之地位并享有相应的权利；另一方面，指定受益人受益权的实现依赖于保险人给付义务的履行，因而受益人指定以保险人为相对人，只是指定人对于保险人只有受益人指定通知之权利，而无受益人指定通知之义务。因此，受益人的指定对于被指定为受益人之人，指定行为完成即生效力；对保险人为指定通知的，通知到达保险人时产生对抗效力，不为指定通知的，对保险人不生对抗效力，但不影响对于受益人所生的效力。

---

① 中国台湾地区《保险法》第111条规定："要保人行使前项处分权，非经通知，不得对抗保险人。"

（四）受益人指定的法律效果

已如上述，受益人之指定乃以保险人为相对人之单独行为，然其效果如何，理论上见解并不一致。所谓受益人指定的效果，是指受益人之指定生效后所发生的指定人所追求的保险法上的效果。此种效果直接表现为，受益人的指定行为一旦成立生效，被指定之人即取得受益人地位，该地位之核心内容为受益人享有"保险给付请求权"[①]或"赔偿请求权"[②]，在保险法理论上称之为"受益权"。接着须讨论的问题有：①"保险金请求权"或"赔偿请求权"二者究竟是仅为表述的不同，还是有本质上的差异？②作为法定第一受益人之被保险人的保险给付请求权与指定受益人的受益权有无不同？③（指定受益人）受益权之取得的性质为何，究为"原始取得"抑或为"继受取得"？④受益权具有何种性质？中外学者观点不一，将其归纳罗列而有"期待地位"说、"期待权"说、"附条件之权利"说、"既得权"说等。针对以上各说，将逐一加以评析并阐明本书的见解。

1. 受益权："保险金请求权"或"赔偿请求权"何者为妥？

"保险金请求权"为中国大陆保险法之称谓，"赔偿请求权"为中国台湾保险法之称谓。笔者认为，"保险金请求权"和"赔偿请求权"在书面表达或文义上确有明显差别，但从保险法体系解释之角度理解，两者应无本质差异。在本义上，"保险金请求权"比"赔偿请求权"要妥当得多，但都不够严谨和准确。

首先，赔偿乃针对损害之填补而言，而损害常因侵权或违约所致。而"保险金请求权"或"赔偿请求权"的行使对象之保险人既不是侵权法上的侵权人，也不是契约法上的违约人。因为保险人向受益人所为之保险金给付，是其根据与投保人或被保险人所订立的保险契约设定的给付义务而为。正如施文森先生所言："在民法上，赔偿一词仅在侵权行为或债务不履行等场合始予以使用，当事人一方依约为履行者，均称为给付。在保险契约中，无论其为财产保险或人寿保险，保险人系依据保险契约，而对要保人为给付，此点尤以人寿保险为然。纵使在财产保险，保险人之给付额系依据被保险人实际上所受之损害而决定之，亦不得因此称为赔偿。"[③]在保险契约关系中，保险人与被保险人和受益人之间不存在侵权或一般契约之违约关系。受益人无论根据财产保险契约还是人身保险契约所享有的权

---

① 参见《中华人民共和国保险法》（2015年）第18条第3款。

② 参见中国台湾地区《保险法》第5条。

③ 施文森：《财产与人身保险》，正中书局1980年版，第5页。

利均不宜称为赔偿请求权。因为与此相对应，保险人基于保险契约所负义务不是赔偿义务，更不是损害赔偿责任，而是对受保险契约保障之人因保险事故发生所受财产上损失或人身抽象利益之损失的所负的补偿或给付义务。又保险人根据财产保险合同或者人身保险合同所负的主给付义务，其内容与外观表现为向受益人支付一定数额之金钱或替代物，该金额在保险法、保险学与以及保险实务上均称为保险金（proceeds or insurance benefit）。

其次，保险事故发生时，保险人履行保险给付义务通常表现为支付金钱，但给付形态不限于支付保险金，还可以是修复受损的保险标的物、更换或重置保险标的物等。

再次，现代保险业在传统保险之风险保障基础上，于人身保险，尤其是人寿保险中附加了储蓄或投资理财功能，如果投保人（被保险人）明确指定之受益人同时为保险金和保单现金价值之受益人的，故无疑问；而未明确保单现金价值之受益人时，何人有权受领？笔者认为，保单现金价值亦由指定的受益人受领。例如，在美国，被保险人无条件（放弃指定变更权）指定受益人后，受益人的权利即变成"既得权"（但该权利的实现还取决于保险事故的发生）。在此情况下，保单中的各项权益实质上均归受益人所有，而不是被保险人所有。基于此，笔者认为使用"保险给付请求权"一语最为允当。但为表述之方便，下文有时会交替使用"保险给付请求权"或"保险金请求权"，而不使用"赔偿请求权"。

2. 被保险人之保险给付请求权与指定受益人之受益权的异同

中国大陆保险法在被保险人之定义中将被保险人根据保险契约享有的权利表述为"保险金请求权"；[①] 中国台湾保险法在被保险人之定义中则将被保险人根据保险契约享有的权利表述为"赔偿请求权"。[②] 海峡两岸保险法对被保险人所享有的权利分别称为"保险金请求权""赔偿请求权"，对此两种不同的称谓，上文已做部分论述。但就被保险人而言，其作为法定第一受益人，对保险人所享有的权利不仅仅是单纯的保险金请求权。因为，保险金请求权仅为保险事故发生后被保险人或受益人所享有的请求保险人给付保险金之权利。而保险契约期限届满或保险事故发生之前，第三受益人对保险金仅处于权利之期待地位或期待权，除此之外并无其他权利或权利之期待可言；但是，对于被保险人而言，保险契约无论最终是否发生保险事故，对其均有价值，被保险人亦享有相应的权利。这并不意味着

---

① 参见《中华人民共和国保险法》第12条第5款。

② 参见中国台湾地区《保险法》第4条。

被保险人于保险事故发生前不享有任何权利，除极少数保险契约会发生保险事故外，绝大多数未发生保险事故的保险契约并非毫无意义而如废纸一张。否则既与事实不符，也显然与保险契约之继续性特质不符。根据保险契约为继续性契约之性质，被保险人依法和依保险契约所享有的权利存在于保险契约全部有效期间，即从生效到效力消灭之整个保险期间。该权利在保险事故发生前为稳定而持续获得保险契约保障之权利，并因该保障之存在而获得心境安宁和便于另作财务规划安排之实益；在保险事故发生后，被保险人依保险契约享有保险金请求权，该权利与指定受益人享有的保险金请求权具有同一性质和内容。

基于上述，被保险人根据保险契约对保险人享有的权利称为"保险给付请求权"最为允当。此外，被保险人享有保险给付请求权的内在根据在于，其对附着于保险标的（财产或人身）之上的保险利益享有财产权或人格权。

指定受益人之受益权相较于被保险人之保险给付请求权，其异同在于：①保险事故发生后之保险金请求权，具有同一性质，为既得权；保险事故发生前，被保险人以保险金为请求给付标的之权为期待权或附条件之权利，期待因素或条件为保险事故之发生；指定受益人之受益权则依具体情形而异：以不可撤销方式指定的受益人，受益权为期待权，此与被保险人之保险金请求权相同；以可撤销方式指定的受益人，其受益权为权利之期待，此与被保险人之保险金请求权为期待权性质不同。②就权利之内容而言，被保险人于保险事故发生前除对保险金享有期待权外，还享有稳定而持续获得保险保障的权利，该权利自保险合同生效时起即为现实享有的继续性权利（与保险人履行的提供保险保障之继续性义务相对应）。该权利的享有和实现往往具有无形性，并不体现为可见的金钱或实物之交付与受领，因而这一权利往往被理论和实务所忽视，亦为被保险人和普通大众所忽略。然而，被保险人这一无形性权利比有形可见的保险金之给付与受领更为重要，因为保险的功能包括风险的预防和风险发生后的补偿。对于危险共同体的全体被保险人而言，更为其所追求的是因保险契约的订立而获得的无形保障，没有人会希望风险发生而换得保险金，因为保险金也仅为风险所致损失的补偿。因此，对于被保险人，风险的预防和不发生比风险发生而获得保险金以为补偿更具有意义、更幸运，否则就没有绝大多数人投保而实际仅有极少数人获得风险补偿了，这就是技术上大数法则的运用和"我为人人，人人为我"互助精神的体现。而对于指定之受益人，其只享有以保险事故发生为成就条件（期待因素）、以保险金为给付标的之期待权或仅处于权利之期待地位。③被保险人之保险给付请求权与指定受益人之受益权之权利生成基础和生成方式不同。被保险人保险给付请求权之生成基础为保险标的之上存在的保险利益，该利益归属于被保险人，该权利生成之方式为保险契约之约定；指定受益人之受益权以被保险人之保险给付请求权为生成基础，生成方式为被保险人以指定之人为对象而对该权利之处分。因此，被保险人之保险给付请求权相对于指定受益人之受益权为母权利、基础性权利；反过来，指定受益人之受益权为子权利，派生性权利。

3. 受益权之取得为"原始取得"还是"继受取得"？

权利之发生，从其所归属主体之角度观察，谓之权利之取得；又权利之取得，根据权利人取得之依据，有原始取得和继受取得之分。权利之原始取得，指非基于他人既存的权利，而独立取得新权利，谓之权利的绝对发生；权利之继受取得，则是指基于他人既存之权利而取得其权利，谓之权利的相对发生。①区分两者之意义，对于权利人甚为重要：在继受取得，原则上权利人不能取得大（优）于原权利人之权利，因而得对原权利人所为的抗辩，亦得对后权利人主张；于原始取得，则因非以他人之权利为依据，而无上述之限制。②在保险法及其理论上，受益人受益权之取得具有何种性质，有原始取得和继受取得二说，且以原始取得为有力说。本书以下予以分析。

（1）原始取得说

关于受益人受益权取得之性质，中国学者多持原始取得之见解。持此见解者认为，无论受益人为何人，其无须为受领之意思表示，也无须为意思表示，而且在权利之行使上可直接以自己之名义向保险人为之。就此而论，受益权之取得与民法利益第三人之权利一致。债权人之权利在于请求债务人向第三人为给付，第三人之权利则在请求债务人向自己为给付，二者权利并存而非可互相替代，因此第三人并不是继受债权人之权利。以此而论，受益人受益权取得之性质乃系固有、直接取得。③

（2）继受取得说

持受益人受益权继受取得说者认为，受益权系继受债权人（被保险人）所取得之权利。但是，关于受益人受益权取得之性质究竟为何属于继受取

①　参见王泽鉴：《民法总则》（增订版），中国政法大学出版社2001年版，第239页。

②　参见江朝国：《保险法逐条释义：第一卷 总则》，元照出版公司2012年初版，第226页。

③　参见江朝国：《保险法逐条释义：第四卷 人身保险》，元照出版公司2015年版，第348~349页。

得，则未见持此见解者给予解释。[①]

（3）本书见解

笔者认为，受益人之受益权究属原始取得还是继受取得，并非可以做一非此即彼的论断，而应分别情形而论，即应以保险合同成立生效之时点为界而区分为原始取得和继受取得。一方面，在保险合同成立生效之前，被保险人的保险给付请求权仅为一抽象的、规范上和观念上的权利，而不是具体法律关系上实定的权利。因此，在保险合同订立时为受益人指定的，于保险合同生效之际，被指定之受益人即时取得受益权，取得之性质当为原始取得。即在保险合同订立时已完成受益人之指定，则于保险合同生效之际受益权即时发生，在此期间并不存在保险金给付请求权转换或继受的过程。既然保险合同成立生效前未发生任何合同权利，也就不存在被保险人的保险给付请求权（包括保险金给付请求权），因此保险合同生效之际受益人即直接、原始地取得受益权。

然而，对受益人受益权之原始取得有学者提出疑问。如江朝国先生以保险人向投保人所为的抗辩亦得向受益人主张为由而质疑受益权之原始取得的性质，[②]笔者认为该理由并不成立。因为，保险合同系双务有偿合同，遵循对价平衡原则，即投保人所缴纳的保险费之多少与保险人所承担的风险损失之补偿的多少成正比例。所以，在保险事故发生后，保险人向受益人应为之给付额为投保人未缴纳之保费与相应比例的保险金扣减后之余额，受益人可以补缴投保人所欠保险费而获得全额保险金给付。因此，保险人因投保人所欠缴保险费而对受益人所为之保险金额度相应扣减之抗辩，不能作为否认受益权之取得为原始取得之理由。

另一方面，保险合同成立生效后，保险事故发生前被保险人方为受益人指定的，受益人受益权的取得为继受取得。因为在保险合同订立时未为受益人指定的，于保险合同成立生效之际发生的是被保险人的保险给付请求权（由获得并稳定持续享有保险保障和于保险事故发生时请求给付保险金之两项权利构成），此乃被保险人之法定、固有权利。此后被保险人为受益人指定的，受益人系基于被保险人既存的权利而取得受益权，这一原权利和后权利前后相继转换之过程清晰可见，至为明显。

基于上述，受益人受益权取得之性质，根据受益人指定的时间是在保险合同生效之前还是生效以后至保险事故发生前而分别具有原始取得和继

---

① 参见江朝国：《保险法逐条释义：第四卷　人身保险》，元照出版公司2015年版，第349页。

② 参见江朝国：《保险法逐条释义：第一卷　总则》，元照出版公司2012年版，第226页。

受取得的性质。

4.受益人之地位或受益权之性质

(1)关于受益权性质的立法例及学说

受益权的性质是受益人地位的本质反映。因此，弄清了受益权的性质及其内容，受益人的地位也就清楚了。考察各国立法例及学说，关于受益权的性质，概而言之，有"期待说""期待权说"(附条件权利说)和"既得权说"。

"期待"(expectancy)，是指在法律上或多或少已经有保证的、可以取得某种权利的一种指望，这种权利的一般取得要件已经部分地具备，只是其完全实现还需取决于某种可能性因素的出现。因此，"期待"或者仅仅是一种期待(mere expectancy)，或者是一个"期待权"。"'期待权'首先是指这种指望已经达到这样确定的程度，在交易中可以将之视为一种现成的财产，可以将之作为一种权利去转让、抵押和扣押。"① 在德国学界通行的观点认为："'期待权'是一个'预备阶段'，是某种权利还没有完全发达的表现形式，通过这个预备阶段为取得这种权利做准备。预备阶段可以通过法律规定的对期待权人取得权利的保护，用现在已经有的将来权利的部分权能去把期待权补充完备。"②

期待权因欠缺使其成为完整权(或既得权)的某种因素而尚不能行使或具有强制执行力，但已然处于受法律保护的状态，比如附条件的权利，相对人不得阻止条件成就或促成条件成就，阻止条件成就的，视为条件已成就，期待权人取得完整权；促成条件成就的，视为条件不成就，期待权本身也丧失。

与期待权相对应的权利是"完整权"。完整权，如所有权，是指具备权利取得的一切要件之权利。而期待权，系在权利取得的开始及其完成之间欠缺某种因素的权利，或者说期待权就是正在形成或发达过程中的权利，只要使其发达的因素具备，该权利即成为完整权。因此，"期待权是一种受法律保护的、对完整权利取得的期待"。③或者可以这样描述：完整权属于已经取得的权利，处于可以行使的状态，并因权利之行使而获得利益，如所有权通过占有、使用或处分而获得收益，债权通过行使而获得

① [德]卡尔·拉伦茨：《德国民法通论》(上册)，王晓晔、邵建东 等译，法律出版社2003年版，第294页。

② 同上，第295页。

③ [德]迪特尔·梅迪库斯：《德国民法总论》，邵建东 译，法律出版社2000年版，第60页。

利益，如金钱债权通过行使而获得债务人给付的货币。

　　根据上述理论，对照保险法上受益人之"受益权"，既不能武断地说"受益权"只是一取得某种权利之期待，也不能断然地说它就是一种期待权或者既得权。因受益人指定的方式不同、受益权的给付标的不同、"受益权"在向权利发展过程中已经具备的要件和尚欠缺的因素不同，"受益权"可能是一种对权利的指望或期待，也可能是一种期待权，还可能是一种既得权。因此，受益权之法律性质究竟如何，应分别不同情境而论。①以期满为给付条件的"受益权"，在期满前之状态为期待权，使其发展成为既得权或完整权的因素是一必然到来之时点；②生死混合保险契约中受益人的"受益权"为期待权，使该权利成为既得权或完整权的因素为被保险人之生存或死亡（保险事故），因生存或死亡必有其一之发生；③在指定权人放弃处分权（不可撤销或不可变更的指定）的情形下，受益人的"受益权"为期待权，使该期待权成为完整权（既得权）的因素为保险事故的发生；④在兼具投资或储蓄功能的保险契约中，受益人对投资或储蓄部分之"受益权"为期待权，使该期待权成为完整权的因素为时间的届至；⑤在年金保险契约中，"受益权"为期待权，使其成为完整权的期待因素为保险契约的期满、被保险人之生存或死亡。

　　作为期待权之"受益权"，期待因素有时间与偶发性事件两类。以时间为期待因素的受益权类似于民法上的附期限的法律行为而发生的权利；以偶发性保险事故为期待因素的受益权，类似于民法上的附条件法律行为而发生的权利。以时间为期待因素和以偶发性保险事故为期待因素之主要区别在于，时间为必然到来的因素，包括终生死亡保险的被保险人之死亡，而以偶发性保险事故为期待因素的，该事故的是否发生则为一概率性事件。

　　以期满或保险事故发生为保险金给付条件的，在保险契约期满或约定的保险事故发生（期待因素具备）时，受益权确定地成为既得权或完整权，受益人实定取得保险金债权，即刻可以请求保险人履行保险金给付义务。

　　（2）比较法上受益权的性质考察

　　根据《法国保险合同法》的规定，受益权的性质或受益人地位之确定以受益人是否接受保险契约利益的意思表示或者根据保险金给付条件是否以被保险人之死亡为条件而分别属于为期待权或纯粹的期待：①当受益人以明示或默示的形式接受保险契约利益的，该指定类似于指定权人所为的不可撤销或不可变更的受益人指定，基于此，受益权为期待权；反之，指定权人以可撤销或可变更方式所为的受益人指定，受益权仅为一种对权利之期待。①②以被保险人之死亡为保险金给付条件的保险契约，被指定的受益人自保险契约成立时即取得对保险金的期待权。②根据《法国保险合同法》L.132-12条后段所使用的文句，其含义似乎表明受益权为既得权，保险事故发生前与发生后其性质也似乎并无不同。但从逻辑和应然的角度解释，该条所属的保险契约为以被保险人之死亡为保险金给付条件的保险契约，受益权以保险事故的发生为其成为既得权的期待因素，排除受益人指定的可撤销或可变更性质，受益权至多为期待权，而非属于既得权。那么将此条做相反之解释，即非以被保险人之死亡为保险金给付条件的，受益权之性质应根据《法国保险合同法》L.132-9条加以确定。

根据中国台湾地区《保险法》的规定，受益权的性质于保险事故发生之前，以指定权人是否明示放弃受益人指定变更权而分别为期待权或仅为对权利之期待，即指定权人以不可撤销或不可变更的方式指定受益人的，受益权为期待权或附条件的权利；反之，指定权人保留撤销权或变更权的，受益人之地位极不稳定，受益权仅为一种期待。③根据该法第114条的规定，受益权的性质究竟为何，有必要作分析和推理。④有疑问的是，此处之受益权究以保险事故发生之前还是保险事故发生之后而言？在保险事故发生前，受益权若仅为一种对权利之期待，则不能成为转让、质押之标的，而且指定权人可以随时撤销或变更指定，受益人之地位极不稳定，受益人将其转让或质押也无实益；若为指定权人放弃处分权之场合，受益权为期待权，受法律之保护，可以作为转让或质押之标的，但受益人之指定既体现了指定权人欲让被指定之人享受保险契约利益之意向，同时含有被保险人对来自被指定之人有无道德危险的慎重考量，所以，指定权人可以自己的意思限制受益人对受益权的处分。若为保险事故发生后，受益权随之成为一既得权，无论受益人对其为何种处分，均无可能发生道德危险，

---

① 《法国保险合同法》L.132-9条第1款和第2款规定："（1）当受益人以明示或默示之形式表示接受保险合同时，有关具体受益人的保险利益条款不得变更。（2）如果受益人没有明示或默示表示接受保险合同时，拟定受益人条款的投保人有权单独更改该条款。在投保人生存期间，其债权人或法定代理人无权行使该撤销权。"

② 《法国保险合同法》L.132-12条规定："在约定当被保险人死亡时向特定受益人或被保险人继承人支付保险金的合同中，保险金不是被保险人的财产。受益人自保险合同成立时有权获得保险金，并不受指定形式和日期的影响，且适用于被保险人死亡之后，受益人才表示接受保险金的情形。"

③ 中国台湾地区《保险法》第111条（受益人之变更）规定："受益人经指定后，要保人对其保险利益，除声明放弃处分权者外，仍得以契约或遗嘱处分之。"

④ 中国台湾地区《保险法》第114条规定："（受益权之转让）受益人非经要保人之同意，或保险契约载明允许转让者，不得将其利益转让他人。"

故原则上受益人可以处分其保险金请求权，但若指定权人有受益人不得转让受益权之意思的，受益人不得为转让之处分。基于以上分析，该条所言之受益权应为保险事故发生前被保险人或指定权人放弃处分权之场合下属于期待权之受益权。

根据对《日本保险法》相关规定的文义解释，受益权之性质并不明确，但从体系解释和应然解释的角度判断，受益权于保险事故发生前依指定权人是否保留指定撤销权或变更权而属于对权利之纯粹期待或期待权：该法第42条（为第三人利益的生命保险契约）和第71条（为第三人利益的伤害疾病定额保险契约）规定，受益人为生命保险契约或伤害疾病定额保险契约当事人以外之人的，该受益人当然享有该生命保险契约或该伤害疾病定额保险契约的利益。由此表明指定权人未声明保留受益人指定撤销权或变更权的，受益人取得对保险契约利益的期待权，保险事故发生的，该期待权变为既得权或完整权；反之，若指定权人声明保留受益人指定撤销权或变更权的，则"受益权"仅为一纯粹的期待。这一判断可以从《日本保险法》自《日本商法典》独立出来之前商法典的规定中得到印证。[①]再者，从《日本保险法》第46条和第75条的规定可以推断出，受益权（指定权人未声明放弃指定变更权或撤销权）为期待权，受益人于保险事故发生前死亡的，其继承人为新的受益人（非经继承取得受益人之地位），表明受益权非为既得权，不能成为继承之标的，受益人之继承人是以法定受益人身份取得受益权或受益人地位。[②]

根据《德国保险合同法》的相关规定，受益人以可撤销或可变更方式指定的，保险事故发生前，其仅处于期待地位，受益权亦仅为一种对权利之期待；保险事故发生后，受益人之地位得以稳固，受益权亦成为既得权。受益人以不可撤销或不可变更方式指定的，保险事故发生前，受益权属于期待权；保险事故发生后，受益权由期待权变成既得权。[③]另根据《德国民法典》第330条对人寿保险合同或者终身定期金合同的解释，受益人

---

① 《日本商法典》第675条（为他人成立的保险契约）第1款和第2款规定："（一）保险金额受领人为第三人时，该第三人当然享受保险契约利益。但是，投保人有另外意思表示时，不在此限。（二）投保人依前款但书规定有指定或变更保险金额受领人的权利时，若未行使该权利而死亡，则保险金额受领人的权利因此而确定。"

② 《日本保险法》第46条（受益人的死亡）规定："保险受益人于保险事故发生前死亡的，其全体继承人成为新的受益人。"第75条的文字表述与第46条相同。

③ 《德国保险合同法》第159条（受益人分配）第2款和第3款规定："（2）通过可撤销指定确定的第三方受益人直到保险事故发生时才可以取得保险人赔付的保险金。（3）通过不可撤销指定确定的第三方受益人有权获得保险人赔付的保险金。"

于指定时即取得对人寿保险合同之保险金或终身定期金合同之终身定期金的期待权，在人寿保险合同约定的保险事故发生或终身定期金合同约定的期限届至时，受益人之期待权变成既得权。① 又《德国民法典》第331条规定，以死亡为给付保险金条件的保险合同，在指定权人保留撤销权或变更权的情况下，受益权于保险事故发生前仅为一种对权利之期待，保险事故发生后成为既得权。在指定权人放弃指定撤销权或变更权的情况下，受益权于保险事故发生前为期待权，于保险事故发生后即由期待权变为既得权。② 由此可以看出，《德国民法典》第331条之规定与《德国保险合同法》第159条之规定具有相同之效果。

根据《意大利民法典》第1921条（利益的撤回）之规定，受益人的指定于保险事故发生前和发生后均可以撤销或变更，在此情形下受益权均为一种期待，只有在保险事故发生后，且受益人做出了接受保险金给付之意思表示的，受益权才成为既得权；但在投保人死亡后，受益人的指定成为不可撤销的指定，在此情形下，受益权于保险事故发生前为期待权，在保险事故发生后，或受益人做出了接受保险金给付之意思表示的，受益权成为既得权。③

根据《俄罗斯联邦民法典》第956条（受益人变更）之规定，在指定权人保留受益人指定变更权的情况下，受益权仅为一种对权利之期待，在保险事故发生后，受益权始成为既得权；或者在受益人履行了保险契约中某项义务或者向保险人提出了给付保险金请求后，受益人的地位由此固定，受益权属于期待权；于保险事故发生后，受益权由期待权成为既得权。④

根据《魁北克民法典》之规定，以不可撤销的方式指定的受益人，无论被指定之受益人对此是否知悉，于保险事故发生前，受益人对保险金享

---

① 《德国民法典》第330条（对人寿保险合同或者终身定期金合同的解释规定）规定："人寿保险合同或者终身定期金合同订明向第三人给付保险金或者终身定期金的，在产生疑问时应认定，第三人直接取得要求给付的权利。"

② 《德国民法典》第331条（死亡后给付）第1款和第2款规定："（1）如果应在受约人死亡后向第三人履行给付，在产生疑问时，第三人在受约人死亡时即取得要求给付的权利。（2）如果受约人在第三人出生前死亡，只有在已保留撤销或变更约定的权利的情况下，始得撤销或变更对第三人履行给付的约定。"

③ 《意大利民法典》第1921条（利益的撤回）规定："依前条规定可以采取的方式，受益人的指定可以撤回。但是在投保人死亡后不得由继承人撤回指定，在保险事故发生后，受益人做出了接受赔付的意思表示的（1411、1412），也不得撤回。"

④ 《俄罗斯联邦民法典》第956条（受益人变更）规定："投保人有权在书面通知保险人后，以其他人更换保险合同中指定的受益人。经被保险人同意而指定的人身险保险合同受益人的变更，只要在被保险人同意时才允许。当受益人履行了保险合同中的某项义务或者向保险人提出了支付保险赔偿或者保险金请求以后，则受益人不能更换为其他人。"

有期待权，于保险事故发生后，该期待权成为既得权；以可撤销的方式指定的受益人，于保险事故发生前，受益权仅为一种对权利之期待，于保险事故发生后，受益权由对权利之期待转为既得权。无论以可撤销或不可撤销的方式为受益人之指定的，均不影响保单持有人和参加人处分自己的权利（保险金以外的权利如现金价值请求权、红利请求权等），但不得影响或损害受益人的权利。[①]

在加拿大普通法各省，已为《统一人寿保险法》所确认的普遍规则是，对于未提供对价的受益人，其指定可随时被撤销，只有被保险人通过不可撤销的指定而自愿放弃处分权的，该受益人之地位才得以固定，此时之受益权为期待权。因此，除不可撤销指定的受益人于指定时即获得对保险金的期待权外，其他受益人对保险契约之利益处于一种类似于遗产继承期待之地位，即此种情形下之受益权仅为一种对权利之期待。另外，1962年之前的《统一人寿保险法》有一特殊规则，即被保险人之亲属为受益人之情形，其不得变更受优先保护的亲属受益人。[②]

在美国，关于保险受益权之性质，在保险实务和司法实践中经历了两个不同的阶段。首先，在19世纪和20世纪早期，人寿保险合同通常仅有受益人指定条款，而在指定的受益人先于被保险的生命死亡的情况下并无保险金归属的替代性处理方案。而且在某些情况下，保险合同也不明确哪些情况下被保险人有权变更保险合同订立时指定的受益人的问题。这种规定的缺失或许显示的意向是，受益人一旦指定，即取得合同的某种既得权利（实为期待权）。当保险合同未保留被保险人变更受益人之权利时，法院通常认为，没有受益人的同意，（即使获得保险人的默许）被保险人也不能实施像转让保险单或变更受益人等行为。由此表明，当保险合同未保留被保险人变更受益人之权利时，受益人即取得对保险金之期待权，于保险事故发生或保险合同期满时，该期待权成为既得权。其次，现代的保险合同通常明确规定保留被保险人变更受益人的权利。当有此种条款时，任何被指定为受益人者并不享有既得权利，受益人仅处于一种期待地位，除非有（诸如有权变更受益人的人向保险单上指定的受益人许诺）不得变更受益人的特别规定。除此外，现今的保险合同通常具体规定临时（候补）受

① 《魁北克民法典》第2458条规定："不可撤销的指定的规定约束保单持有人，即使被指定的受益人对此不知，亦同。只要此等指定依然不可撤销，合同赋予保单持有人、参加人或受益人的权利免受扣押。"第2460条规定："即使不可撤销地指定了受益人，保单持有人和参加人仍可以处分自己的权利，但应尊重受益人的权利。"

② David Norwood & John P.Weir, *Norwood On Life Insurance Law In Canada*, Carswell A Thomson Company, 3rd Edition, 2002, p.279.

益人，或者规定当没有指定的受益人可以领取保险金时，保险金即由被保险的生命者的继承人领取。[①]基于上述，在19世纪和20世纪早期，因受益人之指定往往为不可撤销之指定，故受益权在保险事故发生前为期待权，于保险事故发生后，为既得权；20世纪中期以后至今，因受益人之指定往往为可撤销之指定，故受益权在保险事故发生前仅为一种对权利之期待，指定权人明示放弃撤销权的，受益权为期待权。当然保险事故发生后，无论可撤销或不可撤销的受益人指定，受益权均为既得权。

中国大陆地区《保险法》和司法解释里均没有受益人地位或受益权性质的明确规定，保险合同或保单条款也没有受益权性质的约定。但从保险合同法规范之体系解释的角度而言，指定权人未声明放弃受益人指定变更权或撤销权的，受益权仅系一种对权利之期待；反之，若指定权人明确放弃受益人指定变更权或撤销权的，受益权则为期待权；保险事故发生前，无论受益权为一种对权利的期待或期待权，在保险事故发生后，受益人地位得以确定，受益权即成为既得权或完整权。[②]

（3）本书见解

学界关于受益人受益权的性质并没有形成统一的认识，归纳而言，有所谓"期待地位"说、"期待权"说、"附条件权利"说和"既得权"说等。笔者认为，受益权之性质为何，应根据保险事故发生前后、受益人的指定方式、受益人的类别、受益权的标的（利益）、保险的险种等不同因素而分别加以认定。

根据保险事故是否发生或者发生前后而为区分。

①保险事故发生后，受益权始从一种期待或期待权（附条件的权利）而成为既得权，该权利系根据保险合同而产生的金钱债权，与民法上之金钱债权无本质差异，受益人据此享有向保险人请求给付保险金的权利。当保险人给付保险金时，受益人对此给付享有受领权，若保险人拒绝给付、迟延给付或不完全给付时，受益人可以请求法院强制保险人实际履行并可请求赔偿迟延给付之损失。但问题是受益人可否将保险金请求权随意处分，如将其赠与、转让或质押以及清偿债务等。对此问题，江朝国先生认为："人身保险契约于被保险人死亡时即保险事故发生时，受益人于此时即

---

① Robert E .Keeton & Alan I. Widiss, *Insurance Law——A Guide to Fundamental Principles*, *Legal Doctrines*, *and Commercial Practices*, West Publishing Co., Student Edition, 1988, p.427.

② 《中华人民共和国保险法》第39条规定："人身保险的受益人由被保险人或者投保人指定。投保人指定受益人时须经被保险人同意……"第41条规定："被保险人或者投保人可以变更受益人并书面通知保险人……"

取得具体的保险金请求权，系民法上一般金钱债权，受益人可自由处分其保险金请求权、可被其债权人扣押、也可于保险金额范围内将其对保险人请求权转让于他人，但不得终止保险契约的效力，因其非继承投保人之地位的缘故，从而此时受益人之地位具有权利的性质无虞。"[1]

笔者赞同江朝国先生关于保险事故发生后的保险金请求权为金钱性质之债权之见解，但对其受益人可自由处分其保险金请求权、债权人亦可申请扣押之见解表示异议。虽然保险事故发生后之保险金请求权为债权，但该债权不同于因一般契约所生之债权。一方面，基于保险之风险预防和出险后之补偿功能以及因此所发挥的社会稳定器之作用，保险金是救灾钱和救命钱，因此保险金请求权应不受被保险人、投保人和受益人之债权人追索，否则将使保险的性质和功能受到破坏甚至丧失殆尽，保险制度的宗旨和价值追求也将无从实现。对于保险契约中储蓄或理财投资部分之权益，是否可受债权人申请之扣押，则有斟酌的余地。另一方面，指定受益人之保险金请求权于保险事故发生后，是否可自由处分，还应根据被保险人的意思来决定。因被保险人指定何人为受益人体现了被保险人欲使何人受益的强烈意向，所以被保险人可以对保险金之用途明示予以限制，若有限制之意思的，应尊重被保险人的意愿，指定受益人不得随意处分之。

②保险事故发生前，受益权绝非既得权，而是一种期待（mere expectancy）或期待权，究为期待或期待权，则应根据受益人的指定方式、受益权的标的和险种等因素而为判断。

第一，根据受益人的指定方式不同，受益权的性质亦有所区别。指定权人以不可撤销或不可变更的方式（放弃处分权）指定受益人的，受益人所取得的受益权乃一附条件的权利或期待权，即以保险合同约定的保险事故的发生作为保险金请求权实定化，即成为既得权的期待因素，或完整权的完成条件。在保险事故发生前，受益权作为期待权尚未实定化而不具有强制执行效力，但指定权人非经受益人同意不得撤销或变更受益人之指定。指定权人以可撤销或可变更的方式（保留处分权）指定受益人的，受益人之地位处于随时被取消的不确定状态。因此，受益人并不享有任何实质权利，其地位非常脆弱，所谓的受益权仅为一种对权利之期待而已。

第二，受益权的性质基于受益人类别的不同而有别。在同一保险合同里，如果指定权人分别指定了不同顺序的受益人，如第一顺序受益人和后顺序（后补）受益人（primary and contingent beneficiary），前者之地位或

---

[1]　江朝国:《保险法逐条释义 第四卷 人身保险》，原照出版公司2015年版，第389~390页。

享有的受益权比后者较优越。当第一顺序受益人享有的受益权为一种期待时，后顺序受益人则处于一种希望更小的期待地位；当第一顺序受益人享有的受益权为期待权时，后顺序受益人之受益权仅为一种期待；只有当所有的第一顺序受益人死亡、放弃或丧失受益权时，后顺序受益人顺位上升，其受益权才转换为一种对权利之期待或期待权。

第三，受益权的性质因保险契约或险种的不同而有别。在人身保险之生死两全保险（生死混合险）或以期满为保险金给付条件的，若指定权人放弃处分权的，则受益人的受益权为期待权，此权利类似于未到期之金钱债权。因为，在生死混合保险契约中，作为保险事故之被保险人的生存或死亡必有其一发生。在以期满为保险金给付条件的保险契约中，如生存年金保险、定期年金保险或死亡年金保险契约，保险金实为保险费之累积，类似于储蓄债权，保险人作为债务人负有届期按约定条件履行给付保险金之义务。以偶发性风险之发生为给付条件的保险契约，保险是否发生、何时发生、何处发生和发生的损害后果大小等皆不确定，若指定权人保留处分权的，受益人之地位也不确定，两项不确定因素叠加，致使受益人之受益权仅为一事实上的期待。若指定权人放弃处分权的，受益权为一附条件的权利（期待权），即以保险事故的发生为停止条件的权利。

第四，受益权的性质根据权利的标的即给付利益的不同而有别。在附加投资或储蓄功能的保险契约中，指定权人可以针对不同的保险契约利益分别指定受益人，如针对风险保障部分的保险金指定受益人的，以该部分利益为标的的受益权或为一种纯粹之期待（指定权人保留处分权），或为一种附条件的权利（指定权人放弃处分权），即期待权。指定权人若以储蓄或投资部分之利益为标的而指定受益人的，该部分权益经过一定的期限，会因保险费累积或投资增值产生现金价值，以此利益为内容或客体之受益权或为一种期待（指定权人保留处分权），或为期待权（指定权人放弃处分权）。

第八章　保险受益人指定之变更

　　19世纪和20世纪初，英国、美国等保险业发展较早的国家，人寿保险单中关于受益人之表格通常仅供受益人之指定之用，并不包括受益人先于被保险人死亡时保险金之另行处理条款。而且，在有些情况下，保险契约甚至不涉及被保险人是否有权变更保险契约订立时所指定的受益人的问题。这种条款的缺漏或许反映了这样的观念：即受益人一旦被指定，便既定取得保险契约之某种权利（vested right）。① "若保险契约未保留保被保险人变更受益人之权利，法院通常认为，若未取得受益人之同意，被保险人即不得采取诸如转让保险单或变更受益人的任何行为。"②

　　与上述情形不同的是，现代的保险契约通常包含明示保留被保险人变更受益人的权利之条款。当保险契约载有这样的条款时，被指定为受益人之人并不享有既得权，除非有不得变更受益人指定的特别约款（例如，变更权人对已指定的受益人做过不再变更之承诺）。例如，有保险辞书对"保险受益人变更条款（change of beneficiary provision）"之词条解释为："为人寿保险与健康保险之条款，赋予要保人有随时可以变更受益人的权利，除非受益人已经依据不可撤销指定，否则可随时变更其所选择之受益人。"③此外，现在的人寿保险契约常常载有临时或候补受益人条款，或者规定，当遇有无指定受益人受领保险金之情形，保险金将归入被保险人遗产之详细条款。④

　　我国自改革开放确立市场经济体制之后，迎来了保险业发展的黄金季

---

① Robert E.Keeton & Alan I. Widiss, *Insurance Law—A Guide to Fundamental Principles, Legal Doctrines, and Commercial Practices*, West Publishing Co., 1988, p.427.

② See Mutual Benefit Life Insurance Company v. Swett 222 Fed.200(6th Cir.1915);Davis v. Modern Industrial Bank.279 N.Y.405,18 N.E.639(1939)）.

③ 财团法人保险事业发展中心：《保险英汉词典》（*English-Chinese Dictionary of Insurance*）2006年版，第227页。

④ See Robert E.Keeton & Alan I. Widiss, *Insurance Law—A Guide to Fundamental Principles, Legal Doctrines, and Commercial Practices*, West Publishing Co., 1988.p.428.

节。虽经四十余年的发展，但保险市场尚未充分发育，理论研究亦未臻成熟。对于保险受益人指定的变更，在保险实务、保险立法、司法和理论研究等方面还需要共同协力，以求进一步发展和日臻完善。因此，本章将在比较法研究和实证分析等基础上，就受益人指定变更的情形、变更的性质、指定变更权人、指定变更意思表示的解释、指定变更的效力，以及被保险人或指定权人未遵守保单变更程式所为的受益人变更的效力等理论与实务问题作较为详细的论述。

一、受益人指定变更的语义及情形

（一）"变更"的语义学解释

从词义学的角度理解，"变更"一词，由"变"和"更"二字构成："变"，为动词，有变化、改变、变动等含义；"更"作动词，有替换、更换、代替、取代等含义。在英文里，"变"表达为"change"；"更"表达为"replace/exchange"；而受益人的变更的名词术语表述为"change of beneciaries"，动词表达为"change beneciaries"。

（二）受益人指定变更的情形

一是撤销原先所为的受益人指定，不再另行指定新的受益人。这种情形体现的只有"变"而没有"更"，原指定的受益人因被取消受益人资格，其所享有的保险金给付请求权回归被保险人，即发生法律行为被撤销后恢复原状的效果，其效果溯及于行为实施以前。

二是撤销原先所为的受益人指定，另行指定新的受益人。这种情形体现的有"变"有"更"，即有"替换"的意思，被取消受益人资格的，发生如上所述之恢复原状之效果；新指定之人取得受益人资格，享有保险金请求权，[①]其仍为被保险人对原权利之处分。应当注意的是，这一"变"一"更"同时发生，即在这一行为过程中同时包括取消原受益人之地位和以新的受益人替代原受益人。如被保险人甲以丙为新受益人替换原受益人乙即为其例。

---

① 在本书中，"保险给付请求权""保险受益权""保险金请求权"等为同义语，因此未固定使用其中之一，而是交替使用；与前述权利分别对应的"保险给付利益""保险契约利益""保险金"亦为同义语。

三是增加受益人。增加受益人，即在原已指定的受益人的基础上，追加指定新的受益人。增加指定受益人的情形又包括多种：①新受益人与原受益人顺序相同，但未表明新受益人之受益份额，且原受益人也无明确受益份额的，可视为新人与原受益人之受益份额相等，这种情形在中国大陆可以适用《保险法》第40条第2款的规定。[①] ②新增加的受益人与原受益人为同一顺序，但未表明新受益人之受益份额，而原受益人有明确的受益份额或受益比例的，此等情形将如何处理？此等情形可以视为与原受益人按相应的比例享有保险契约利益。如原受益人为三人，各享有的比例为1/3，若增加一位受益人，即按1/4的比例分享；若原三位受益人有具体的份额如各为30万的，增加一人后用保险金总额均摊于各受益人；若原受益人是按不同的比例（如5∶3∶2）或不同的数额（如甲为50万，乙为30万，丙为20万）分享保险金的，增加一人后各自如何分享，即成为难题。是否可以由受益人共同协商确定，或者认为原受益份额或比例失效，重新按人头平均分享？如果新、旧受益人不能协商一致的，是否可以将新受益人列为第二顺序受益人？中国大陆地区《保险法》第40条第2款和《保险法司法解释三》只规定了初始指定受益人的情况，而没有顾及增加受益人时所带来的影响。这一悬疑最终有待于修法或司法解释来解决，但笔者建议应从探求被保险人之真意和考虑新增受益人与被保险人之间的关系的亲疏远近以及新旧受益人之间的经济状况综合权衡而定。③新增加的受益人未有明确受益顺序，而原受益人亦仅有一个顺序的，则应视为新旧受益人处于同一顺序；新旧受益人均无具体受益份额的，各自份额应均等；新受益人无具体受益份额，而原指定的受益人各有明确的份额或比例的，若份额或比例相同，则按总人数除以保险金总额而均等享有；若原受益人受益份额或比例不同，则按上述情形②之第二种情况处理。④新增的受益人若处于后顺位的，则不会与前顺位发生上述份额或比例的分配问题或难题；若新增的后顺位的受益人为数人的，可以适用《保险法》第40条第2款的规定处理。

四是减少受益人。减少受益人，即被保险人对原指定的数个受益人取消其中部分受益人之资格的单方法律行为。若指定变更权人减少原指定的受益人，即撤销原指定受益人中某一人或数人之资格时，而且未将该受益人之受益份额做出处理，保险合同也未规定处理此等问题之条款时，由此

[①] 《中华人民共和国保险法》第40条第2款规定："受益人为数人的，被保险人或者投保人可以确定受益顺序和受益份额；未确定受益份额的，受益人按照相等份额享有受益权。"

涉及的问题有：①被撤销资格的受益人与其他受益人处于同一顺序的，若他们彼此之间没有受益份额或比例的，是由剩下的受益人均等分享全部保险金还是该受益人应享有的受益份额回归被保险人而由其再做处理？②被撤销资格的受益人与其他受益人处于同一顺序，且他们彼此之间有份额或比例安排的，被撤销资格的受益人原所享有的受益份额是由剩下的受益人平均分享或按原比例分享，还是回归于被保险人？③被撤销资格的受益人处于后一顺序的，其与前一顺序受益人之间彼此不发生利益冲突，但仍存在剩下的受益人与其处于同一顺序的受益人之间就该受益人之份额是均等分享、按比例分享还是回归被保险人的问题？以上问题若发生在中国大陆，可以适用《保险法》第40条第2款的规定处理或者按照《保险法司法解释三》第12条的规定处理。[①]但是，如果情形特殊而《保险法》和《保险法司法解释三》均不能适用的，将如何处理？

世界各国或地区保险法或判例对于因受益人指定变更而减少受益人的情形，均规定该受益人原享有的份额由剩余的受益人或按比例或均等分享，而未规定该受益人原享有的份额回归被保险人。这与法律行为的一般原理或规则有所不同，其道理为何？根据法律行为原理，法律行为一经撤销（除继续性行为，如委托、雇佣等被撤销而没有溯及力外）溯及行为开始时无效，即产生恢复原状的效果。若依照此原理，受益人指定一经撤销，则发生与未指定受益人相同的效果，该受益人所享有的受益份额即应回归被保险人，而非由剩余的受益人按比例或平均分享；若由剩余的受益人按比例或平均分享该份额，类似于无处分权人处分他人的财产，也未必符合被保险人的真实意思。尤其在被保险人将债权人指定为受益人，以确定数额的保险金用于偿还其所负担的相应数额的债务时，而被取消受益人资格的人所丧失的受益份额若依《保险法》第40条第2款或《保险法司法解释三》第12条规定处理而由债权人受益人分享时，对于作为债权人的受益人而言，其超出债权额部分即属于不当得利，这大多不符合被保险人的本意；即使剩下的受益人不是被保险人的债权人，按上述规定处理，也未必符合

---

① 《最高人民法院关于适用〈中华人民共和国保险法〉若干问题的解释(三)》(法释〔2015〕21号)第12条规定："投保人或者被保险人指定数人为受益人，部分受益人在保险事故发生前死亡、放弃受益权或者依法丧失受益权的，该受益人应得的受益份额按照保险合同的约定处理；保险合同没有约定或者约定不明的，该受益人应得的受益份额按照以下情形分别处理：(一)未约定受益顺序和受益份额的，由其他受益人平均享有；(二)未约定受益顺序但约定受益份额的，由其他受益人按照相应比例享有；(三)约定受益顺序但未约定受益份额的，由同顺序的其他受益人平均享有；同一顺序没有其他受益人的，由后一顺序的受益人平均享有；(四)约定受益顺序和受益份额的，由同顺序的其他受益人按照相应比例享有；同一顺序没有其他受益人的，由后一顺序的受益人按照相应比例享有。"

被保险人的本意；若剩余的受益人同时为被保险人的继承人，按照上述规定处理与适用《保险法》第42条的结果相同的，也未尝不可。[①]保险法做这种不同于法律行为一般规则或原理的处理，大多出于这种考虑：①在被保险人指定多人为受益人的，是因为他们与被保险人之间的关系同等重要而无亲疏远近之分，从感情上考虑，不想舍弃任何一人；②保险受益人的地位和受益权优先于继承人，故失权者的受益份额由剩余受益人分享，而不是回归被保险人或归入其遗产，这样似乎更符合被保险人的真实意愿。

五是变更受益人的顺序或受益份额。与上述四种变更情形相比，仅变更受益人的顺序或受益份额的，与受益人之资格的得丧变更则有显著的不同，即质与量的不同。若变更受益人之间的受益份额，仅在彼此之间发生份额此消彼长的变化，并不导致各受益人地位的变化；但是，若被保险人变更或调整受益人的顺序，如将第一顺序的受益人变更为第二顺序，或者将第二顺序的受益人变更为第一顺序，除了受益份额或受益比例发生变化外，被变更的受益人的受益权之性质则发生变化，即被调整为第一顺序的受益人，其受益权将比第二顺序的受益人优越，或对权利期待的可能性高于后顺序的受益人，或者由纯粹的期待变为期待权。反之，被变更为第二顺序的受益人，其受益权之性质则转化为可能性更小的期待。

二、受益人指定变更的性质

（一）指定的变更为单独行为

受益人（指定）的变更，是对原受益人指定的变动或更改。有的国家的立法是将受益人的指定和指定的变更合并放在同一部分加以规定，因此在理论著述上相应地将二者一并加以论述。虽然受益人指定变更的具体情形具有多样性，即分别有撤销指定、更换和增减受益人等，但其性质亦如受益人之指定，即系单独行为。首先，受益人指定的变更，本质上亦为被保险人对保险契约利益的处分，类似于被继承人的遗嘱设立和随后所为的撤销或更改行为，因而其意思表示无须通知于原受益人和新受益人；新、

[①]　《中华人民共和国保险法》第42条规定："被保险人死亡后，有下列情形之一的，保险金作为被保险人的遗产，由保险人依照《中华人民共和国继承法》的规定履行给付保险金的义务：(1) 没有指定受益人，或者受益人指定不明无法确定的；(2) 受益人先于被保险人死亡，没有其他受益人的；(3) 受益人依法丧失受益权或者放弃受益权，没有其他受益人的。受益人与被保险人在同一事件中死亡，且不能确定死亡先后顺序的，推定受益人死亡在先。"

旧受益人亦无权对此表示异议，这既是被保险人或变更权人私权处分自由的表现，也是被保险人出于对道德危险防阻的考虑。分析归纳受益人变更的四种情形，可以将其概括为撤销受益人的指定和另行指定两种类型。其次，受益人变更的意思无须保险人同意，因无论变更何人为受益人，对保险人并无利害得失之变化；至于受益人指定之变更应否通知保险人，于受益人变更之生效亦不生影响，只是未为通知的，不生对抗保险人之效力；受益人变更的意思是否通知保险人是被保险人之权利，而非其义务。若保险人已对原指定受益人履行保险金给付义务的，该给付行为产生保险人给付义务消灭的效果；变更后的受益人只能向受领保险金的原受益人主张不当得利之返还。

总之，受益人指定变更的实质仍为被保险人基于意思自治对其固有的保险契约利益的处分，是无须相对人同意的单独行为，而非与他人之间所为的具有对待给付性质的双务有偿的交易行为。另一方面，受益人指定的变更对于原受益人而言，无论其受益人地位的撤销或其受益顺序或受益份额的调整，仍属于被保险人处分自己权利的自由，并未损害原受益人的固有利益；对于新受益人而言，其受益人地位之取得和受益权的享有，是被保险人将其保险给付请求权授予他（她）的法律效果。因此，受益人指定的变更亦无须经新、旧受益人的同意，也不必将变更之意思通知于他们。

（二）受益人指定变更权的性质

从受益人指定变更的单方法律行为之性质和受益人指定变更的法律效果观察，受益人指定变更所据以行使的权利应为形成权。形成权是由德国学者泽克尔（Seckel）在总结德国学者研究成果之基础上创造性提出的概念，是"得依权利人一方的意思表示而使法律关系发生，内容变更或消灭的权利"。[1]因此，形成权以法律关系为客体，其行使的法律效果是使法律关系发生，法律关系的内容变更或使法律关系消灭。如被代理人行使追认权而使无代理权人所订立的合同生效，选择之债的选择权人因行使选择权而使法律关系变更，合同当事人因行使解除权而使合同消灭等。如前所述，受益人指定变更的性质为单方法律行为，实施该行为所依据之权利学理上谓之变更权，该权利的性质依通说为形成权。如郑玉波先生认为，受益人的变更是要保人的处分权，其行使的结果导致受益人变更，是为要保

---

① 王泽鉴:《民法总则》（增订版），中国政法大学出版社2001年版，第97~98页。

人对于受益人的变更权，又变更权属于形成权，与受益人指定权具有同一性质。[①]又如江朝国先生认为："受益人指定权之内涵包括受益人之变更、撤销，虽概念上指定、变更、撤销行为之态样不同，然其皆系基于指定权所生，并无区别指定权与变更权之实益……受益人指定权乃形成权，使当事人间存在之法律关系内容发生变更。"[②]

从被保险人或变更权人行使受益人指定变更权的方式和效果观察，笔者亦认为受益人指定变更权为形成权。一方面，受益人指定的变更无须征得保险人同意，也无须经新、旧受益人的同意，仅依变更权人单方意思表示即使以保险金给付为客体的法律关系发生变更或消灭的效果。另一方面，无论受益人指定变更的情形为增加指定受益人、撤销（减少）受益人的指定或更换受益人，均发生形成权行使的效果，即受益人指定变更权之行使导致原受益人与保险人之间以保险金给付为客体的债权债务关系变更或消灭：若为受益顺序或受益份额的变更，则为两者之间以保险金给付为客体的债权债务关系内容的变更；若为原受益人地位的取消，则导致其与保险人之间的以保险金给付为客体的债权债务关系消灭；在新受益人与保险人之间，若指定变更表现为增加指定受益人，则导致新受益人与保险人之间以保险金给付为客体的债权债务关系的发生；若指定变更表现为新旧受益人的更换，则同时发生原受益人与保险人之间以保险金给付为客体的债权债务关系的消灭和新受益人与保险人之间以保险金给付为客体的债权债务关系的发生。

三、受益人的指定变更权人

已如上述，受益人指定的变更包括撤销原指定和另行指定两种情形，是对原指定的全部或部分取消，因此受益人的指定主体（指定权人）与变更的主体（变更权人）应是一致的。因为有权指定受益人者必为享有保险给付利益处分权之人或被授权之人；同理，有权变更指定者也应是对保险给付利益享有处分权之人或被授权之人，所以受益人之指定权人和变更权人应为相同的主体。若变更权人非为指定权人，其变更权从何而来？岂不

[①]　郑玉波：《保险法论》，刘宗荣 修订，三民书局2003年版，第180页。另参见尹田 主编：《中国保险市场的法律调控》，社会科学文献出版社2000年版，第257页。

[②]　江朝国：《保险法逐条释义　第四卷 人身保险》，元照出版有限公司2015年版，第328~333页。

成了无源之水，无本之木？因此，受益人指定权人与变更权人必为相同的主体。受益人指定权与变更权也应具有同一性质。受益人的指定与指定的变更作为单方法律行为，体现的是权利人的私权处分自由。海因·克茨论及第三人合同权利之变更或终止时说："似宜不规定强制性的规则，由当事人自己来决定第三人的权利是否可以变更或终止为宜；如果一个人最初有权自由决定是否创制此权利，则他同样应当有权根据自己的意愿自由决定是否撤销它。"[①]因此，有制定法或判例以及保险实务将受益人之指定与指定的变更并列规定之模式。

（一）比较法上受益人之指定变更权人

1. 以被保险人为指定变更权人或投保人为被授权变更人

受益人指定的变更以指定为前提，指定权人所为受益人之指定，是对其所享有的保险给付请求权之处分，因此受益人之指定权人与指定的变更权人应为同一主体。正如李玉泉先生所言："从本质上看，变更受益人其实就是重新指定受益人，因此有关指定受益人的法律规定当然适用于变更受益人。"[②]

根据中国大陆地区《保险法》第41条第1款规定的前句来看，被保险人和投保人均有受益人指定变更权，但结合该条第2款，被保险人为实质的变更权人，投保人实为被保险人授权行使变更权之人。[③]《保险法司法解释三》对此做了进一步的明确。[④]

中国台湾地区《保险法》第111条（受益人之变更）虽然规定要保人为受益人指定变更权人，但联系该法第105条和第106条之规定，被保险人对要保人之指定变更享有同意权，即要保人实为经被保险人授权为受益人变更之代理人。[⑤]被保险人对要保人指定变更受益人的同意，在于避免来自受益人的道德危险。因为人寿保险大多为长期保险契约，来自受益人的

---

① [德]海因·克茨：《欧洲合同法》（上卷），周忠海 等译，法律出版社2001年版，第379页。

② 李玉泉：《保险法》，法律出版社2019年版，第228页。

③ 《中华人民共和国保险法》第41条规定："被保险人或者投保人可以变更受益人并书面通知保险人……投保人变更受益人时须经被保险人同意。"

④ 《最高人民法院关于适用〈中华人民共和国保险法〉若干问题的解释（三）》（法释〔2015〕21号）第10条规定："投保人或者被保险人变更受益人，当事人主张变更行为自变更意思表示发出时生效的，人民法院应予支持。投保人或者被保险人变更受益人未通知保险人，保险人主张变更对其不发生效力的，人民法院应予支持。投保人变更受益人未经被保险人同意，人民法院应认定变更行为无效。"

⑤ 参见中国台湾地区《保险法》第111条、第105条和第106条。

道德危险极高，故应使被保险人掌控受益人变更权以降低道德危险发生的概率。[①]

《美国加州保险法》第10350.12条（受益人之变更）规定："除非被保险人指定受益人并抛弃处分权，被保险人保有变更受益人之权利，而本保单权益之转让或中途解约，或其他变更保单，亦无须经受益人同意……"[②]该规定清楚表明受益人指定变更权人为被保险人。其他各州的制定法或判例均有相似的规定。[③]

根据加拿大普通法各省实施的《统一人寿保险法》和魁北克省实施的《魁北克民法典》之规定，受益人之指定变更权人为被保险人。[④]

2. 以投保人为指定变更权人，被保险人享有同意权

根据《德国保险合同法》之规定，投保人享有受益人指定权、指定变更权和保险合同权益转让权，但为防阻来自受益人对被保险人生命构成的道德危险，该法又赋予了被保险人对投保人订立死亡保险合同和约定保险金额的同意权。[⑤]

根据《法国保险合同法》之规定，投保人享有受益人指定变更权，但被保险人享有同意权，未经被保险人同意的，变更不生效力。[⑥]但若受益人意图制造道德危险的，即使其已接受保险契约利益，投保人仍可撤销对其的指定。[⑦]这表明，投保人的受益人指定变更权实为被保险人授权取得的，被保险人乃真正的权利人。

《意大利民法典》规定投保人以他人名义订立的保险契约须经被保险人追认后方为有效，而且投保人指定或变更受益人的，须经被保险人同意

[①] 参见江朝国：《保险法逐条释义 第四卷 人身保险》，元照出版有限公司2015年版，第326页。

[②] 施文森 译：《美国加州保险法》，财团法人保险事业发展中心1999年版。

[③] See Robert E.Keeton & Alan I. Widiss, *Insurance Law—A Guide to Fundamental Principles, Legal Doctrines, and Commercial Practices*, West Publishing Co., Student Edition, 1988, pp 429~432.

[④] See David Norwood & John P. Weir, *Norwood On Life Insurance Law In Canada*, Carswell A Thomson Company , 3rd edition, 2002, pp. 280~281.

[⑤] 参见孙洪涛 译著：《德国保险合同法》第45条、第159条第1款、第150条第2款，中国法制出版社2012年版。

[⑥] 参见孙洪涛 译：《法国保险合同法》L.132–8条第6款；载宋志华 主编：《保险法评论》第5卷，法律出版社2013年版。

[⑦] 参见孙洪涛 译：《法国保险合同法》L.132–24条第3款；载宋志华 主编：《保险法评论》第5卷，法律出版社2013年版。

或追认。①

《俄罗斯联邦民法典》规定投保人有变更受益人之权利，但经被保险人同意的人身保险受益人的指定，未经被保险人同意的，不得变更。②

《韩国保险法》也明确规定，投保人享有受益人指定和变更权。③

《日本保险法》"生命保险"一章和"伤害疾病保险"一章规定，投保人有受益人指定变更权，但死亡保险契约受益人之变更、保险契约利益之转让和质押，须有被保险人的同意，始生效力。④该法一方面规定投保人为受益人指定和指定变更权人，但以被保险人之同意为生效要件。由此表明，被保险人实为真正的受益人指定和变更权人，投保人不过是被保险人授权的受益人指定和变更代理人。

通过比较法之考察，可以将受益人指定变更权主体之立法例基本概括为两种：①以被保险人为实质变更权人或主要变更主体，以投保人为授权变更主体或辅助变更主体，尤其在以被保险人的死亡为保险给付条件时，必须由被保险人同意；②以投保人为变更权人，仅在以死亡为保险给付条件时，法律赋予被保险人以同意权。这两种立法例既有共同之处，也有相当差别：以投保人为变更权人的，非以被保险人死亡为给付条件的保险，通过被保险人的隐藏性授权而由投保人指定或变更受益人，而以被保险人之死亡为给付条件的，受益人之变更仍须被保险人（一般书面以）同意，相当于明示授权，否则合同无效；以被保险人为受益人指定变更权人，投保人经事先明示授权或事后追认而可变更受益人。归根结底，被保险人实为真正有权指定和变更受益人之主体，其根源在于被保险人是附着于保险标的之保险利益的固有权利人，出于对自身利益的考虑，尤其出于对其生命权益的重大关切，被保险人是最佳的风险控制人，尤其是对来自受益人的道德危险的控制。

（二）本书见解

受益人指定的变更（change of beneficiary），实际上是受益人的重新指定或变更指定，与受益人的原指定具有相同的性质和特征，因而关于指定

---

① 参见费安玲 等译：《意大利民法典》第1921条、第1890条和1891条，中国政法大学出版社2004年版。

② 参见黄道秀 等译：《俄罗斯联邦民法典》第956条、第934条第2款，中国大百科全书出版社1999年版。

③ 参见崔吉子、黄平 译著：《韩国保险法》第733条，北京大学出版社2013年版，第276~277页。

④ 参见《日本保险法》第43条、第45条、第47条、第72条和第74条。

的一般规则也适用于指定的变更。就上述两种立法例而言，以被保险人为受益人变更权人最符合保险契约之目的和以被保险人为损害填补对象的保险制度之原旨；同时与只有权利人自己可处分其权利的法理相一致（其反向解释，即任何人不得将大于自己的权利转让与他人）。被保险人之所以享有保险给付请求权，源于其生命、身体等人格权益为保险标的之道理，同时以被保险人为受益人变更之原权利人最有利于控制风险。而以投保人为受益人之（授权）变更主体大概基于这样几种原因：①投保人对被保险人具有保险利益；②投保人承担了支付保险费的义务；③投保人作为保险合同当事人变更受益人较为便利，如在被保险人为无行为能力和限制行为能力人而不具有辨识道德危险的能力，因而不能指定和变更受益人时，即可弥补这一不足。但前述三个方面的原因不足以使投保人享有受益人变更之固有权利。一则，受益人指定变更的实质仍属于对保险契约利益的处分，而被保险人是保险契约利益之固有权人，故以变更受益人的方式处分保险契约利益之原权利人非他（她）莫属。投保人对被保险人具有保险利益而以当事人名义与保险人订立契约并因此享有受益人指定变更权，该保险利益无非源于两者间的人身关系或与此紧密相连的财产关系（如经济上的仰给和共济关系），但投保人尤其在人身保险契约中与保险标的（被保险人的生命等人格利益）仅具有间接关系，而被保险人因其为保险标的上存在的保险利益的固有权利人，即直接利害关系人，而为受益人变更之固有权利人。故投保人变更受益人，须经被保险人明示授权（如以死亡为保险给付条件，应由被保险人同意）或隐藏性授权（非以死亡为保险给付条件下，被保险人不为反对的默示授权）。而在被保险人无行为能力或限制行为能力之场合，投保人若同时为被保险人之监护人，则是以法定代理人的身份代为指定、变更受益人。二则，投保人支付保险费更不足使其获得指定和变更受益人的权利，否则无异于以区区保险费为条件换取以被保险人生命为保险标的，由此将使被保险人陷入道德危险之中，这也同时构成对被保险人人格权的极度漠视。三则，以投保人为保险契约当事人便利契约之缔结，亦便利受益人之指定的变更。

基于上述分析比较，以被保险人为受益人指定变更权人与保险之目的与原理相合，为保护被保险人之利益和便于保险契约之缔结，经由被保险人明示授权或隐藏性授权投保人指定、变更受益人，并由被保险人通过事后行使同意权或撤销权以为周全之策。

四、受益人变更的原因

被保险人因何变更或重新指定受益人，原因可能复杂多样，也不便穷尽列举，故笔者将以被保险人和受益人两个侧面就主要或常见原因予以概要分析。

（一）受益人方面的原因

受益人放弃受益权。基于受益人指定的单方法律行为性质和被保险人对其保险契约利益处分之自由，被保险人指定受益人时，无须经受益人同意，也可对受益人秘而不宣。另一方面，被指定的受益人基于自己的意愿，可以接受或者放弃受益权。被指定的受益人明示放弃受益权的情况下，视同自始未指定受益人。因此，若被保险人不欲使自己直接受益或以其死亡为保险金给付条件的，则需要重新指定受益人。若被保险人于最初指定了多个受益人，其中部分受益人放弃受益权的，其他受益人的地位不受影响，并且他（们）可以平均或按受益比例分享某一受益人放弃的受益份额。若被指定的第一顺序受益人仅为一人并放弃受益权的，若有第二顺序受益人存在时，则自动从第二顺序升位进入第一顺序。

受益人依法丧失受益权。基于前述，在保险事故发生之前，受益人仅处于对权利之期待地位或仅享有期待权，保险给付条件成就的，则由期待地位或期待权转变为既得权，故一旦保险给付条件成就，再无变更受益人之机会。因此，已被指定的受益人因对保险契约利益并未取得既得权利，若其先于被保险人死亡（包括宣告死亡），其受益人资格或受益权不能成为继承之标的而归于消灭，就该受益人之受益份额，被保险人可重新指定受益人；若受益人对被保险人故意为加害行为（不以图谋保险金为限）而未遂的，其受益权因依法被剥夺而丧失，[①] 对该受益人之受益份额，若无第二顺序受益人替补受领的，被保险人也可重新指定受益人。

（二）被保险人方面的原因

基于意思自治或为防阻道德危险，指定权人即使以不可变更的方式指定了受益人，其在保险给付条件成就前得不受限制地变更已为之指定。一

---

① 《中华人民共和国保险法》第43条第2款规定："受益人故意造成被保险人死亡、伤残、疾病的，或者故意杀害被保险人未遂的，该受益人丧失受益权。"

则，指定权人指定亲属为受益人的，尤其在死亡保险，一般是为了维持其所供养亲属的生活，为避免因自己的死亡而使亲属之生活状况恶化或难以为继，故若指定权人生存其间，亲属受益人之生活状况改善而无须借助保险给付受益的，指定权人得指定新的受益人以替换原受益人，或者增加指定受益人而减少原受益人的受益份额。二则，若被保险人原本为了偿还其所负债务而通过指定债权人为受益人以为清偿的，但在保险契约期间届满之前，其已通过其他给付清偿债务，或者债权人免除其所负债务的，则原受益人指定的基础或对价原因已不复存在，其自得撤销原为之指定而再为指定。三则，即使非基于上述原因，指定权人亦得完全基于自己之好恶而变更原已指定之受益人，若其所属意的人被指定为受益人后，其与指定权人之关系渐行疏远或者突然恶化，指定权人自得指定新的受益人以替换原受益人。最后，若指定权人发现原指定的受益人心地不善或品行不端，甚至有加害自己之可能等情形，因而已背离其原初指定受益人的初衷，尤为避免道德危险，指定权人自可撤销原受益人之指定而重新指定受益人。

除以不可撤销的方式指定受益人外，指定权人甚至得以无法言说的原因而变更原指定之受益人。指定权人重新指定受益人的原因，若该原因所系事态严重，如受益人先于被保险人死亡或受益人欲加害被保险人，此可解释为民法上的情事变更。

五、受益人变更的程式

（一）变更的方式、方法

基于受益人指定的单方法律行为之性质，又受益人指定的变更以受益人的初始指定为基础，或可视为指定的具体样态（增加指定受益人、撤销受益人的指定和更换受益人等）而统括于指定之下，因而指定及其变更具有法律同质性。基于其单独行为之性质，受益人指定变更的方式、方法多遵循程式自由主义原则。因此，如同受益人之指定，受益人指定的变更得于保险契约或保险单上为之，亦可于遗嘱中为之，以及以其他方式、方法为之；可以采取书面形式或音频、视频形式，乃至口头形式。以上各种方式、方法由被保险人或变更权人选择使用，每一种方式与其他方式相比应只有简便与妥当之别，而无法律效力优劣之分。只是基于同一保险合同，若有两种不同的受益人变更方式存在且内容冲突的情形下，根据证据规则，书面的优于口头的，在后的优于先前的。以下分述之。

1. 于保险契约或保单上变更受益人

如同受益人的指定，受益人指定的变更可以在保险契约或保险单上进行。在此须注意的是，在保险契约或保险单上为受益人之变更，只表明被保险人或指定权人将受益人变更的单方意思记载于保险契约或保险单上，至于变更何人为受益人，于保险人而言并无重大利害关系，保险人所负保险给付义务仍为原给付义务，只是因受益人之变更而改变了给付对象而已，因此无须与保险人协商或经其同意。因而，在保险契约或保险单上为受益人之变更绝不意味着受益人的变更是须经要约和承诺程序之契约行为（双方法律行为）。

根据中国大陆地区《保险法》第41条之规定，受益人之变更可以在保险契约或保险单上为之。根据中国台湾地区《保险法》第111条之规定，非以不可变更之方式指定受益人的，指定权人于指定后，仍得以契约……处分之。此处所谓"仍得以契约……处分之"的表述乃任意性规范之体现，可理解为在保险契约或保险单上记载变更受益人的意思表示，而非指以要约与承诺之契约缔结程序为之。

《日本保险法》第43条、第72条分别在人寿保险契约和伤害疾病定额保险契约就受益人的变更做出了相同的规定，即变更通过向保险人为意思表示的方式进行，该意思表示到达保险人后，其生效时间溯及于通知发出之时。虽然这两条规定仅表明受益人之变更，以将变更之意思以通知方式向保险人做出，但基于受益人变更的单独行为之性质，并不排除可在保险契约或保险单上为之的方式。

根据《意大利民法典》第1920条（有利于第三人的保险）第2款和第1921条（利益的撤回）的规定，[①]受益人的变更如同受益人的指定一样亦可在保险契约或保险单上进行。

《德国保险合同法》第159条（受益人分配）第1款之规定显示受益人指定和指定变更的单独行为之性质，虽然未规定受益人的指定及其变更所采用的方式，但根据指定及其变更之单独行为的性质和法无禁止即可为之

---

① 《意大利民法典》第1920条（有利于第三人的保险）第2款规定："受益人的指定可以在保险契约中，或嗣后给保险人的书面表示中，或者通过遗嘱进行；即使受益人仅被一般性指定，保险仍然有效。在遗嘱中有利于特定人的保险金归属，与指定具有同等的效力。"第1921条（利益的撤回）规定："依前条规定可以采取的方式，受益人的指定可以撤回。但是在投保人死亡后不得由继承人撤回指定，在保险事故发生后，受益人做出了接受赔付的意思表示的，也不得撤回。"费安玲 等译，中国政法大学出版社2004年版。

自由主义观念，可推断，受益人之变更当可在保险契约或保险单上为之。[1]

《法国保险合同法》L.132-2条和L.132-25条规定受益人的指定和变更应采用书面形式，该书面形式应包括书面的保险契约。[2]

根据《俄罗斯联邦民法典》之第956条（受益人变更）之规定，受益人之变更除以书面通知保险人外，并不要求变更之本身采用书面形式或其他要式形式，而且依照该规定的文义，受益人之变更是在通知保险人之后为之。因此在保险契约或保险单上为受益人之变更当无不可。[3]

根据《魁北克民法典》第2446条和2449条之规定，受益人的变更亦得于保险契约或保险单上做出。[4]

《美国加州保险法》第10350.12条（受益人之变更）规定："失能保单应备载本条关于受益人变更之规定……被保险人保有变更受益人之权利，而本保单权益之转让或中途解约，或其他变更保单，亦无须经受益人同意。要保人行使前项处分权，非经通知，不得对抗保险人。保险人应依照这些规则诚信地向最后知晓的权利人为偿付，从而获得责任免除。"[5]该规定清楚表明，受益人之变更应在保险契约或保险单上中为之。

2. 以遗嘱变更受益人

中国大陆地区《保险法》第41条仅规定受益人之变更可采用书面形式，除此而外，并未列举其他形式，因而也未提及是否可采用遗嘱形式。但由此表明，受益人变更之意思表示采用不要式原则，故以遗嘱形式为之应无不可，而且保险实务中亦不乏通过遗嘱变更受益人而被法院认可之判例。[6]

---

[1]　参见孙洪涛 译著：《德国保险合同法》，中国法制出版社2012年版。

[2]　《法国保险合同法》L.132-2条第1款和第2款规定："（1）未经被保险人书面同意承保的资本或年金，第三人以被保险人的生命为标的订立的死亡保险合同无效。（2）被保险人对保险合同相关利益第三人的授权必须以书面的形式做出同意，并在保险合同上签字。"L.132-25条规定："如果保险人不知遗嘱或其他形式指定的受益人，或其他受益人的接受，或指定的撤销，保险人向未经指定、接受或撤销指定的受益人给付年金的，构成善意给付。"

[3]　《俄罗斯联邦民法典》第956条（受益人变更）第1款规定："投保人有权在书面通知保险人后，以其他人更换保险合同中指定的受益人。"黄道秀 等译，中国大百科全书出版社1999年版。

[4]　《魁北克民法典》第244条规定："指定受益人或代位的保单持有人应在保单或另一文件上为之，此处的另一文件可采用遗嘱形式，也可以不采取遗嘱形式。"第2449条规定："保单持有人或参加人采用遗嘱以外的书面形式指定其婚姻或民事结合的配偶为受益人的，不可撤销，但有相反规定的除外。可以撤销以任何其他人为受益人的指定，但保单或非遗嘱的另一单独书面文件有相反规定的除外。对代位的保单持有人的指定总是可以撤销。如可以做出撤销，撤销必须出自书面文件，但无须明示。"徐国栋 主编，孙建江 等译，中国人民大学出版社2005年版。

[5]　施文森 译：《美国加州保险法》，财团法人保险事业发展中心1999年版。

[6]　参见上海市闵行区人民法院（2012）闵民一（民）初字第2028号民事判决书；青岛市中级人民法院（2015）青民五终字第2168号民事判决书。

具体而言，既可专门以受益人变更为遗嘱之全部内容，亦可以之作为遗嘱内容的一部分，而且只要能够表明被保险人变更受益人的真实意思，遗嘱之受益人变更部分应具有单独之效力，应不受继承法关于遗嘱某些要件的限制（如胎儿之特留分和受遗嘱人抚养的无生活来源之亲属应继承份额等要求）。

中国台湾地区《保险法》就受益人之变更以列举方式明确规定可以遗嘱方式为之，此与国际上诸多国家之立法与判例的做法相一致。[①]

《日本保险法》第44条和第73条分别在人寿保险契约和伤害疾病定额保险契约部分规定，受益人之变更可以遗嘱方式为之。该法第45条针对以死亡为保险金给付条件之人寿保险契约规定了被保险人之同意为受益人变更之生效要件。

《法国保险合同法》L.132-25条规定："如果保险人不知遗嘱或其他形式指定的受益人，或其他受益人的接受，或指定的撤销，保险人向未经指定、接受或撤销指定的受益人给付年金的，构成善意给付。"该规定表明，受益人的指定或变更的意思表示采用不要式原则，遗嘱为可采用的方式之一。[②]

《魁北克民法典》关于受益人变更之意思表示亦采用不要式原则。其第2450条明确规定，受益人之变更可以遗嘱方式为之，且赋予遗嘱中受益人变更之条款以独立效力。[③]

综合上述各国或地区关于以遗嘱变更受益人之成文法规则和判例，表明遗嘱只是受益人变更可以采用的方式之一，此与受益人变更的单方法律行为之性质相一致，亦与法律行为自由主义原则相合。虽然有些国家未把遗嘱规定为受益人变更的方式之一，但只要其未将受益人变更之意思表示形式做要式性要求，则根据意思自治原则，被保险人或变更权人自可选择以遗嘱方式为受益人之变更。

笔者认为，无论是仅以受益人变更为内容的专门遗嘱，还是以之为部分内容的遗嘱，以能表明变更权人之真实意思和受益人可得确定，记载此

---

① 参见中国台湾地区《保险法》第111条。

② 孙洪涛 译《法国保险合同法》；载宋志华 主编：《保险法评论》第5卷，法律出版社2013年版。

③ 《魁北克民法典》第2450条规定："遗嘱因形式瑕疵无效的，其中包含的指定或撤销并不仅因这一理由无效。但若遗嘱被撤销，此等指定或撤销归于无效。在遗嘱中所为的指定或撤销不得用于对抗签署遗嘱后的另一指定或撤销，也不得用于对抗签署遗嘱前的指定，但遗嘱提到了有关的保单或遗嘱人明确表示此等意图的，不在此限。"徐国栋 主编，孙建江 等译，中国人民大学出版社2005年版。

内容之条款均具有独立效力。此处之遗嘱虽名为遗嘱，实为受益人变更的方式而已，应以特别法之保险法规则认定其效力，而不应以继承法关于遗嘱的效力规则来认定该条款之效力。《魁北克民法典》第2450条之规定即为遗嘱中保险受益人指定及其变更条款具有独立效力之著例。因此笔者建议我国应在未来修订《保险法》或制定司法解释时，可以明确列举方式将遗嘱列为受益人变更的方式之一。

3.受益人变更的其他方式

亦如上述，保险受益人之变更具有单方法律行为之性质，是被保险人对其保险给付利益之处分，是为他人设定权利的利他行为，而非为他人设定义务之负担行为。基于此，受益人变更之意思以何种方式表达自应遵循权利人之自由意志，除上述于保险契约或保险单上为之，以及以遗嘱方式为之之外，以独立于保险契约和非遗嘱的其他方式（书面或口头）变更受益人的，亦当无不可。

中国大陆地区《保险法》第41条以任意性条款笼统规定了受益人变更的书面形式，并未限定于保险契约或保险单上为之。根据受益人变更之性质以及该条所使用的"可以"之文句，可推断此条款属于任意性规定，书面仅为其倡导之形式（书面形式毕竟比口头形式稳妥），而非强制形式。因此，口头或其他非书面形式（视频或音频等）等亦应为可采用之方式。

中国台湾地区《保险法》第111条以有限列举的方式规定了契约和遗嘱变更受益人的方式，未以"等"字将其他方式囊括。但如上所述，受益人之变更为单方法律行为，从文义上理解，该规定"仍得以……遗嘱处分之"的表述，其应属于任意性规定，并不意味着不可以其他方式变更受益人。

《日本保险法》关于受益人变更的方式并未要求以要式形式为之，仅在第44条和73条以任意性规范规定受益人之变更可以采用遗嘱形式。根据举轻以明重之理，于保险契约或保单上为受益人之变更，更不在话下；又根据举重以明轻之理，以独立于保险契约的非遗嘱形式（其他书面形式或口头形式）亦当无不可。

《韩国商法典》保险编第734条第1款仅规定受益人的变更以通知方式告知保险人，并未就其所采用方式做任何规定。[1]基于受益人变更之单独行为性质和法律行为自由主义原则，受益人之变更在保险契约上为之、以

---

[1] 《韩国商法典》第734条第1款规定："投保人在签订合同之后指定或变更保险受益人的，若未通知保险人，投保人不得以此对抗保险人。"

遗嘱方式为之，以及以其他方式为之应均无不可。

《俄罗斯联邦民法典》仅规定以书面通知保险人后，可以变更受益人，而并未对受益人变更的方式做要式性规定，由此可判断，无论在保险契约中、遗嘱中以及其他方式为受益人之变更，应均无不可。[①]

《德国保险合同法》并未规定受益人变更的方式，[②]根据受益人变更之单独行为性质和法律行为自由主义原则，以任何能表达变更权人之真实意思和可得确定何人为受益人之任何方式为之，应均属可采用。

根据《法国保险合同法》L.132-25条之规定，受益人的变更可以在保险契约上进行，也可以非遗嘱的其他方式为之。[③]

根据《魁北克民法典》第2446条和第2449条之规定，受益人的变更可以采用保险单和遗嘱以外的其他书面形式。[④]

4. 本书见解

综合上述关于受益人变更方式的各立法例，可以总结归纳如下几点：①因受益人变更的实质为被保险人对其保险契约利益之处分，是设权于第三人之利他行为，对于相对人（保险人和新、旧受益人）而言有利而无害，故无须经其同意，因而属于基于被保险人或变更权人一方之意思即可发生效力的单方法律行为。②基于受益人变更之单方法律行为性质和法律行为自由主义原则，相关各国或地区制定法或判例关于受益人变更的意思表示方式或形式多为不要式，得于保险契约或保险单上为之，亦得以遗嘱方式为之以及以独立于保险契约和非遗嘱的其他形式为之均无不可。③由于口头形式相较于书面形式，其虽有简便易行之优点，但也有难以使意思表示固化而容易发生纠纷之弊端，故有关各国或地区之制定法或判例就变更受益人之意思表示多倡导书面形式，但并不禁止口头形式。④对于受益人变更未规定任何方式之立法例而言，其相较于不要式形式的列举式立法例更

①　参见黄道秀 等译：《俄罗斯联邦民法典》第956条（受益人变更）第1款，中国大百科全书出版社1999年版。

②　参见孙洪涛 译著：《德国保险合同法》第159条，中国法制出版社2012年版。

③　《法国保险合同法》L.132-25条规定："如果保险人不知遗嘱或其他形式指定的受益人，或其他受益人的接受，或指定的撤销，保险人向未经指定、接受或撤销指定的受益人给付年金的，构成善意给付。"

④　《魁北克民法典》第2446条规定："指定受益人或代位的保单持有人应在保单或另一文件上为之，此处的另一文件可采用遗嘱形式，也可以不采取遗嘱形式。"第2449条规定："保单持有人或参加人采用遗嘱以外的书面形式指定其婚姻或民事结合的配偶为受益人的，不可撤销，但有相反规定的除外。可以撤销以任何其他人为受益人的指定，但保单或非遗嘱的另一单独书面文件有相反规定的除外。对代位的保单持有人的指定总是可以撤销。如可以做出撤销，撤销必须出自书面文件，但无须明示。"徐国栋 主编，孙建江 等译，中国人民大学出版社2005年版。

为开放和宽容。⑤无论采用不要式形式的列举式或以书面为倡导性形式之立法例，还是不做任何方式或形式规定之立法例，只要能够反映被保险人或变更权人之真实意思和能够确认变更后之受益人为何人即为已足。关于受益人变更之意思表示采用不要式立法例符合单方法律行为之解释所采"尽可能探求当事人真意"之主观主义的原则。至于涉及保险人利益的保护，采受益人变更之意思以通知保险人而生对抗效力已比较妥当，不为通知或通知到达保险人之前，保险人根据原保险契约受益人指定条款已为保险金给付的，构成善意而有效的给付，新、旧受益人仅应于保险契约之外依不当得利规则处理他们之间的利益之争。

被保险人或变更权人以两种以上方式变更受益人，而内容相互冲突的，若均为书面形式，应以在后所为的书面意思表示为准，即这种情形应解释为在后所为的相同形式的意思表示意在变更或代替前一种意思表示。试举例如下：

甲于2006年12月12日以自己之生命为保险标的向某保险公司投保人寿险，指定乙为受益人，保险金额为10万元。后来，甲于2007年6月6日以遗嘱指定丙为受益人而有权请求全部保险金，之后又于2007年9月9日指定丁为受益人受领全部保险金，若先后指定的受益人乙、丙、丁没有受益顺序之别，且甲先后所为的三次受益人指定与变更均未通知保险人，保险事故发生后，乙、丙、丁三人均请求给付保险金的，即应以最后之指定变更为准，丁有权获得保险给付利益。但若最后所为之变更未通知保险人，则甲或丁不得以此对抗保险人。如保险人已将保险金支付于丙，构成善意有效的给付，保险人不再对丁负给付义务，丁可以不当得利规则向丙索要该笔金额。

若被保险人同时采用两种以上方式而为受益人之变更，或者该两种以上的变更均未记载时间而不知先后的，如一种于保险契约或保险单上为之，另一种以遗嘱或非遗嘱之其他形式为之，且二者内容相冲突（如均为受领保险金之全部），新、旧受益人均无证据证明自己更应获得保险给付的，本书认为，应以保险契约上或保险单上所为之变更为准。因为根据就近原则或最密切联系原则，保险契约或保险单乃经过要约与承诺程序而达成合意并记载契约权利义务的直接载体，保险契约成立生效后补充记载于其上的内容可视为保险契约之组成部分，或者可认为补记的内容与保险契约内容具有密切联系，所以可排除其他方式所为的受益人变更的效力。

若被保险人同时采用两种以上方式为受益人之变更，但内容并不冲突，则两种方式之变更可同时存在并有效。仍依上例，如被保险人甲于投保人寿险之后，于2007年9月9日分别以遗嘱和其他方式重新指定丙、丁为受益人各受领5万元保险金，此等同时或者先后以两种方式所为之受益人变更，因其内容互不冲突，故均应认定为有效之变更。

（二）受益人指定变更的效力

受益人指定的变更作为单方法律行为，其效力方面涉及的问题包括其有效要件、生效要件和生效时点以及被保险人或指定权人未遵守保单规定的程式所为的受益人变更的效力的认定等问题。

1. 受益人指定变更的有效要件

（1）受益人指定变更的主体有变更权

亦如前述，受益人指定的变更本质上为被保险人或指定变更权人对保险契约利益之处分。被保险人是以其财产或者人身为保险标的而受保险合同保障，即因风险之发生而使其保险利益遭受损害而为损害填补之对象，因而立法赋予其保险给付请求权，[①]该权利为基于其固有利益而生之固有权，基于此故，被保险人当然享有受益人指定变更权。至于有些国家或地区之立法，尤其是在人身保险契约关系体制上采"三分法"的大陆法系国家，将受益人指定变更权单独赋予投保人或一同赋予被保险人和投保人，则是为便利保险契约之缔结而通过被保险人之明示授权（类似委托代理权）或隐藏性授权（类似于法定代理权）于投保人之表象。

（2）受益人指定变更应系被保险人之真意

受益人指定变更之性质为单方法律行为，根据法律行为的一般效力规则，意思表示真实是法律行为的有效要件。因此，受益人之变更应为被保险人之真实意思表示，受他人胁迫等精神控制之下所为的受益人变更应归于无效。因为这既涉及对被保险人自由意志之尊重和保护，更关乎被保险人的生命安全利益和对道德危险的防阻。尤其在以被保险人之死亡为给付保险金条件下，受益人指定的变更还须被保险人的（书面）同意。[②]我国现行《保险法》和《保险法司法解释三》不分险种以及是否以死亡为保险事故，均规定被保险人之同意为受益人变更之生效要件。这一规定颇值赞同，其既体现了对被保险人人格权的尊重和保护，也有利于防阻道德危险，比那些仅在死亡保险场合才赋予被保险人变更同意权之规则要妥当而

---

① 参见《中华人民共和国保险法》第12条。

② 参见《中华人民共和国保险法》第34条第1款和第2款；中国台湾地区《保险法》第105条、第106条；《日本保险法》第45条、第47条、第74条、第76条；《俄罗斯联邦民法典》第956条第1款；《法国保险合同法》L.132-2条第2款、L.132-8条第6款。

周全。至于那些不分险种与保险事故种类均未将被保险人之同意作为受益人指定变更条件的立法例，显然忽视了对被保险人人格权的尊重，也不利于防阻道德危险，因而有欠妥当。

（3）受益人指定变更应不违背法律的禁止性规定

若法律对受益人的指定设有限制或禁止性规定的，在受益人指定之变更时也应同样遵循此限制或禁止性规定。就本书所考察的国家或地区之保险法，均规定团体人身保险之受益人为被保险人本人或只能由其在亲属范围内指定，同样，受益人指定的变更也应遵守这种限制性规定。[①]在美国，离婚判决或财产处理协议构成对受益人指定变更权的限制，即法院若判决被保险人对其离婚的配偶有扶助义务的，即应指定其离婚的配偶和子女为受益人，这将构成对受益人指定变更的限制。在施行夫妻共同财产制的各州，受益人的指定变更权受有限制。根据若干案例，如果配偶一方是另一方以夫妻共同财产所购买保单的受益人，则作为配偶的保单所有人未经前任配偶的同意，不得变更受益人。在其他案例中，法院认为，被保险人可以变更受益人，但作为配偶的受益人有权获得部分保险金。此外，有些州的制定法规定，限制行为能力人订立的人身保险契约，其指定或变更受益人的权利应受到限制。如有些州以制定法限制未成年人变更受益人，即该未成年人只能以自己为受益人，或者只能在特定群体范围内（指亲属）指定或变更受益人。[②]成年被保险人因超龄、事故或疾病导致心智不稳定情况下所做的受益人变更无效。对受益人变更主体所做的心智状况的鉴定类似于遗嘱能力的鉴定。未成年的被保险人的监护人代表未成年人所为的受益人变更也无效。[③]

（4）受益人指定变更不得违背公序良俗或规避法律

具有单独行为性质的受益人指定变更，应遵循公序良俗原则，也不得规避法律的禁止性规定。如被保险人将其婚外情人变更指定为受益人以维持婚外情关系的，因其违背公序良俗而应认定无效；又如被保险人将其行贿的对象变更指定为受益人以掩盖其行贿之意图的，因其违背刑法关于禁止贿赂的规定而无效；其他基于非法目的或违背公序良俗而将变更指定受

①　参见《中华人民共和国保险法》第39条第2款。

②　《纽约州保险法》第3207条（a）款规定："年满14岁零6个月的未成年人应视为有能力与保险人订立以其自身或对其有保险利益的其他任何人的生命，作为保险标的的人寿保险合同，并可拥有和行使与该保单有关的一切权利，但该保单的受益人只能是该未成年人自身或其父母、配偶、兄弟姐妹、子女或祖父母。"任自力 等译，光明日报出版社2019年版。

③　Muriel L. Crawl, *Law & the Life Insurance*, 7th edition, Richard D. Irwin, Inc., 1994, pp.255~258.

益人作为一种规避法律的手段之情形，亦将导致该指定变更无效。

（5）原受益人之指定非属于不可变更的指定

如果原受益人的指定属于不可变更或撤销的指定，这表明被保险人或指定变更权人以被指定之人为受益人的意图非常明确而坚定，该被指定之受益人因此对保险给付利益享有期待权，该权利已受法律之力的保护，非经该受益人之同意，不得撤销。因此，只有可变更或可撤销受益人之指定，被保险人才能予以变更。有些国家和地区的法律规定，如果被指定的受益人表示接受指定或者已经履行某些义务或为某种行为的，被保险人或指定权人也不得变更该受益人之指定。如法国、俄罗斯等国之保险法设有此等规则。①《魁北克民法典》赋予被保险人以非遗嘱之书面形式并且以其婚姻或民事结合的配偶为受益人之指定不可撤销或变更之效力，除非有相反的规定；以被保险人之婚姻或民事结合的配偶以外的任何其他人为受益人的指定可以撤销或变更，但独立于保险单和遗嘱的另一单独书面文件有相反规定的除外；对代位的保单持有人（候补受益人）的指定总是可以撤销。②

中国大陆地区《保险法》关于受益人的指定未做可变更与不可变更的类别划分，尤其是未规定不可变更的指定的概念、种类及其原因，由此可以肯定，在法律效果上受益人的指定都是可变更的，即使指定权人声明放弃对受益人指定的变更，该声明亦并不具有不可撤销的拘束力，在保险事故发生前其仍可撤销所做的指定。因此，笔者建议参考域外立法例，对某些特殊情况下所为的受益人指定赋予不可撤销或变更的效力，如指定权人声明放弃变更权的、对特定亲属（如父母、未成年子女以及其他须尽法定赡养、抚养和扶养义务的近亲属）为受益人的指定。如此可以与亲属法和继承法上（如《民法典》继承编第1141条必留份的规定）相应的规定相协调以形成保护弱势者权益的体系。

（6）受益人变更须在保险事故发生前为之

就本书所考察的相关国家或地区之制定法或判例而言，均以保险给付条件成就前为受益人变更的有效期间，因在此前，原指定受益人之地位尚处于期待权或对权利之纯粹期待状态。基于私权处分的自由，尤其是为防阻来自原受益人的道德危险，被保险人或变更权人可以随时变更受益人的

---

① 参见《法国保险合同法》L.132-9条第1款和第2款；《俄罗斯联邦民法典》第956条（受益人变更）。

② 《魁北克民法典》第2449条第1款规定："保单持有人或参加人采用遗嘱以外的书面形式指定其婚姻或民事结合的配偶为受益人的，不可撤销，但有相反规定的除外。可以撤销以任何其他人为受益人的指定，但保单或非遗嘱的另一单独书面文件有相反规定的除外。对代位的保单持有人的指定总是可以撤销。"徐国栋 主编，孙建江 等译，中国人民大学出版社2005年版。

指定。另一方面，保险事故一旦发生或给付条件成就，受益人之地位即已固定，其受益权即由期待权或纯粹期待状态而变为既得权，非因法律特别规定的原因，被保险人或变更权人不得撤销或变更受益人，否则将构成对受益人已经取得的权利之侵害或者无权处分。《保险法司法解释三》第11条的表述似不够严谨，容易引起歧义。按该条的文义，一方面似乎说保险事故发生后，投保人或被保险人仍然可以变更受益人，另一方面说变更后的受益人请求保险人给付保险金的，法院将不予支持。这种模棱两可的文义，使保险事故发生后所为的受益人变更的效力究竟如何，是有效还是无效，无法判断。如果将该条的表述分两个层次，会比较严谨、准确，即"保险事故发生后，受益人地位确定，受益权成为既得权，投保人或被保险人变更受益人的，变更无效；保险事故发生后变更的受益人无受益权，其请求给付保险金的，人民法院不予支持"。

2. 受益人指定变更的生效时点

具备受益人变更的有效条件是受益人变更生效的前提，但并不意味着其效力即开始运行，如附条件的法律行为虽已具备有效条件，但在所附条件成就前并不生效。[1]受益人指定的变更除具备有效条件外，若法律另有规定生效条件或当事人另有约定生效条件的，则自法定或约定的条件具备时发生效力。由此涉及受益人变更的生效条件以及何时生效问题。而受益人指定的变更何时生效，既决定着原受益人地位的变更或消灭之时点，又决定着新受益人期待地位或期待权取得之时点，还决定着保险金的给付对象为何人等重要问题。[2]对此相关国家的制定法或判例的规则并不统一，大致可以归纳为三种立法例：①自受益人指定变更的意思表示通知到达保险人时生效，笔者将此模式称为受益人指定变更效力之"通知生效模式"；②自受益人指定变更的意思表示做出时生效，以意思通知到达保险人发生对抗效力，笔者将此模式称为受益人指定变更效力之"意思表示做出生效+通知对抗模式"，简称"双轨制"；③自保险人受领被保险人变更指定受益人的申请（通知）并加批注时生效，笔者将此模式称为受益人指定变更效力之"批注生效模式"。

以下将就此三种立法例予以评介并对我国现行《保险法》和《保险法司法解释三》就受益人指定变更效力所采用模式予以评析。

---

① 参见韩松：《民法总论》，法律出版社2017年版，第327~328页。

② 参见梁鹏：《保险受益人变更之研究》，《保险研究》2013年第7期。

（1）受益人变更以意思通知为生效要件的，自通知到达保险人时生效

在大陆法系国家民事立法以及有关商事或贸易的多边协定和国际公约中，关于法律行为生效时点的一般规则是：有相对人的，以意思表示通知达到相对人时发生效力，即所谓意思表示生效之"到达主义"。①保险法作为民法之特别法，关于保险法律行为意思表示生效时点未作特别规定的，则适用民法之规定。因此，保险受益人指定变更的意思表示以通知为生效要件的，其生效之时点为通知到达保险人时。如《意大利民法典》相关条款规定，受益人的变更可以在保险契约中，或嗣后给保险人的书面表示中，或者通过遗嘱进行，即应以书面通知保险人。②

（2）受益人变更自意思表示做成时生效，意思通知到达保险人时生对抗效力

受益人指定的变更自被保险人或变更权人做出意思表示时生效，以意思表示通知达到保险人时发生对抗效力，此为大多数大陆法系国家之保险法所采用的立法例，堪称立法通例。

中国台湾地区《保险法》第111条后段规定：要保人变更受益人，"非经通知，不得对抗保险人"。

《日本保险法》分别在第三章"生命保险"之第43条（保险受益人的变更）和第四章"伤害疾病定额保险"之第72条（保险受益人的变更）做了完全相同的表述："投保人于保险事故发生前可以变更受益人。保险受益人的变更通过对保险人的意思表示实现。前款的意思表示于通知到达保险人时，追溯到该通知发出时生效。但是，其并不妨碍通知到达前所支付的保险给付的效力。"该法又分别于第三章"生命保险"之第44条（受益人的遗嘱变更）和第四章"伤害疾病定额保险"之第73条（受益人的遗嘱变更）规定："通过遗嘱方式变更受益人的，当遗嘱生效后……若不将其通知保险人，则不能以此对抗保险人。"该法关于受益人变更的意思表示的生效时点虽然采追溯主义，即意思表示自通知到达保险人时，追溯到通知发出时生效，但其前提是通知确实到达保险人，否则，无适用追溯主义之条件，其结果是不发生效力，而且通知到达前保险人已为保险金给付的，

---

① 《德国民法典》第130条（对不在场的人所作意思表示的效力）第1款规定："在向另一方做出意思表示时，如果另一方不在场，意思表示以其到达另一方时发生效力，如果撤销的通知先于或者同时到达一方，则意思表示不发生效力。"《日本民法典》第97条（对隔地人的意思表示）第1款规定："对隔地人的意思表示，自通知达到相对人处之时起发生效力。"另参见《联合国国际货物销售合同公约》第15条、第17条、第18条、第22条等。

② 参见费安玲 等译：《意大利民法典》第1920条、第1921条，中国政法大学出版社2004年版。

仍发生给付效力。所以该规则与意思表示生效之到达主义几无差别。

《法国保险合同法》L.132–25条规定："如果保险人不知遗嘱或其他形式指定的受益人，或其他受益人的接受，或指定的撤销，保险人向未经指定、接受或撤销指定的受益人给付年金的，构成善意给付。"该规定表明，受益人指定的变更自意思表示做出时生效，另以书面通知（到达）保险人发生对抗效力。[①]

《魁北克民法典》第245条规定："（受益人的）指定和撤销，仅在他收到之时起才可对抗保险人。若分别且在不同时间做出了数个不可撤销的受益人的指定，根据保险人收到它们的日期确定其先后顺序。保险人应依照这些规则诚信地向最后知晓的权利人为给付，从而获得自然免除。"[②]该规定表明，受益人变更的生效时点为意思表示做出时，通知仅生对抗效力。根据实施于普通法各省的《统一人寿保险法》的规定，受益人的指定声明是上帝，在被保险人和受益人之间，即使从指定或变更之日起未将指定或变更的意思表示通知于保险，亦发生效力。受益人指定或变更的意思表示（声明）可以包含在根本不打算提交给保险人的文件中。但是，该意思表示（声明）未通知保险人的，在该未通知的意思表示（声明）中指定的受益人，不得向不知情而对记录在案的受益人为给付的保险人提出给付请求。由此表明，无论在加拿大普通法各省还是施行民法典的魁北克省，受益人指定变更的生效模式均采用"双轨制"。

《韩国商法典》第734条（保险受益人指定权等的通知）规定："投保人在签订合同之后指定或变更受益人的，若未通知保险人，投保人不得以此对抗保险人。第731条1款的规定，准用于第1款的指定或变更。"由此表明，《韩国保险法》亦采用"双轨制"。

美国各州保险法关于受益人指定变更的生效规则并不统一。有的州采用"双轨制"，如《美国加州保险法》第10350.12条（受益人之变更）规定："失能保单应备载本条关于受益人变更之规定……被保险人有变更受益人之权，而本保单权益之转让或中途解约，或其他变更保单，亦无须经受益人同意。要保人行使前项处分权，非经通知，不得对抗保险人。"[③]

（3）受益人变更自保险人批注时生效

在英美等国现代保险业务中，大多数保险单都规定了被保险人指定

---

①　《法国保险合同法》L.132–2条第2款规定："被保险人对保险合同相关利益第三人的授权必须以书面的形式做出同意，并在保险合同上签字。"

②　徐国栋　主编：《魁北克民法典》，孙建江 等译，中国人民大学出版社2005年版。

③　施文森　译：《美国加州保险法》，财团法人保险事业发展中心1999年版。

和变更受益人的权利。变更受益人可以通过向保险公司填写一张申请表为之。受益人的变更申请直到在保险公司总部批注之后才能生效，①即笔者所称的"批注生效模式"。在保险实务中，通常情况下，保单条款规定有被保险人变更受益人应遵循的程序。保险契约或保单中明确规定有几种变更受益人的方法，如申请方法、批注方法以及保险人选择性批注方法。在变更主体未能遵守保单中规定的变更程序而发生争议的，如新、旧受益人争相主张保险金给付，对此法院通常认为，除了遵循保险单所要求的程序外，被变更权人以任何其他方法变更受益人的，该变更无效，即所谓的保单"程序严格遵守"规则。②不过，如果被保险人为使受益人变更生效已竭尽所能而仍未完全符合保单所规定程序的，法院会认定受益人变更有效，因为法院认为法律不能强人所难。此即美国一些法院所创立的"实质遵守"规则（Substancial Compliance with）。③

（4）对上述三种模式的评析

首先，在"通知生效模式"，受益人指定的变更以通知相对人（保险人）为生效要件，且效力之发生时点多采到达主义。此种模式对保险人较为有利，可以避免新、旧受益人争相主张保险金给付的纠纷与讼累、提高保险人理赔效率、节省理赔成本，尤其是能够使保险人免受向新、旧受益人为双重给付的风险。但是，对于被保险人或变更权人来说，某些情况下有难为通知之不便。如被保险人或变更权人身处困境，无法向保险人发出通知，或者处于通讯不畅、交通闭塞的环境，尤其在保单程式要求被保险人或变更权人于保险单上填写变更受益人之意思并寄送于保险人，而被保险人或变更权人已将保单丢失、意外损毁、被盗以及被原受益人所占有并拒绝交还于被保险人以阻止其变更受益人等情况下，确有强人所难之处。比如，在采意思表示通知生效之到达主义的条件下，被保险人或变更权人虽然在保险事故发生之前已发出通知，但通知于保险事故发生后才到达保险人，而保险人已为原定之给付。又"通知生效模式"与受益人变更的单方法律行为之性质有所不合，对被保险人权利处分之自由构成不当限制。

其次，"双轨制"与其他模式相比，最具合理性和妥当性。该模式对于受益人指定变更效力之发生，呈现出"一明一暗或一实一虚"两条线：所为"一明"或"一实"这条线，是指变更权人对指定的变更自意思表示

① See Muriel L. Crawl, *Law & the Life Insurance*, 7th edition, Richard D. Irwin, Inc.,1994, p.255.

② See Muriel L. Crawl, *Law & the Life Insurance*, 7th edition, Richard D. Irwin, Inc.,1994, p.259.

③ See Muriel L. Crawl, *Law & the Life Insurance*, 7th edition, Richard D. Irwin, Inc.,1994, pp.259~261.

做出时生效，自此时起变更后的受益人获得受益人地位并相应取得对保险金给付之期待权或期待地位，并因此在新受益人与保险人之间发生以保险金给付为客体的债权债务关系或准债权债务关系；原受益人与保险人之间的以保险金给付为客体的债权债务关系或准债权债务关系消灭，或保险金给付数额或给付顺序的变更。就此效果而言，此与受益人之变更权为形成权之性质相合，类似于被继承人以遗嘱指定遗产继承人。所为"一暗"或"一虚"的另一条线，是指被保险人或变更权人将受益人变更的意思表示通知保险人而发生对抗效力。通知与否不影响受益人指定变更本身的生效，即通知是被保险人或变更主体之权利，而非义务，若为通知的，对保险人有约束力，其应对新受益人为给付，不得以已为原定给付而对抗新受益人。正是基于这种效力模式，才产生了关于受益人之指定与变更有相对人和无相对人两种不同观点。

概而言之，受益人指定的变更只是保险金请求权在原指定受益人和新指定受益人之间发生移转或得丧变更，无论最终受益人是何人，仍在原保险契约框架内以保险人为给付义务人，对保险人而言向何人为保险金之给付，并无特别利害关系。基于此，被保险人或变更权人是否将受益人变更之事实通知于保险人，无关紧要，其可以选择通知或不为通知，只是不为通知的，自己承担不利后果（就此而言，通知对于被保险人或变更权人为不真正义务），若保险人向原指定受益人为给付的，该给付有效，新指定受益人无权向保险人请求给付。因此，这种分别产生受益人变更生效效果和变更意思表示通知对抗效果的模式具有灵活性、合理性与妥当性，是一种比较完美的变更效果模式。诚如山下友信所描述的："将指定变更事项通知保险人，只是针对保险人的对抗要件，而这一解释的前提是，即使不通知保险人，指定变更也是生效的。至于效力要件，只要求保险当事人单方的意思表示（单独行为）即可，对此，判例、学说上均不存在争议。换言之，指定变更无须保险人同意，也无须新、旧保险金领取人的同意。"[①]

再次，就"批注生效模式"而言，其存在的弊端较"通知生效模式"更为明显。除具有与"通知生效模式"相同的弊端外，还有过于偏袒保险人而将保险人意志强加于被保险人之嫌，尤其会刺激保险人机会主义倾向或诱发道德危险。例如，保险人在收到被保险人或变更权人提交的受益人变更申请时，因自身的疏忽而未在保险单、其他保险凭证或档案上进行批注，将致使受益人指定的变更迟迟不能生效，乃至拖延至保险事故已然发

---

① ［日］山下友信：《保险法》，友斐阁2005年版，第496~497页。

生也未能完成受益人指定的变更；或者另一种情形是，保险人故意拖延对被保险人变更受益人申请的批注，以至于未能在保险事故发生前使受益人之变更生效，这有违被保险人或变更权人的意志，损害新受益人的利益；尤其在被保险人或变更权人以变更受益人为手段以防阻来自原指定受益人的道德危险时，因保险人疏忽批注或者有意拖延批注，恰在此期间原指定受益人为取得保险金而对被保险人实施加害行为。此外，在法律规定或保险合同约定因某个受益人制造危险而免除保险人给付义务的，亦导致其他无辜的受益人或未能被变更为受益人者受牵连而丧失获得保险金的机会。①因为，在受益人已经有效变更的情况下，因受益人变更而丧失受益人地位的原受益人无论基于何种动机致害于被保险人，相对于保险契约关系，因变更已丧失受益人地位的原受益人已处于第三人地位，其针对保险标的所制造的危险已属于道德危险以外的纯粹风险，所以保险人在此场合仍应承担保险给付义务。

3. 中国大陆受益人变更生效模式之鉴别

对于中国大陆地区《保险法》关于受益人指定变更的生效要件和生效时点采用了何种模式，即被保险人以保险人为相对人所为受益人指定变更的意思通知和保险人受领通知后于保险单或其他保险凭证上所做批注发生何种效力，下文将予以述评。从中国大陆地区《保险法》第41条"被保险人或者投保人可以变更受益人并书面通知保险人。保险人收到变更受益人的书面通知后，应当在保险单或者其他保险凭证上批注或者附贴批单……"之文义解释出发，关于受益人指定变更的形式及生效时点，似乎存在多重解释或疑问：①受益人指定的变更是"应当"采用书面形式，还是"可以"采用书面形式？即此处所指的书面形式是强制形式还是倡导形式？②受益人指定变更意思表示的通知是生效要件还是对抗要件？③保险人的批注是受益人变更的生效要件还是对抗要件，抑或仅是对保险人的业务操作要求而不影响被保险人一方所为受益人指定变更的生效？④受益人指定变更的生效时点究竟是意思表示做出时生效（如遗嘱指定继承人一般），还是意思表示以通知发出时生效，抑或到达生效？抑或是保险人批注生效？以下将对此一一加以分析。

（1）书面是否为受益人变更之要式形式并以书面通知为生效要件？

亦如本书第七章所作论断，受益人指定为单独行为，受益人指定的变

---

① 《韩国商法典》第659条（保险人的免责事由）规定："因投保人或被保险人、受益人的故意或重大过失导致保险事故发生的，保险人不承担支付保险金的责任。"

更亦同其理，其性质亦为单独行为，该行为所依据之权利为形成权。受益人指定之变更乃被保险人对保险金请求权之处分，是对新受益人的设权行为，即利他行为。对于原指定受益人，其受益人地位之撤销，或受益份额减少，并不有损于其固有利益。因此，被保险人为受益人之变更，无须征求新、旧受益人之同意，也不必对他们为受益人指定变更的通知，更不必以要式之书面形式进行通知，此处之书面应仅视为一种倡导形式。对于保险人而言，受益人变更于其无关宏旨，无论变更后之受益人为何人，均不影响其给付义务的质与量。因此，受益人指定之变更无须保险人同意，至于是否应将受益人指定变更的意思表示通知保险人，则是可有可无的，即源于受益人指定变更权之形成权性质，通知是被保险人或变更权人的权利，而不是义务；若为通知，保险人即应向变更后的新受益人为保险金之给付；反之，未为通知的，保险人向原指定受益人所为的给付属于善意和有效之给付。基于此，受益人指定的变更无须采用要式形式，若为意思表示通知的，亦得以任意形式为之。基于此故，通知不应为受益人指定变更之生效要件，仅赋予通知以对抗效力即可，即通知仅为对抗（保险人）要件，至于通知于何时发生对抗效力，根据大陆法系法律行为之意思表示生效的一般规则，即到达主义，受益人指定变更的意思通知于到达保险人之时发生对抗效力。

正是基于上述原因，最高人民法院《保险法司法解释三》第10条基本明确了受益人变更的形式及效力作了，[①]从而基本消除了《保险法》第41条的歧义。根据《保险法司法解释三》第10条似乎可以明确的是，受益人指定变更的生效模式采用国际上通行的"双轨制"：一方面，受益人指定的变更自变更权人将其意思表达于外即生效力，无论采用何种形式，只要能够明确其意图和受益人可得确定即可。另一方面，是否将受益人指定变更的意思通知于保险人以及通知的生效时点是采发信主义还是到达主义，均不影响指定变更的生效，通知仅发生对抗保险人之效力。

但有疑问的是，《保险法司法解释三》第10条"当事人主张变更行为自变更意思表示发出时生效的"的表述中"发出时"会引发歧义，因"发出"有向相对人为意思表示通知之意，且隐含着通知生效之时点采发信主义。若照此理解，似乎表明受益人指定变更的生效采通知生效要件主义，

---

① 《最高人民法院关于适用〈中华人民共和国保险法〉若干问题的解释(三)》（法释〔2015〕21号）第10条规定："投保人或者被保险人变更受益人，当事人主张变更行为自变更意思表示发出时生效的，人民法院应予支持。投保人或者被保险人变更受益人未通知保险人，保险人主张变更对其不发生效力的，人民法院应予支持。"

但与该条后一句"变更……未通知保险人……主张……不发生效力的……应予支持"所表明的通知对抗主义相矛盾。而后一句的文义比较清楚而无歧义，则表明前一句中所用的"发出时"的表述不准确。因"发出"是有指向的行为，即有相对人的行为。因此，该条前一句中的"发出时"改为"做出时"比较准确，因"做出"至少可以解释为不必有指向的行为。若这样解释，才可以说《保险法司法解释三》第10条完整地采用了世界上较为通行的"双轨制"。

（2）保险人之批注于受益人指定变更的生效有何意义？

依照中国大陆地区《保险法》第41条第1款后一句"保险人收到……通知后，应当……批注或者附贴批单"，保险人在保单或其他保险凭证上的批注或附贴批单是否为受益人变更的生效要件或对抗要件？若批注为生效要件或对抗要件，投保人或被保险人所为的书面通知即不能单纯地作为受益人变更的生效要件，通知只能与批注一起作为变更程序和变更生效要件之一部分，若如此理解，受益人指定变更的生效时点既不是通知的发出之时，也非达到之时，而是保险人接到通知之后所为的批注完成之时。那么，保险人的批注究竟有何意义？是否应理解为受益人变更的生效要件以批注之完成为生效之时点？若从该句之文义和法律规范性质（任意性或强制性）的标志性用语所使用的场合来看，似乎表明保险人之批注为受益人变更的生效要件而非对抗要件。因为，该句中使用了"应当"一词，而"应当"是义务性规范或必为性规范的标志语，表达了当为之行为与决定该行为之间的关联性理由。[1]《民法典》侵权责任编第1165条"行为人因过错侵害他人民事权益，应当承担侵权责任"之规定即使用了"应当"这一概念，表明了侵权行为人行为的违法性、非正义性与承担侵权责任之间的因果联系。因此，违背义务性或必为性规范将产生强制性法律后果，即承担法律责任或否定性的不利后果。如此理解，则违背"应当在保险单或者其他保险凭证上批注或者附贴批单"之义务性规定的，将导致受益人变更不能生效的后果。但是，若审视保险人"批注"的义务性和受益人变更生效之间的关联性，则明显欠缺内在的合理性或必要性。如上所述，既然"通知"不应为受益人变更之生效要件，根据举重以明轻之理，批注更不应作为受益人变更的生效要件；否则意味着批注是保险人对被保险人或变更权人意思表示的同意或承诺，而这与受益人变更之单方法律行为之性质显

① 参见王波：《"应当"及相关用词在法律中的意义诠释》，《法律方法》2016年第1期（第19卷）。

著不合。因为受益人指定的变更只是被保险人以保险金给付请求权为标的在新、旧受益人之间的移转，而不是被保险人与保险人，或新、旧受益人与保险人之间给付的交换，所以根本不存在保险人对受益人变更进行批注（同意）的必要，否则将构成对被保险人私权处分自由之不当干涉或限制。另外，既然批注是对变更受益人的意思表示通知的回应，而通知只是发生对抗保险人效力的条件，则通知不具有义务性，何来批注的必要性或义务性？再者，通知具有形成权行使的性质，无须保险人以批注（同意）作为回应，因此批注也不应是受益人变更发生对抗（被保险人、投保人或新、旧受益人）效力之要件。笔者忖度，所谓保险人"应当"在保险单或者其他保险凭证上批注或者附贴批单，是立法者误将保险人自身的业务规则法律化，或者更有可能的是保险行业人出于自身利益的考虑而对立法活动施加了不当影响的结果。但无论如何，保险人的批注或附贴批单不能作为受益人变更的生效要件或对抗要件，因而对投保人、被保险人或新、旧受益人亦无拘束力。《保险法司法解释三》第10条的规定赋予了受益人变更之通知以对抗效力，而并未涉及保险人的批注，这似乎已经表明保险人的批注对受益人之变更的效力无任何影响。鉴于最高人民法院所做的司法解释在法律修改之前实际上起着立法解释甚至立法的作用（法律修订往往是将司法解释法律化）的实际情况，应当认为，《保险法司法解释三》第10条是对《保险法》第41条的修改。

基于上述，笔者认为，受益人变更之生效时点应为变更的意思表示做出或完成之时，不以该意思表示通知保险人为生效要件，更不应以保险人于保险单或其他保险凭证上批注为生效要件。首先，受益人变更之实质为被保险人对其保险金给付请求权的处分，是以第三人为对象的设权行为。对于变更后的新受益人而言是纯获利益之行为，因此无须将受益人变更的意思通知新受益人；对于被撤销的受益人或原受益人而言，被保险人或变更权人亦无通知之义务，因其仅处于期待地位或仅享有无对价取得之期待权，其地位如同被继承人指定的遗嘱继承人而随时可以被取消，而且被保险人变更受益人既是其自由意志之体现，更是其防阻道德危险的关键所在。其次，对于保险人而言，被保险人或变更权人亦无必为性义务将受益人之变更通知于他，保险人仅能以未受通知而对抗被保险人或新受益人；反过来被保险人或新受益人将承受不得以此对抗保险人之不利后果，这与债权让仅在让与人和受让人之间达成合意即生效的规则相似，而债务人未受债权让与通知的，不受其拘束。再次，保险人在保单或其他保险凭证上之批注，仅应视为保险人自己的业务操作规程，其目的在于防止因其疏忽而给自己招致的麻烦甚至重复给付的风险。因此，不应将保险人收到受益人变更通知后于保险单或其他保险凭证上所为的批注作为受益人变更的生效要件，被保险人、投保人或受益人不受保险人批注效力之拘束。因此，在修订《保险法》时，应将第41条后一句删除，以消除法条内部的不和谐和避免引起不必要的学术争议和司法困惑。最后，相比于制定法对受益人变更生效所规定的条件，保险单所规定的受益人变更的生效条件要苛刻得多，对被保险人或受益人均有不利。因此，基于受益人变更的单独行为的性质和尊重与保护被保险人和受益人利益的考量，保险人不得单方面以格式条款排除更有利于被保险人和受益人的法律规定的适用。因此，凡是以保险人受领通知乃至于受领通知后于保险单或其他保险凭证上所为的批注作为受益人变更之生效要件之立法例或保单格式条款违背受益人变更乃单方法律行之法理，是对被保险人或变更权人自由意志之不当干预，尤其会妨碍被保险人对道德危险之防阻。

通过上述分析，本书之结论是，中国大陆受益人变更之生效仅基于被保险人的单方意思表示即为已足，受益人变更之时点为被保险人意思表示做出之时；以任意形式向保险人所为的受益人变更通知仅发生对抗效力；保险人于保单或其他保险凭证上所为之批注仅应视为保险人自身业务规则的要求，其对被保险人、投保人或受益人无约束力。采如此解释，我国立法和司法解释关于受益人变更的效力模式与当今世界保险大国和强国所采用的最为合理的"双轨制"才能趋于一致。

（3）未遵守保单程式的受益人变更效力之认定

在保险实务中，保险公司往往在其制定的保单中规定有受益人变更的程式，概要归纳为如下几点：①被保险人或变更权人须向保险人提出变更受益人的书面申请，甚至须在保险人制作的表格上填写受益人变更的内容；②被保险人或变更权人须将书面的变更申请甚至连同保单一起提交给保险人；③保险人在受益人变更申请表或者保单上批注。中国大陆地区《保险法》第41条第1款后一句的表述就是将保险实务中保险人的业务操作规则法律化的表现。在完成保单规定程式所要求的操作步骤之后，受益人变更的程序才算完成，至此受益人的变更才开始发生效力。若被保险人或变更权人未遵守保单规定的程式，受益人之变更则不发生效力。例如，我国的民生人寿的民生长瑞年金保险（分红型）条款规定："受益人变更只能于保险事故发生之前，且必须以书面形式申请并经本公司在保险单上批注方能生效。"又如中英人寿财智人生终身寿险（万能型）条款也做了类似的规定。^①上述各保险公司制定的这类保单条款意味着，如果被保险人或变更权人未按照保单所规定的程式变更受益人，将导致受益人之变更无效。由此引出的问题是，保险契约或保单中规定的受益人变更程式条款本身的效力如何以及被保险人或变更权人未遵守或未完全遵守保单程式所为的受益人变更的效力究竟如何认定？

保险合同是附和合同，或曰格式合同，是以格式条款为全部内容的合同。^②而格式条款具有一方预先拟定而无可协商性、双方当事人的综合实力具有悬殊性以及合同内容的定型化等特征。^③基于格式合同或格式条款的上述特征，其在促进交易的迅捷和提高交易效率之同时，难免存在限制或剥夺相对人契约自由并因而导致契约双方当事人权利义务失衡等弊端，因而法律有对格式条款的拟定和使用加以规制的必要。如我国《民法典》合同编第496条对格式条款涉及权利义务的拟定规定了公平原则，对涉及免责或减轻责任等事关对方当事人重大利害关系的格式条款的采用规定了格式条款提供者的提示和说明义务，否则不生效力；第497条对格式条款无效的情形做了列举性规定；第498条对格式条款的理解发生争议时的解释规则做了规定。在保险实务中，保险人与投保人或被保险人订立保险合同时使用格式条款已经成为保险业之常态。因此，格式化的保险合同中关于受益人变更程式的条款亦当属格式条款无疑。基于此，保单中受益人变更程式条款本身的效力，以及被保险人或变更权人未遵守或未完全遵守保单程式所为的受益人变更的效力如何，颇值探讨。

我国《保险法》第17条第1款对以格式条款为内容订立的保险合同，规定了保险人对格式条款的提供和说明义务，该规定为必为性规定或义务性规定，如果保险人未履行此义务的，该格式条款应不发生效力。该法第19条对免责性格式条款存在权、义、责畸轻畸重情形的，认定其无效。如果把保单中关于受益人变更程式的条款与《民法典》第497条免责性格式条款的规定和《保险法》第19条免责性保险合同格式条款之规定加以对照，是否存在排除投保人或被保险人依法享有的权利之情形呢？答案是可以肯定的。因为，若受益人指定的变更须遵守保单规定的程式才能生效，

① 管贻升：《论被保险人变更受益人的法律规则与实践冲突——兼谈新〈保险法〉第41条的法律规范》；载贾林清 主编，《海商法保险法评论》（第三卷），知识产权出版社2010年版，第78页。

② 参见韩长印、韩永强：《保险法新论》，中国政法大学出版社2010年版，第31~32页；邹海林：《保险法》，社会科学文献出版社2017年版，第50~51页。

③ 参见杜军：《格式合同研究》，群众出版社2001年版，第8~10页。

就意味着，被保险人依法享有的具有形成权性质的受益人指定变更权被保单格式条款给排除或者限制了。鉴于受益人指定变更权乃被保险人一方固有的、法定的权利，保险人对这一权利的排除或限制，涉嫌违法，也违背法律的公平正义精神，因此应当认定保单中受益人变更程式的条款无效。[①]再者，受益人变更是被保险人处分其保险金请求权的单方法律行为，并非被保险人和保险人之间进行的具有待给付性质的双务契约行为，因此不应受保单所规定的变更程式的拘束，否则将涉嫌构成对被保险人权利行使自由的妨害。更应注意的是，受益人指定的变更也是被保险人对道德危险防阻的重要手段，若因保单规定的受益人变更程式的障碍而使被保险人所为的受益人的变更生效受阻，而恰在此期间，若原指定的受益人为谋取保险金而致害于被保险人，保险人也难辞其咎。关于保单格式条款对被保险人变更受益人所带来的不便，山下友信也持近似否定的态度。他认为："长期以来实务中所存在的，通过格式条款的拟定对保险合同当事人的受益人指定变更权进行限制，这种做法的合理性值得拷问。"[②]

若被保险人或变更权人未遵守或未完全遵守保单格式条款规定的程式所为的受益人之变更，其效力究竟如何，通过比较法考察，或许可以给我国立法、司法和保险实务提供有益借鉴和有价值的参考。在美国，保险公司拟定的格式条款一般规定了受益人变更应遵循的程式。若保单未要求任何具体的方式，只要被保险人明确变更受益人的意图即可。保单条款明确规定有几种变更受益人的方法，分别是申请法，批注法和保险公司选择性批注法。[③]在美国，法院通常认为，除了保险单所要求的方法外，被保险人不能以任何其他方法变更受益人，此即法院判例所创立的"严格遵守"保单程式规则。然而，一项公认的例外是对"实质遵守"（substancial compliance）规则的采用。[④]"实质遵守"规则以共同的公平原则为基石，因为衡平法不能强人所难。法院经常将"实质遵守"规则适用于一些案件的处理，在这些案件中，如原受益人故意扣留保单以阻止保险人在保单上为受益人变更的批注。如果被保险人已经提出了变更受益人的申请，并将申请寄给了保险公司，而且竭尽所能但未能完全满足保单程式的要求，那

① 参见梁鹏:《保险受益人变更之研究》,《保险研究》2013年第7期。

② ［日］山下友信:《保险法》,友斐阁2005年版，第505页。

③ See Muriel L.Crawford, *Life and Health Insurance Law*, McGraw-Hill, Companies, Inc., 8th edition, 1998, p.213.

④ See Muriel L.Crawford, *Life and Health Insurance Law*, McGraw-Hill, Companies, Inc.8th edition, 1998, p.213.

么大多数法院认为，该变更是有效的，即便被保险人无法将保单提交给保险公司以便批注，也是如此。[①]

在 Doering v. Buechler. 一案中，[②] 以自己生命投保的被保险人与妻子的关系日渐疏远，妻子为保单上指定的可撤销受益人。丈夫希望将受益人变更为他的妹妹，但妻子持有保单而不愿将保单交给丈夫，以阻止他将保单提交给保险公司批注。保单对受益人变更提供了一种途径，被保险人可以通过"向保险公司总部提交书面通知，并附上保单以便保险人为适当的批注"以指定新的受益人，同时受益人变更"在保险公司签署该保单后生效，而不是在此之前"。被保险人向保险公司的总部提交了两份书面通知，每一份通知都要求保险公司将受益人从妻子改为妹妹。对此，法院认为受益人的变更有效。因为，虽然被保险人未能将保单提交保险人以供批注，但他已尽其所能。法院就此案论述道：被保险人的意图是十分明确的，即涉诉保险金应该支付给其妹妹，而不是其妻子。鉴于被保险人不持有保单，而他的妻子却占据保单以阻止其为受益人之变更，为使受益人变更生效，被保险人已尽其所能以遵循保险单条款所要求的程式。可以合理地推断，要求妻子交出保险单是徒劳的，法院认为被保险人也不必通过起诉她来获取保单。根据地方法院的认定，上诉法院认为被上诉人妹妹对保险金的权利在衡平法上优于上诉人妻子的诉求。上诉人不能利用被保险人和保险人无法在保单上以批注变更受益人的无助。

如果适用"实质遵守"规则，法院通常要求被保险人应做到相当程度地遵守保单所规定的受益人变更程式。法院通常认为，被保险人仅表示变更受益人之意图不足以使变更有效；如果其只有变更受益人的申请，甚至填写了书面申请表，但若未将其交付或邮寄给保险人的，也不足以使受益人变更生效。如果保单条款要求被保险人将保单提交给保险人而为批注，而被保险人却对此忽略了，则通常会使其意图的受益人变更不能生效。但是，如果保单遗失、毁损或被盗，或者被原指定的受益人扣留以阻止被保险人向保险人提交保单，法院通常会认为满足了保单的其他要求则构成对受益人变更程式的"实质遵守"。

"实质遵守"受益人变更程式的案件事实通常比人寿保险法其他任何领域的案件事实更为重要。有这样一个案例，二战期间在菲律宾，日本人囚禁了一名为投保人兼被保险人的士兵。俘获他的人只允许其写信给家

---

①　See Muriel L.Crawford, *Life and Health Insurance Law*, McGraw-Hill, Companies, Inc., 8th edition,1998, p.214.

②　146 F.2d 784 (8th Cir. 1945).

人。他两次寄明信片给母亲表示其想变更一寿险保单的受益人为其母亲。

该保单规定了一种变更受益人的特定方式：通过书面形式向保险公司总部提交申请，按照该公司要求的这种形式，只有在被保险人生存期间由公司总部批注后，受益人的变更才能生效。而该保单由被保险人在马尼拉的律师所掌管。因此，被保险人既不能向保险人提交变更受益人的申请，也不能将保单提交给保险人以供批注。之后，被保险人还在狱中就去世了。对此情形，法院认为，被保险人已对受益人进行了有效变更。他的意图很明确，而且在这种情况下，为变更受益人他已竭尽所能。因此，法院适用了"实质遵守"规则。①

美国一些州法院创立的"实质遵守"规则克服了保单受益人变更程式的僵硬技术要求，体现了便利受益人变更和保护被保险人变更权的倾向。但相比较之下，加拿大普通法各省和魁北克省在受益人变更程式方面的立场更具人性化。在加拿大，受益人指定或指定的变更无须遵循任何特定的程式，《统一人寿保险法》和《魁北克民法典》明确规定，无论保单条款有何规定，当被保险人以书面形式表明其意图时，受益人的指定或变更就是有效的。而且受益人变更无论采用何种方式，只要能从中确认被保险人的意图，有无证人皆可，也无须使用正式语言。②

山下友信认为，受益人指定的变更仅凭保险合同当事人单方的意思表示即生效，没有必要将意思表示的对象限定为保险人或者新、旧受益人。日本部分学说以及裁判例正是基于这样的理由，主张受益人指定变更的意思表示乃无相对人的意思表示。从尽可能尊重保险合同当事人的立场出发，应当尽量对受益人变更的效力要件不做限定。③

比较上述诸国保险制定法和判例对保险单受益人变更程式所持的立场或态度，均体现了便利受益人变更、尊重被保险人的权利处分自由和保护被保险人变更权的价值取向。颇具人性化的加拿大普通法各省以及魁北克省的做法尤其值得我国在保险立法、司法以及保险实务中借鉴：无论保险契约或保单条款有无程式要求，只要被保险人以书面形式乃至任何形式表明其意图时，受益人指定的变更就是有效的。

---

① See Muriel L.Crawford, *Life and Health Insurance Law*, McGraw-Hill, Companies, Inc., 8th edition, 1998, pp.213~215.

② See David Norwood & John P. Weir, *Norwood On Life Insurance Law In Canada*, Carswell A Thomson Company, 3rd edition, 2002, pp.293~294.

③ 参见［日］山下友信：《保险法》，友斐阁2005年版，第497~498页。

第九章　保险受益人生成途径之法定

一、典型案例与焦点问题

案例一：2014年6月，被保险人王绍君向平安保险公司投保了"车主安主卡Ⅱ（黑龙江版）"一年期意外伤害保险，意外身故受益人填写"法定"，意外伤害保险金额200000元。在保险期间内，被保险人王绍君驾车行驶途中因发生交通事故而死亡。受益人王正一请求保险给付被拒，双方涉讼。王正一与被保险人为叔侄关系，且为被保险人唯一亲属。一审法院根据《中华人民共和国继承法》认定王正一非被保险人之法定继承人，判决驳回了其诉讼请求。二审法院根据《保险法》第42条认为，因投保人在保险合同的受益人栏填写"法定"，属不确定受益人，保险金应作为被保险人遗产，按《继承法》处理。法院还认为，受益人虽填写为"法定"，但不能因此将法定受益人理解为法定继承人，受益人与法定继承人是不同法律关系中的主体，不属于同一概念，"法定受益人"应理解为"法律明确规定的受益人"。王正一作为被保险人的唯一亲属，虽不属于法定继承人，但也是其遗产的继承人，有权继承作为被保险人遗产的保险金。①

案例二：被保险人黄嘉顺生前投保了平安人寿平安康泰终身保险（主险）及住院安心（附险），该保单的生存受益人为黄嘉顺，身故受益人为"法定"；保单生效一年后被保险人身故，属未领取重疾保险金者，平安人寿按保险条款的规定，应给付黄嘉顺"法定受益人"的身故保险金为40000元。黄嘉顺之3法定继承人因保险金而涉讼。原告易小玉系黄嘉顺配偶，原告易雪绒系黄嘉顺继女，被告黄秋衍系黄嘉顺之子。2015年3月

---

① 参见黑龙江省哈尔滨市中级人民法院就"王正一与平安养老保险股份有限公司黑龙江分公司保险纠纷案"（2016）黑01民终3587号二审民事判决书；哈尔滨市南岗区人民法院（2016）黑0103民初1091号民事判决书。

25日，上海市黄浦区人民法院在本案的审理中认为，原、被告均系被保险人黄嘉顺遗产的法定继承人，符合黄嘉顺生前投保的涉案保单对于身故受益人为法定的规定，双方均系涉案保单利益的法定受益人。判决依法认定易小玉、易雪绒、黄秋衍均系黄嘉顺的法定继承人，对黄嘉顺的遗产各享有三分之一的继承权。①

除上述两则典型案例外，以"法定""法定受益人"或"受益人法定"等文句指定受益人的案例并不鲜见。②

上引两则案例和其他类似案例关于法定受益人的表述及其与法定继承人的关系引发的理论和实务问题有：①我国保险法和理论上有无法定受益人这一概念？②以被保险人之法定继承人为保险金领取人，该法定继承人可以称为法定受益人吗？③作为继承法上遗产的保险金与保险法上之保险金，其性质有无不同？④我国应坚持《保险法》第42条确立的保险金遗产化立法例还是应改选保险金非遗产化之立法例？本章将对此类问题在考察域外立法例之基础上，结合保险原理予以回答。

笔者认为，保险受益人除根据指定和变更指定而生成之外，法律规定（以下简称法定）是其生成的另一途径。受益人生成途径之指定与法定之关系为：被保险人因其为保险标的之上附着的保险利益的直接归属人而当然居于受益人之地位，即被保险人是法定受益人或固有受益人；被保险人基于意思自治而将其依法享有的保险契约所生之利益（保险给付请求权）通过指定（处分）而授予第三人，该第三人即指定受益人。就此而言，被保险人作为法定受益人与指定受益人是固有和派生之关系、源和流的关系；前者是后者生成的基础和渊源，后者是前者处分其保险给付利益之效果。但是，以死亡为给付条件时，无指定受益人、指定受益人先于被保险人死亡、指定受益人放弃受益权或者依法被剥夺受益权等情形下，保险金之归属有两种立法选择：一是将保险金归入被保险人之遗产由其法定继承人继承，大多数国家，中国大陆和台湾地区采用此立法例；二是保险金不作为遗产处理而由被保险人之法定继承人以保险受益人名义或身份受领，此等人属于法定受益人，因该等受益人地位取得之依据为法律规定，少数

---

① 参见上海市黄浦区人民法院就"易小玉、易雪绒与黄秋衍共有纠纷案"一审民事判决书（2016）沪0101民初749号。

② 参见河南省洛阳市中级人民法院就"平安养老保险股份有限公司洛阳中心支公司与李黑妞、李冬梅等人身保险合同纠纷案"二审民事判决书（2015）洛民金终字第168号；河南省偃师市人民法院（2015）偃民六初字第136号民事判决书。山东省济南市历下区人民法院就"罗昊坤与泰康人寿保险股份有限公司山东分公司保险纠纷"民事判决书（2014）历商初字第679号。

国家采用此立法例。为了与被保险人作为法定受益人相区别，本书将被保险人称为法定第一受益人，依法以继承人等亲属为受益人的，谓之法定第三受益人。

因被保险人本身即为法定保险金请求权人，故无须另以专有术语之受益人相称，但以被保险人之外的人，尤其是以被保险人死亡为保险事故情况下由第三人作为保险金受领人时，受益人这一专有术语便应运而生了。因此，作为原初狭义的受益人，仅指被保险人以外受领保险金的人，但在立法、实务和理论上亦将被保险人以受益人相称，故本书将被保险人称为法定受益人而统摄于受益人这一概念之下。本书对法定受益人之表述，是指由法律明文规定而享有保险金请求权的人。被保险人为典型的法定受益人，第三人亦可为法定受益人。以下分别论述之。

二、以被保险人为法定第一受益人

（一）概述

被保险人作为法定受益人，根源于其固有受益人之地位，尤以生存保险为其适用之典型情形。虽然理论上将被保险人称为法定受益人之情形少见，但却为不争之事实，几乎为各国立法之通例。正如有学者所言："被保险人是法定的保险金请求权人，而受益人是约定的请求权人。"[1]因被保险人为保险保障之对象，即危险损害填补之对象：于财产保险，因被保险人基于对保险标的之物的支配地位而享有物权，或者基于对保险标的之物的请求权人地位而享有债权，或者基于对保险标的之物的被请求人地位而为责任主体；于人身保险，被保险人基于对保险保的之生命、身体和健康等人格利益之支配地位而为人格权人。根据中国大陆地区《保险法》第12条之规定，被保险人是指"其财产或者人身受保险合同保障，享有保险金请求权的人。"此处之财产，即为被保险人对其具有保险利益之财产保险之保险标的；此处之人身，即为被保险人对其具有保险利益之人身保险之保险标的。由此清楚地表明，被保险人为附着于保险标的之保险利益的权利归属人，这正是其作为法定受益人之根由。如《澳门商法典》[2]第965条之

---

[1] 李玉泉：《保险法》，法律出版社2019年版，第226页。

[2] 参见中国政法大学澳门研究中心、澳门政府法律翻译办公室 编：《澳门商法典》，中国政法大学出版社1999年版。

（2）规定："被保险人系指为其利益而订立合同之自然人或法人，或以其生命、健康或身体之完整性作为保险标的之人。"第1028条之（1）规定："人身保险合同之标的为被保险人之生命、身体之完整性及健康可能有之一切风险。"《魁北克民法典》[①]第2392条"人身保险以被保险人的生命、身体的完整或健康为标的"和第2395条"损害保险（包括财产保险和责任保险）保护被保险人免受可能不利地影响其财团的事件的后果"等规定，也说明被保险人为法定受益人之法律依据。

（二）立法例

中国大陆地区《保险法》第12条第5款被保险人之定义已明确其基于保险利益之固有权人地位而为法定受益人；另依该法第42条[②]之规定亦可说明被保险人之当然受益人地位。此外，该法第12条第3款[③]、第39条[④]和第41条[⑤]以被保险人作为受益人指定权人和指定变更权人、经被保险人同意投保人方可指定和变更受益人，以及投保人以被保险人之死亡为保险金给付条件而订立保险契约须征得被保险人同意之规定，均系由被保险人之法定受益人地位派生而来。

中国台湾地区《保险法》第4条对被保险人的定义，即"本法所称被保险人，指于保险事故发生时，遭受损害，享有赔偿请求权之人"。此定义表明被保险人乃法定、当然之受益人。该法第125条"健康保险人于被保险人疾病、分娩及其所致残废或死亡时，负给付保险金额之责"、第131条"伤害保险人于被保险人遭受意外伤害及其所致残废或死亡时，负给付保险金额之责"、第135-1条"年金保险人于被保险人生存期间或特定期

---

① 徐国栋 主编：《魁北克民法典》，孙建江 等译，中国人民大学出版社2005年版。

② 《中华人民共和国保险法》第42条规定："被保险人死亡后，有下列情形之一的，保险金作为被保险人的遗产，由保险人依照《中华人民共和国继承法》的规定履行给付保险金的义务：（1）没有指定受益人，或者受益人指定不明无法确定的；（2）受益人先于被保险人死亡，没有其他受益人的；（3）受益人依法丧失受益权或者放弃受益权，没有其他受益人的。受益人与被保险人在同一事件中死亡，且不能确定死亡先后顺序的，推定受益人死亡在先。"

③ 《中华人民共和国保险法》第12条第3款规定："人身保险是以人的寿命和身体为保险标的的保险。"

④ 《中华人民共和国保险法》第39条规定："人身保险的受益人由被保险人或者投保人指定。投保人指定受益人时须经被保险人同意。投保人为与其有劳动关系的劳动者投保人身保险，不得指定被保险人及其近亲属以外的人为受益人。被保险人为无民事行为能力人或者限制民事行为能力人的，可以由其监护人指定受益人。"

⑤ 《中华人民共和国保险法》第41条规定："被保险人或者投保人可以变更受益人并书面通知保险人。保险人收到变更受益人的书面通知后，应当在保险单或者其他保险凭证上批注或者附贴批单。投保人变更受益人时须经被保险人同意。"

间内，依照契约负一次或分期给付一定金额之责"和第135-3条"受益人
于被保险人生存期间为被保险人本人"等一系列规定，是对第4条被保险
人为法定受益人规定之体系化解释。该法第112条和第113条的文义表明，
死亡保险契约指定受益人的，保险金不属于被保险人之遗产；未指定受益
人的，保险金属于被保险人之遗产。对此两条若做反向解释，即非死亡保
险，未指定受益人的，被保险人即为保险金请求权人。这也印证了第4条
被保险人法定受益人之地位。第105条"由第三人订立之死亡保险契约，
未经被保险人书面同意，并约定保险金额，其契约无效……"和第106条
"由第三人订立之人寿保险契约，其权利之移转或出质，非经被保险人以
书面承认者，不生效力"之规定亦表明了被保险人作为法定受益人之固有
地位，是第三受益人和保单受让人地位之渊源。该法第54条确立的保险契
约条款之疑义解释规则和第143-1条"为保障被保险人之权益，并维护金
融之安定，财产保险业及人身保险业应分别提拨资金，设置安定基金"的
宗旨亦说明了被保险人作为法定受益人受保险保障之固有地位。

　　《韩国商法典》第733条第2款[①]、《意大利民法典》第1891条第2款[②]、
《俄罗斯联邦民法典》第934条（人身保险合同）第2款[③]之规定，均表明
了被保险人之法定受益人地位。

　　通过上文对中外立法关于被保险人的定义及相关规则之考察，表明
被保险人对保险契约利益之给付请求权源于其以自己的生命、身体和健康
等人格利益为保险标的；指定受益人的实质是被保险人对其保险给付利益
的处分。所以，当保险契约未指定受益人时，保险契约利益即原始地属于
被保险人之固有利益；若保险契约指定的受益人丧失受益权时，保险契约
利益即回归于被保险人，其效果如同未指定受益人一样。根据《德国保险
合同法》第1条（基本义务）之规定，因保险契约创设的权利归属于被保
险人或指定的受益人。这一规定清楚地表明了保险给付请求权产生的基础
和权利的行使顺序，即被保险人作为法定第一受益人原始地享有保险给付
请求权；保险契约有指定受益人的，即由该受益人行使保险给付请求权。
该法第30条第1款、第31条第2款、第34条、第159条、第160条第3款、

---

　　① 参见崔吉子、黄平 译著：《韩国保险法》，北京大学出版社2013年版。

　　② 参见费安玲 等译：《意大利民法典》，中国法大学出版社2004年版。

　　③ 《俄罗斯联邦民法典》第934条（人身保险合同）第2款规定："如果合同中未指定其他
人为受益人时，人身保险合同视为为被保险人的利益而订立。在合同的被保险人死亡，而合同
中未指定其他受益人的，被保险人的继承人为受益人。为了非被保险人的利益，包括为了不是
被保险人的投保人的利益而订立的人身保险合同，只有经被保险人的书面同意才可订立……"
黄道秀 等译，中国大百科全书出版社1999年版。

第162条第2款以及第183条第2款等均将指定的受益人称为第三受益人，与之对应的即为法定第一受益人（被保险人）。①

　　除上述规则及其理论之外，就本书所考察的相关各国（包括中国大陆和台湾地区）的保险制定法或判例而言，均一致规定，当被保险人和指定的第三受益人在同一保险事故中死亡的，若不知死亡先后的，推定受益人先于被保险人死亡。这种共同性规定的缘由即在于被保险人作为法定第一受益人和指定的第三受益人享有的保险给付请求权的原始归属和派生的逻辑关系。②至于在英国、美国和加拿大等英美法系国家，被保险人（同时为保险契约当事人）作为法定第一受益人是制定法或判例的共同规定。

（三）本书见解

　　基于被保险人乃法定第一受益人或固有的、当然的受益人的法律地位及法理，中国大陆和台湾地区保险法之相关规则与此法理不相符合之处应作相应之修改，如此才能保持保险法体系内部的和谐一致，并与保险经济制度和法律制度价值追求目标和宗旨相符合。因此，中国大陆地区《保险法》第18条第3款似应表述为："受益人是指由法律规定，或者被保险人指定，或者经被保险人同意而由投保人指定的享有保险给付请求权的人。无指定受益人时，保险给付利益属于被保险人；被保险人死亡的，由其法定继承人作为保险受益人受领。"中国台湾地区《保险法》第5条关于受益人之定义性规定也宜作同样之修改。相应地，该法第45条宜修改为"要保人得不经委任，为他人之利益订立保险契约。受益人有疑义时，保险契约所生利益仍归被保险人享有"；第52条修改为"为他人利益订立之保险契约，于订约时，该他人未确定者，仍由被保险人或保险契约所载可得确定之受益人，享受其利益"。

　　至于财产保险，因被保险人与投保人以合一为常态，而且在保险实务中，财产保险契约中与保险人对应之当事人称为被保险人。与人身保险多有不同的是，财产保险不以被保险人之死亡为保险给付条件，故财产保险

① 参见孙洪涛 译：《德国保险合同法》，中国法制出版社2012年版。

② 参见徐国栋 主编：《魁北克民法典》第2448条；孙建江 等译，中国人民大学出版社2005年版；加拿大《统一人寿保险法》与《魁北克民法典》也做相同的推定（See David Norwood & John P.Weir, *Norwood On Life Insurance Law In Canada*, Carswell A Thomson Company, 3rd edition, 2002, p.330.）；另参见《最高人民法院关于适用〈中华人民共和国保险法〉若干问题的解释（三）》（法释〔2015〕21号）第15条；美国《同一同时死亡法》规定，人寿保险和意外伤害保险保单中的被保险人和受益人同时死亡，如果没有充分证据证明他们非同时死亡，那么，保险金的分配按照被保险人后于受益人死亡的情况处理。

大多以被保险人为法定受益人而享有保险给付请求权，指定受益人之存在多为非常态。而且，在英、美等国家之保险法和实务中，人身保险和财产保险契约均以被保险人为当事人。①

综上所述，被保险人是法定第一受益人；被保险人之外，经由指定而享有保险金请求权之人为指定受益人；第三人基于法律规定而享有保险金请求权的，为法定第三受益人。法定第一受益人是被保险人基于其系保险标的上所存在的经济利益或人格利益之直接归属人而由法律确认之结果；指定受益人是法定第一受益人之被保险人处分其保险金请求权的派生受益人；法定第三受益人是法律基于对已故被保险人意思的推定以其继承人等亲属为保险金给付请求权人。基于此，在英美法系国家和大陆法系国家之保险法及其理论上，把被保险人称为第一受益人（first party beneficiary），而将被保险人指定的受益人或法律规定的被保险人之亲属受益人称为第三受益人（third party beneficiary）。②

三、以继承人为法定第三受益人

以本章开头的两则案例为典型的一系列案例表明，在中国大陆保险实务中，由于投保人或被保险人对保险的有关知识知之甚少，对保险合同的订立缺乏经验甚至一窍不通而完全听凭保险营销员或保险代理人的说明而被动地在保险合同文本或保单的受益人指定栏填写有关事项，而保险营销人员或保险代理人为尽快促成保险合同的订立而避免节外生枝，往往尽可能简化合同的缔结环节。表现在保险受益人之指定方面，营销人员为图省事省时，而投保人或被保险人也缺乏经验与深思熟虑，往往在受益人指定时笼统地写上"法定""法定受益人""受益人法定"等无确定指向的表述。在司法实践中，有些法院在裁判文书里也将此种情况下最终领取保险金的人称为法定受益人，或者将法定继承人等同于法定受益人。在我国保险法和司法解释里（除被保险人外）并无所谓"法定受益人"之概念，也无法从其规范的文义解释、体系解释和目的解释等角度推导出这一概念。司法

---

① 参见施文森：《保险判决之研究》（上册），三民书局2001年版，第123~124页。

② See Robert E.Keeton & Alan I. Widiss, *Insurance Law—A Guide to Fundamental Principles, Legal Doctrines, and Commercial Practices*, West Publishing Co., Student Edition, 1988, p.432. 另参见孙洪涛 译：《德国保险合同法》第30条第1款、第31条第2款、第34条、第159条、第160条第3款、第162条第2款以及第183条第2款等，中国法制出版社2012年版。

实践和保险实务中所谓的"法定受益人"，实际上是把根据《保险法》第42条的规定领取已转化为遗产的保险金之被保险人的法定继承人称为"法定受益人"。从法律关系的性质及其三要素上讲，这样称呼是极不准确，也不严谨的。基于此，下文将通过考察世界上相关国家或地区在被保险人死亡而又无指定受益人的情况下，是将保险金作为遗产处理还是作为非遗产处理。将保险金以遗产处理的，领取"保险金"之人即为继承人；将保险金不作为遗产处理的，领取保险金之人即为法定受益人。两种处理方式，何者更为合理和妥当？

以法定继承人为法定受益人，是指在以死亡为保险金给付条件下，在给付条件成就时，基于各种原因导致无指定的受益人受领保险金时，即由被保险人之法定继承人根据保险法之规定以保险受益人之身份受领保险金的人。

但需要指出的是，以继承人作为法定受益人与继承人根据继承法继承作为遗产之保险金之人的主体性质并不相同，因两者所存在的法律关系的性质不相同，一个是保险受益人与保险人之间的以保险金给付为客体的债权债务关系，一个是以遗产为客体的法定继承关系，前者适用保险法，后者适用继承法。继承人作为保险受益人，仅表明充当受益人之人来自被保险人之法定继承人或近亲属。在保单或保险合同中，若在受益人栏填写"继承人"或"法定继承人"的，这是一种指定受益人的方法，这种指定方法叫类别指定（class designation），即以保险事故发生时生存的继承人为受益人，以这种方式确定的受益人仍为指定受益人，与以指名道姓方式指定的受益人的效果无异。另一种情况是，以被保险人之死亡为保险事故或保险金给付条件下，无指定受益人的，法律即以被保险人之法定继承人为受益人受领非遗产的保险金，此时的受益人即为名副其实的法定受益人。因此，继承人作为保险受益人不是以继承法上继承人之地位，而是以保险法上保险受益人之地位受领保险金；继承人作为保险受益人领取的保险金，其性质依然是保险金，而非遗产。而不作为遗产处理的保险金，根据相关各国或地区制定法和判例，不受被保险人或受益人之债权人的追索，即保险金享有强制执行豁免之待遇；[1]此外，作为保险金，其享有税收之豁免。

在理论上，有学者把根据中国大陆地区《保险法》第42条和中国台湾

---

[1] 《意大利民法典》第1923条（债权人和继承人的权利）规定："保险人向投保人或受益人应付的保险金不得成为执行诉权或强制保全诉权的标的。"费安玲 等译，中国政法大学出版社2004年版。

地区《保险法》第113条之规定领取保险金的被保险人之继承人称为法定
受益人[1]，这是对以保险金给付为内容的债权债务关系和以遗产继承为内容
的继承法律关系的混淆，从而也将保险受益人和遗产继承人相混淆了。如
有学者认为，根据中国台湾地区《保险法》第113条之规定而领取保险金
之人即为法定受益人。[2]该论者进一步阐述道，法定受益人与依其他途径
产生或确定的受益人之区别，在于"法定受益人受领保险金额之场合，因
此项保险金额已作为被保险人之遗产，依法应为遗产税课征之标的及供遗
产债务偿还之财产"。[3]持此见解的学者还有梁宇贤[4]、郑玉波[5]等。

（一）以继承人为法定第三受益人：保险金之去遗产化

1. 以受益人之继承人为法定受益人

以不可撤销方式指定的情况下，受益人之地位已相对稳定，受益权为
期待权，已受法律保护。正如山下友信所说，受益人"在保险事故发生之
前就取得了附条件的保险金请求权"，[6]此处的附条件或期待因素即为保险
事故的发生。基于此，被指定的受益人先于保险事故发生前死亡的，该受
益人之全部继承人为受益人。而且从原《日本商法典》独立出来的《日本
保险法》第46条和第75条比《日本商法典》第676条的规定更为激进，即
其对受益人的继承人成为法定受益人不附加"不可撤销地指定"或"投保
人未行使重新指定受益人的权利"两项条件。[7]这表明《日本保险法》是
将保险事故发生前死亡的受益人之继承人作为法定受益人，即对保险金不
做遗产处理。

2. 以投保人之继承人为法定受益人

《德国保险合同法》第160条（受益人分配的解释）第2款规定："保险
事故发生时，在保险人将要向投保人之继承人给付保险金时，若有异议的，

---

① 唐志刚：《寿险理赔实践中关于受益人认定的若干问题》，《中国保险管理干部学院学报》，2001年第3期；汪友年：《论保险受益人的法律地位》，对外经济贸易大学2005年法律硕士学位论文。

② 林群弼：《保险法论》，三民书局2003年版，第571页。

③ 林群弼：《保险法论》，三民书局2003年版，第571页。

④ 梁宇贤：《保险法新论》，中国人民大学出版社2004年版，第234~236页。

⑤ 郑玉波：《保险法论》，刘宗荣 修订，三民书局2003年版，第176~178页。

⑥ ［日］山下友信：《保险法》，有斐阁2005年版，第518页。

⑦ 《日本商法典》第676条（受益人的死亡）规定："（一）受益人为被保险人以外之第三人时，若其死亡，投保人可以重新指定受益人；（二）投保人未行使前款权利而死亡时，受益人的继承人即成为受益人。"《日本保险法》第46条和第75条（受益人的死亡）规定："受益人在保险事故发生前死亡的，其继承人全部为保险受益人。"

投保人死亡时的继承人依照其应继承的份额成为受益人。抛弃继承权的，并不影响其成为受益人的权利。"① 尤其是该款第二句已十分清楚地表明继承人不是以继承法律关系的主体继承人身份受领保险金，而是以保险契约关系之受益人身份受领保险金；此时的保险金是保险法上的保险金，而不是继承法上的遗产。

3. 以被保险人之继承人为法定受益人

根据《俄罗斯联邦民法典》第934条第2款之规定，以被保险人之死亡为保险金给付条件下，保险契约未指定受益人的，即以被保险人之继承人为受益人。②

上述三种立法例，分别以被保险人之继承人、投保人之继承人和不可撤销指定的受益人之继承人为法定受益人，笔者将其称为保险金之去遗产化，其更符合保险经济制度和保险法律制度目的和宗旨。

（二）继承人非为法定受益人：保险金遗产化

以死亡为保险给付条件而无指定受益人时，保险金作为遗产而由被保险人之继承人继承，是更为普遍的一种立法例。笔者将其称为保险金遗产化模式。

中国大陆、澳门、台湾地区之保险法均采用保险金遗产化立法模式。我国于1995年颁布的第一部《保险法》经2002年、2009年、2014年和2015年四次修订直至现行版本一直沿袭的是保险金遗产化模式，只是各版本情形稍有不同而无本质区别。根据中国大陆地区《保险法》第42条之规定，被保险人死亡后，基于各种原因导致无受益人受领保险金的，保险金作为被保险人之遗产处理。《保险法司法解释三》第14条就《保险法》第42条之适用做了进一步解释。

中国台湾地区《保险法》第112条和第113条从正反两个角度互相印证了保险金遗产化之立法模式。

根据《澳门商法典》第1046条（对保险人之给付请求权之丧失）第1款和第2款之规定，指定之受益人丧失受益权且无另行指定受益人的，保险金归入被保险人之遗产。此亦为保险金遗产化立法模式之又一例证。

域外国家亦大多采用保险金遗产化立法例。根据《法国保险合同法》L.132–11条之规定，死亡保险契约未指定受益人的，保险金归入被保险人

---

① 孙洪涛 译著：《德国保险合同法》，中国法制出版社2012年版。

② 黄道秀 等译：《俄罗斯联邦民法典》，中国大百科全书出版社1999年版。

的遗产。① 根据加拿大《统一人寿保险法》所确立的规则，唯一的受益人于保险事故发生前死亡的，保险金回归被保险人或归入其遗产。在相同的普通法规则下，在保险合同到期时，可支付的保险金归入被保险人之遗产。《魁北克民法典》自1976年修订以来，受益人之指定是以保险金到期时受益人仍生存为条件的，现已明确的是，无论人寿保险合同是否有此规定，受益人先于被保险人死亡时，保险金都不会归入受益人之遗产，而是回归被保险人或归入被保险人之遗产。② 而且，根据《统一人寿保险法》和《魁北克民法典》之规定，被保险人和所有的受益人死于同一事故而不知死亡先后的，推定受益人先死，其受益权消灭，保险金将支付给被保险人之继承人，但作为遗产的保险金将按照适用于同时死亡的情形的一般规则在继承人之间分配。③ 在美国大多数州通过并共同适用的《统一同时死亡法》保险一节规定，人寿保险或意外伤害保险的被保险人和受益人都死亡，而且又无充分证据证明他们非同时死亡的，推定被保险人后于受益人死亡，保险金归属于被保险人的继承人。在未通过该法的那些州，如果没有候补受益人，尤其是在可撤销指定受益人之场合，法院亦将保险金判归被保险人之遗产而由其继承人继承。④

(三) 本书见解

保险金遗产化处理模式之法理逻辑在于：被保险人因系作为保险标的之财产的权利人或作为保险标的之生命或身体之人格权人而依法被确定为当然之受益人。因此，无指定受益人时，被保险人即为受益人；或者指定之受益人放弃或丧失受益权时，保险契约利益回归被保险人。⑤ 因此于前述情形下，被保险人死亡后，保险金即成为被保险人之遗产。作为遗产的保险金，即应依继承法由被保险人之继承人在清偿被保险人生前所负债务和缴纳所欠税款，且剩余部分依法缴纳遗产税后，最后剩余部分才归继承人。因此，采用保险金遗产化立法模式，继承人最终获得的保险金之数额

---

①　参见孙洪涛 译:《法国保险合同法》；载宋志华 主编:《保险法评论》，法律出版社2013年版。

②　See David Norwood & John P.Weir, *Norwood On Life Insurance Law In Canada*, Carswell A Thomson Company, 3rd edition, 2002, pp.278~279.

③　See David Norwood & John P.Weir, *Norwood On Life Insurance Law In Canada*, Carswell A Thomson Company, 3rd edition, 2002, p.307, pp.330~331.

④　参见[美]肯尼斯·布莱克、哈罗德·斯基博:《人寿与健康保险》，孙祁祥、郑伟 等译，经济科学出版社2003年版，第227页。

⑤　参见施文森:《保险法论文》(第一集)，三民书局1988年增订7版，第224页。

将比保险合同约定的保险金额大为减少，甚至所获无几乃至分文未得。此种情形，想必并非被保险人或投保人订立保险合同之初衷和真实意愿。依此模式处理的效果，将使保险之填补危险所致损失、使危险共同体心境安宁、财务稳定的社会安定之基本功能大为消解，必会消减社会公众订立保险合同的愿望。

笔者认为，采用保险金非遗产化处理模式较为妥当。从《保险法司法解释三》第9条第2款第1项的文义来理解，似将保险金做了非遗产化处理，即"受益人约定为'法定'或者'法定继承人'的，以继承法规定的法定继承人为受益人"。但若联系该解释第14条及其所依据之蓝本《保险法》第42条之规定而做体系化解释，则并不能得出这一结论。如此情形，既让人感到有些困惑，又觉得有些许遗憾。但从法理上讲，司法解释仅应立足于法律之原意而为之，若做出超出原意之解释，即僭越了立法权。若采用保险金非遗产化处理模式，寄希望于立法修订时为之。由于继承制度和保险制度各自的立法目的和价值追求目标不同，其功能各异而不可互相替代，因此保险金遗产化处理模式将使保险制度的价值和功能相当程度上被继承制度所吞噬。因继承制度承载着尊重被继承人意愿、保护继承人权利和兼顾债权人利益、社会公共利益等多重价值，而保险制度承载着填补被保险人损失、保护受益人利益和安定社会经济秩序和生活秩序之价值。

保险根于人们预防危险、填补损失之趋利避害本能。保险业发展至现代数字经济时代，险种推陈出新、日益繁多，除传统的提供风险保障的基本功能之外，尤其在人寿保险，亦将投资、储蓄等附加功能绑定其上。即便如此，风险保障仍将是保险之最基本和最主要功能，尤其在中国这样的发展中国家，社会保障体系十分脆弱，有限的保障项目之保障水平十分低下。因此，保险的功能定位仍应立足于其基本功能之上。虽然现代保险实行专营制度，但本质上仍未脱离危险共同体互助的基本属性，即践行"我为人人，人人为我"之互助精神，保险人只不过是受托管理风险基金和组织经济补偿的一中介组织。从微观角度着眼，发生保险事故而遭受直接损失的人是被保险人，无论是被保险人自身还是由其所指定的受益人受领保险金，充其量只能填补危险所造成的直接损失，并不能因危险而获利（此即保险利益原则和损失补偿原则之本质所在）。

在继承法，继承人因继承遗产而增加了其财产的拥有量，并期能使其生活境遇有所改善，或锦上添花。而保险则有救人于水火、雪中送炭之功；对未遭受危险损害之危险共同体绝大部分，保险则发挥着维持既有生活与生产秩序之作用。

综上所述，保险法和继承法因各自的价值目标不同、功能各异，由此决定了两者互相取长补短、彼此协力之关系，而非两者混淆和互相取代。因此，笔者认为，立足于保险经济制度和法律制度之功能和价值目标，保险金（尤其是基于风险保障而产生的那部分保险契约利益）不应作为遗产而依继承法规范处理，仅应作为纯粹的保险金由被保险人之亲属（继承人）以保险受益人身份受领。

基于此，笔者建议我国未来对《保险法》进行修订时，以保险金去遗产化立法模式代替保险金遗产化立法模式；同时，建议对我国《民法典》继承编之相应规范和《保险法》之相应规范一并协调性修订，即将法定继承人的范围和顺序予以扩展，比如将法定继承人范围扩展到被继承人的直系亲属和旁系亲属四代以内甚至更远，并以此作为《保险法》法定保险受益人范围和顺序的参照标准，即尽量使保险金在被保险人之亲属间进行分配，以减少其归入无主财产的概率。原因分析阐释如下。

第一，我国社会保障体系远未建立和完善，养老育幼的职责基本上仍由亲属之间互相承担。因此，扩展法定继承人（或法定受益人）的范围和顺序，有利于发挥亲属间，尤其是亲等较远的亲属之间抚养、扶养的互助精神和良好风尚，并可以此维系亲属之间的血缘和亲情纽带而有助于和谐社会的构建。如本章开头所引案例中，为叔侄关系的当事人之一的被保险人，其侄子为其唯一亲属，且承担了非法定之赡养义务，若按现行法将其排除于法定继承人范围，则保险金将成为无主财产而归属于国家，这于情于理皆难以使人接受。因此，法院将保险金判归被保险人的侄子，判决合理，值得肯定。不足之处在于判决之说理部分有些牵强，因为被保险人的侄子既非原《继承法》上的法定继承人，更不是《保险法》上的法定受益人。

第二，我国自20世纪80年代至21世纪初实行计划生育国策，致独生子女成为中国一代人；在独生子女意外夭亡而产生失独家庭的情况下，出现了直系血亲繁衍的中断，并由此出现了法定继承人范围和顺序的断层。因此，只有将较远亲等的旁系血亲如堂兄弟姐妹、叔侄姑侄、舅甥等纳入法定继承人之范围，并以此作为法定保险受益人的基础，方能消除保险金或遗产无所归属的窘境。

第三，在法定继承人或法定保险受益人范围狭窄和顺序畸少的情况下，将增加无主财产产生的概率，由此将根据中国现行法将保险金视为无主财产收归国有。而国有作为财产公有的高级形式（相对于集体所有之较低公有形式），在缺乏有效的管理体制和高效利用技术的情况下，财产的效用无法有效地发挥，甚至出现闲置或浪费。所谓有恒产者有恒心，财产有具体明确的归属是其发挥最大效用的基础。产权的多元化和主体的广泛性是市场经济运行的基础，产权的单一化或集中归属较适合于计划经济，而计划经济已被实践证明是一种效率低下的经济体制。开始于中国农村的土地联产承包经营体制激发了农民的生产热情，由此而开始了从农村向城市推进的市场化改革。改革开放四十余年的巨大成就无可辩驳地说明了产权主体多样化、具体化和明晰化的合理性。

此外，在强制保险或社会保险领域，如公务员保险、军人保险、劳动保险、团体保险中，法律一般将被保险人之法定继承人或直系亲属或配偶作为受益人，被保险人也只能在这些人中指定受益人，超出指定的范围所为的指定无效，如果被保险人未为受益人之指定，其结果也是在法定的范围内确定受益人，区别仅在于指定的受益人的人数与顺序与法定的范围和顺序会有不同，这种受益人亦具有法定受益人之性质，可以将这种确定受益人之方法称为法定受益人主义。无论法律将指定受益人范围限于继承人以内，还是未指定受益人时，被保险人死亡时之继承人即应确定为受益人，都属于法定受益人之范畴。

四、以配偶为法定第三受益人

根据域外有关国家制定法和判例，在财产共有人之一所订立的保险契约，被保险人未指定其他共有人为受益人的，法律规定其他共有人为受益人。例如在美国，在所有实行夫妻共同财产制的各州，被保险人以夫妻共同财产支付保险费而购买的任何人寿保险保单，其配偶均依法对该保险单之利益（保险金）享有权利，而不受保险契约条款或被保险人之行为或意图之限制或影响。据观察和统计，在实行夫妻共同财产制的司法管辖区的所有既决案件中，法院认为，在婚姻关系存续期间，丈夫以自己的生命为保险标的而以夫妻共同财产支付保险费所订立的保险契约，在其死亡时将保险金支付给其继承人、遗嘱执行人、遗产管理人或受让人的，因丈夫的死亡而使婚姻关系终结的，丈夫的法定代理人所接收的保险金构成夫妻共同财产。这就是说，以夫妻共同财产支付保险费所订立的保险契约，保险金亦属于夫妻共同财产，应以生存的配偶为受益人，即配偶为法定第三受益人。这一规则背后所蕴含的法理是，被保险人是以保险金为标的，以配偶为受益人所为的赠与。[①]

五、以债权人为法定第三受益人

债权人作为法定第三受益人，是法律规定在某些情况下，若有保险契约存在，即以投保人或被保险人之债权人为受益人的情形。如中国台湾地区《动产担保交易法》第16条规定，"若有保险者，其受益人应为抵押权者之记载"，依此规定，受抵押权担保的债权人即为保险受益人；又于第27条规定，"若有保险者，其受益人应为出卖人之记载"，即以买卖契约之出卖人为保险受益人；复于第33条规定，"若有保险者，其受益人应为信托人之记载"，即以信托人为保险受益人。此外，中国台湾地区《保险法》第18条规定："要保人破产时，保险契约仍为破产债权人之利益而存在……"该规定表明，投保人破产的，即以破产债权人为法定第三受益人。

六、以集体组织或国家为法定第三受益人

国家作为平等主体参与民商事法律关系时，依法或依约享有权利或负担义务的情形并不鲜见，但在保险实务中国家依法作为保险受益人的情形则比较少见。在死亡保险契约，无指定受益人，法定受益人亦都穷尽时，保险金即成为无人受领的财产。这种情形与无人继承的遗产相似，只是作为保险金的财产与作为遗产的保险金，因其性质不同而分别由保险法和继承法调整。但是无人继承之遗产由国家或国库作为权利人承受则几乎为各国或地区（包括中国大陆和台湾地区在内）之继承法所普遍性规定。[②]对

---

①　See Muriel L.Crawford, *Life and Health Insurance Law*, McGraw-Hill, Companies, Inc., 8th edition, 1998, p.184; Also see Robert E.Keeton & Alan I. Widiss, *Insurance Law—A Guide to Fundamental Principles*, *Legal Doctrines*, *and Commercial Practices*, West Publishing Co., Student Edition, 1988, pp.426~427.

②　参见费安玲 等译:《意大利民法典》继承编第586条（由国家取得的财产），中国政法大学出版社2004年版；郑冲、贾红梅 译:《德国民法典》继承编第1936条（国库的继承权），法律出版社1999年版；王书江 译:《日本民法典》继承编第959条（归属于国库的财产），中国人民公安大学出版社1999年版；罗结珍 译:《法国民法典》第3卷第1编第4章（国家的权利）第768~773条，中国法制出版社1999年版；殷生根、王燕 译:《瑞士民法典》第3(继承法)编第466条，中国政法大学出版社1999年版；中国台湾地区《民法典》继承编第1185条（剩余遗产之归属）。

死亡保险金采用遗产化处理模式的国家，保险金按照相关国家之继承法即可处理其最终归属。对死亡保险金采用非遗产化处理模式的国家，则应根据该国之保险法确定其最终归属；若该国保险法未设此规定的，即构成立法漏洞。因此，在采用保险金非遗产化立法模式之国家，保险金无人受领的，国家即应作为最终法定受益人受领之；若非将国家作为最终受益人，保险人将保险金归为己有则构成不当得利。因此，在保险金无人受领之情形，应适用物权法关于无主物之规则处理，即由国家作为法定受益人受领之。根据我国现行《保险法》之保险金遗产化处理模式，保险金作为遗产无人继承的，即应适用《民法典》继承编关于无人继承遗产之处理规定，由国家作为权利人继承之；[①]若将来《保险法》改采用保险金去遗产化处理模式，可拟具体条文加以规定，或参照《民法典》物权编关于无人认领的遗失物之规定处理，实则由国家作为法定受益人受领之。[②]基于上述，在保险领域，无人受领保险金的，即应由国家作为法定受益人受领之。

无论保险金做遗产化或非遗产化处理，无人继承或受领的情形虽然少见，但并非没有这种可能，此等情形与继承法上的无人继承又无人受遗赠的情形具有相似性，尤其在中国实行计划生育一对夫妻只准生育一个孩子的政策环境下，大量的独生子女家庭中出现无人继承遗产或受领保险金的情形无疑会有相当比例的情形出现。我国现行《保险法》没有规定国家在无人受领保险金时作为保险受益人的规定，仅在第42条规定无受益人受领保险给付时，保险金作为遗产由被保险人之继承人领取。但是这种规定遗漏了无受益人受领保险金或没有继承人继承遗产之保险金时保险金之最终归属问题。在具有公益性的社会保险或政策性保险，保险金无人受领时归保险承办人或经营人而作为公益性保险之发展基金，则并无不妥，也具有正当性。而在商业保险，在保险给付无人受领时，保险给付利益归保险公司，则缺乏正当性，保险公司保有保险给付利益应构成不当得利。因此，我国在未来修订《保险法》时应将此疏漏予以弥补以因应特殊情形。

---

① 《中华人民共和国民法典》第1160条规定："无人继承又无人受遗赠的遗产，归国家所有，用于公益事业；死者生前是集体所有制组织成员的，归所在集体所有制组织所有。"

② 《中华人民共和国民法典》第318条规定："遗失物自发布招领公告之日起一年内无人认领的，归国家所有。"

七、结论

就本书所考察之相关国家和地区立法和学理对保险受益人概念的之界定和相关规则存在差异的原因可能有多种，我们既应尊重历史和立足于保险的本源，也应以发展的、实事求是的和与时俱进的态度认识和理解保险受益人。一项（法律）制度（包括某一法律概念）的创设或改进，亦如一项科学技术的发明或改造升级，最初无外乎起因于社会生产或生活的应急之需，而该项技术一旦发明或改进升级，并非一劳永逸而止步不前，基于趋利避害和追求更美好生活之本能，人们会谋求其功能或价值的最大化，如扩展其适用的范围或提高其功效等。因此，肇始于死亡保险之受益人概念或制度如今已不仅仅适用于以死亡为保险事故的人身保险，随着保险险种及其功能的拓展，保险受益人适用的领域亦必将随之拓展。

将保险受益人存在的范围限定于人身保险，或者将受益人生成的方式限于指定之立法和理论见解，源于保险受益人产生的历史。但是，保险业经过几个世纪的发展，尤其是现代保险的险种层出不穷，保险之功能亦大大拓展而今非昔比，因而仅局限于历史的角度，难以全面而准确地认识保险受益人。[①]追溯保险业发展历史可知，财产保险先于人身保险出现。因彼时受生产力水平低下所限，物质财富比较贫乏，导致人们对财产的重视和追求远胜于对生命的重视和精神的追求。正如西方学者所言："在12、13世纪（乃至整个中世纪），生命是廉价的，资金则非常短缺。"[②]在财产保险，被保险人就是因风险发生而遭受损失，因而享有保险金请求权之人，即被保险人就是法定的、固有的受益人。基于此，在保险实务和规范上无须于被保险人之外而另设受益人之概念，否则即叠床架屋、画蛇添足了。在人身保险，不以被保险人之死亡为保险给付条件时，被保险人往往即为保险金受领人，在被保险人之外另设受益人之概念，也似无多大必要。然而，在以被保险人之死亡为保险给付条件时，因保险事故的发生而导致被保险人之死亡，则需另有他人代替被保险人行使保险给付请求权，由此，自被保险人衍生出受益人之概念，此二者之关系为源与流、干和支的关系。若

---

　　①　保险最初与赌博是不分的，自英国保险法将保险利益原则引入保险后，保险才与赌博分道扬镳而判然有别。

　　②　[美]伯尔曼：《法律与革命》，贺卫方　等译，中国大百科全书出版社1993年版，第429页。

被保险人作为法定第一受益人欲使其属意的人受领保险金，则须于保险事故发生前指定第三受益人，犹如被继承人设立遗嘱指定其财产继承人一样。

但是，随着社会经济的发展和人们对保险之功能认识的深化，订立保险契约已不再限于被保险人死后为其遗属提供生活保障这一单一目的，还可以将保险契约给付利益用于清偿债务、设定质押权以及为单纯之赠与等。因此，被保险人不仅可以于死亡保险契约指定受益人，亦可于非死亡保险契约指定受益人。不以死亡为给付条件之财产保险契约亦可有受益人之指定。同样，保险受益人之生成途径或确定方式亦不限于指定一种。基于此，我们应多维地观察和理解受益人，而不应局限于历史的角度，毕竟时光不会倒流，历史无法回归。

关于保险受益人之样态，有超越现行民事主体类型的可能乃至趋势。追溯法律关系主体产生和发展演进的历史和展望法治文明的未来，与人类最亲近的宠物乃至其他动物亦可作为保险受益之对象而成为"受益人"，被保险人欲如此为之，法律何故反对？由此引发一场法律主体之革命，也未可知。洞窥法律关系主体类型和范围演进轨迹的背后，是人追求物质和精神利益的满足以及由此激发的人的智慧在起推动作用。

保险利益原则在保险法上的确立，其功能在于禁止赌博、防阻道德危险和避免不当得利。尤其是前两个功能，其作用的对象应是通过保险取得保险金的人，而领取保险金的人多为受益人，包括法定受益人之被保险人和指定受益人。因此，保险利益是对受益人的要求，是受益人取得受益权的条件。法定受益人之被保险人因其对保险标的之财产享有物权或债权而具有保险利益，对保险标的之生命和身体享有人格权而具有保险利益；指定受益人因其与被保险人之间存在的人身关系（如亲属关系）或财产关系（如债权债务关系）而具有保险利益，或可因被保险人之同意而取得保险利益。

保险受益人之生成途径或确定方式归纳为法定和指定两种。

在财产保险，被保险人因其对保险标的之财产享有物权、债权或负担责任，因危险之发生遭受损失而为损害填补之对象，故法律赋予其保险给付请求权，即为法定受益人；在人身保险，被保险人因其对保险标的之生命和身体享有人格权，因危险之发生而遭受人格利益之抽象损失，因此法律将其确定为保险给付请求权人，即法定受益人。故被保险人为法定受益人，源于其对保险标的具有固有利益或直接利益。以死亡为保险给付条件而无指定受益人时，法律若以被保险人之近亲属或继承人为受益人的，由此获得保险金之人即为法定受益人。为便于区别，本书将被保险人称为法定第一受益人，而将其近亲属或继承人称为法定第三受益人。

法定第一受益人之被保险人，尤其在以其死亡（且不限于死亡）为保险给付条件下，可以在保险事故发生前任何时候指定受益人，此为受益人生成或确定的另一种途径。指定受益人本质上是法定受益人之被保险人对其保险契约利益之处分。因此，指定受益人是基于被保险人一方意思表示而发生法律效力之单方法律行为。基于受益人指定为指定权人处分其保险契约利益之单独行为之性质，受益人指定或指定的变更即为不要式法律行为，即其形式遵循自由主义，除能确认被保险人之真实意思和指定之受益人为何人之外，法律没有理由对其有效条件和生效条件做过多干预，而应听任于被保险人之意思自治。为便于保险契约之订立和受益人之指定，被保险人可以通过明示授权（事先之同意或事后之追认）或隐藏性授权（不经委托）于投保人而为受益人之指定。

受益人之地位如何，可通过受益权之性质判断。而受益权的性质如何，取决于多种因素，包括受益权发生的依据、保险事故发生之前与后、受益人指定的方式和险种等方面。

以保险事故发生为分界。保险事故发生后，受益人实定取得保险金请求权，受益权为既得权或完整权，与一般到期之金钱债权无异。保险事故发生前，"受益权"之性质因险种、受益人指定方式、受益人的类别以及受益权的标的等因素而不同：或为对权利之纯粹期待，或为期待权。①若为生死两全保险或以期满为给付条件的，"受益权"为期待权（期待因素为时间之到来）；②以可撤销或可变更方式指定的受益人，"受益权"则为对权利之纯粹期待（mere expectancy）；③以不可撤销或不可变更方式指定的受益人，"受益权"为期待权（期待因素为保险事故的发生）；④根据受益人之顺序，第一顺序受益人之"受益权"为期待权的，则后顺序受益人的"受益权"仅为权利之期待；若第一顺序受益人之"受益权"仅为权利之期待的，则后顺序受益人之"受益权"则为对权利更弱之期待；⑤受益权之标的若为投资或储蓄利益的，其性质为期待权；⑥若以风险保障部分之利益为标的的，"受益权"或为权利之期待（可撤销的指定），或为期待权（不可撤销之指定）。

最后，可将保险受益人表述为：保险受益人，是指根据法律规定或被保险人、投保人的指定，于保险给付条件成就时，请求保险人给付保险金之人。

参考文献

一、中文著作

1.陈顾远:《保险法概论》,正中书局1977年版。

2.陈自强:《民法讲义 I 契约之成立与生效》,法律出版社2002年版。

3.财团法人保险事业发展中心:《保险英汉词典》(*English–Chinese Insurance*)2006 of Dictionary 年版。

4.崔吉子、黄平 译著:《韩国保险法》,北京大学出版社2013年版。

5.杜军:《格式合同研究》,群众出版社2001年版。

6.杜万华 主编:《最高人民法院关于保险法司法解释(三)理解适用与实务指导》,中国法制出版社,2016年版。

7.D.M.Walker主编:《牛津法律大辞典》,光明日报出版社1988年版。

8.傅静坤:《二十世纪契约法》,法律出版社1997年版。

9.樊启荣:《保险法论》,中国法制出版社2001年版。

10.樊启荣:《保险法诸问题与新展望》,北京大学出版社2015年版。

11.费安玲:《罗马私法学》,中国政法大学出版社2009年版。

12.桂裕:《保险法》,三民书局1984年增订初版。

13.高利红:《动物的法律地位研究》,中国政法大学出版社2005年版。

14.黄道秀 等译:《俄罗斯联邦民法典》,中国大百科全书出版社1999年版。

15.韩长印、韩永强:《保险法新论》,中国政法大学出版社2010年版。

16.韩松:《民法总论》,法律出版社2017年版。

17.江朝国:《保险法基础理论》,中国政法大学出版社2002年版。

18.江朝国:《论被保险人有无指定受益人之权》;载江朝国:《保险法论文集》(三),台北瑞兴图书股份有限公司2002年版。

19.江朝国:《保险法逐条释义：总则》(第一卷)，元照出版公司2012年版。

20.江朝国:《保险法逐条释义 第四卷 人身保险》，原照出版公司2015年版。

21.江伟、邵明 主编:《民事证据法学》(第2版)，中国人民大学出版社2015年版。

22.梁宇贤、刘兴善、柯泽东、林勋发:《商事法精论》，今日书局1994年版。

23.梁宇贤:《保险法新论》(修订版)，中国人民大学出版社2004年版。

24.刘宗荣:《保险法》，三民书局1997年版。

25.刘宗荣:《新保险法——保险契约法的理论与实务》，中国人民大学出版社2009年版。

26.吕锦峰:《保险法新论》，神州图书出版有限公司2002年版。

27.林群弼:《保险法论》，三民书局2003年版。

28.赖上林:《保险受益人法律地位之研究》；载尹章华、刘孟锦 编著:《两岸保险契约法》，文笙书局2003年版，e-1-2。

29.李宇:《民法总则要义：规范释论与判例集注》，法律出版社2017年版。

30.李玉泉:《保险法》(第二版)，法律出版社2003年版。

31.李玉泉、邹志洪:《保险法学——理论与实务》，高等教育出版社2010年版。

32.李玉泉:《保险法》，法律出版社2019年版。

33.马宁:《保险法理论与实务》，中国政法大学出版社2010年版。

34.秦道夫:《保险法论》，机械工业出版社2000年版。

35.齐瑞宗、肖志立:《美国保险法律与实务》，法律出版社2005年版。

36.任自力 等译:《纽约州保险法》，光明日报出版社2019年版。

37.施文森:《财产与人身保险》，正中书局1980年版。

38.施文森:《保险法论文》(第一集)，三民书局1988年版。

39.施文森:《保险法总论》，三民书局1990年版。

40.施文森:《保险判决之研究》(下册)，三民书局1997年版。

41.施文森 译:《美国加州保险法》，财团法人保险事业发展中心1999年版。

42.施文森:《保险判决之研究》(上册)，三民书局2001年版。

43.施文森:《保险法论文》(第三集)，元照出版公司2013年版。

44. 沈达明:《英美合同法引论》,对外贸易教育出版社1993年版。

45. 孙祁祥:《保险学》,北京大学出版社1996年版。

46. 孙积禄:《保险法论》,中国法制出版社1997年版。

47. 孙宏涛:《德国保险合同法》,中国法制出版社2012年版。

48. 沙银华:《日本保险经典判例评释》,法律出版社2011年版。

49. 台北市人寿保险商业同业公会、人寿保险业务发展委员会:《寿险法律实务之研究》,1983年版。

50. 王泽鉴:《民法学说与判例研究》(八),中国政法大学出版社1998年版。

51. 王泽鉴:《民法总则》,中国政法大学出版社2001年版。

52. 王泽鉴:《民法学说与判例研究》(七),北京大学出版社2009年版。

53. 王泽鉴:《人格权法》,北京大学出版社2013年版。

54. 王保树:《中国商事法》,人民法院出版社2001年版。

55. 王萍:《保险利益研究》,机械工业出版社2004年版。

56. 王绪瑾:《保险学》,经济管理出版社2004年版。

57. 徐卫东:《保险法论》,吉林大学出版社2000年版。

58. 薛波 主编:《元照英美法词典》,法律出版社2003版。

59. 袁宗蔚:《保险学》,三民书局1989年版。

60. 袁宗蔚:《保险学:危险与保险》,首都经济贸易大学出版社2000年版。

61. 尹田:《法国现代合同法》,法律出版社1995年版。

62. 尹田:《中国保险市场的法律调控》,社会科学文献出版社2000年版。

63. 尹田、任自力 主编:《保险法前沿》,2012年第1辑。

64. 尹章华、刘孟锦 编著:《两岸保险契约法》,文笙书局2003年版。

65. 郑玉波:《保险法论》,三民书局2003年修订第5版。

66. 赵旭东:《商法学》,中国政法大学出版社2004年版。

67. 朱铭来:《保险法学》,南开大学出版社2006年版。

68. 周友军、杨垠红 译:《奥地利普通民法典》,周友军 校,清华大学出版社2013年版。

69. 邹海林:《保险法学的新发展》,中国社会科学出版社2015年版。

70. 邹海林:《保险法》,社会科学文献出版社2017年版。

71. [德]马克思:《论离婚法草案》;载《马克思恩格斯全集》第一 卷,人民出版社1956年版。

72.[德]马克思:《哲学的贫困》;载《马克思恩格斯全集》第四卷,人民出版社1958年版。

73.[德]迪特尔·梅迪库斯:《德国民法总论》,邵建东 译,法律出版社2000年版。

74.[德]海因·克茨:《欧洲合同法》(上卷),周忠海 等译,法律出版社2001年版。

75.[德]卡尔·拉伦茨:《德国民法通论》(下册),王晓晔、邵建东 等译,法律出版社2003年版。

76.[德]迪特尔·施瓦布:《民法导论》,郑冲 译,法律出版社2006年版。

77.[德]迪特尔·梅迪库斯:《德国民法总论》,邵建东 译,法律出版社2013年版。

78.[德]维尔纳·弗卢梅:《法律行为论》,迟颖 译,米健 校,法律出版社2013年版。

79.[德]马蒂亚斯·赖曼、莱因哈德·齐默尔曼 编:《牛津比较法手册》,高鸿钧 等译,北京大学出版社2019年版。

80.[美]伯纳德·瓦施茨:《美国法律史》,王军 等译,中国政法大学出版社1990年版。

81.[美]伯尔曼:《法律与革命》,贺卫方 等译,中国大百科全书出版社1993年版。

82.[美]罗伯特·考特、托马斯·尤伦:《法和经济学》,张军 等译,上海三联书店1994年版。

83.[美]特瑞斯·普雷切特 等:《风险管理与保险》,孙祁祥 等译,孙祁祥 校,中国社会科学出版社1998年版。

84.[美]A.L.科宾:《科宾论合同》(下册),王卫国 等译,中国大百科全书出版社1998年版。

85.[美]缪里尔·L.克劳福特:《人寿与健康保险》,周伏平 等译,经济科学出版社2000年版。

86.[美]莱利斯·雅各布:《民主视野》(中文版),中国广播电视出版社2000年版。

87.[美]肯尼斯·布莱克、哈罗德·斯基博:《人寿与健康保险》,孙祁祥、郑伟 等译,经济科学出版社2003年版。

88.[美]汤姆·睿根:《打开牢笼——面对动物权利的挑战》,莽萍、马天杰 译,中国政法大学出版社出版2005年版。

89.[美]汤姆·雷根、卡尔·科亨:《动物权利论争》,杨通进、江娅 译,中国政法大学出版社2005年版。

90.[美]G.L.弗兰西恩:《动物权利导论——孩子与狗之间》,中国政法大学出版社2005年版。

91.[美]小罗伯特·H.杰瑞、道格拉斯·R.里士满:《美国保险法精解》,李之彦 译,北京大学出版社2009年版。

92.[美]肯尼斯·S.亚伯拉罕:《美国保险法原理与实务》(原书第4版),韩长印 等译,中国政法大学出版社2012年版。

93.[美]维维安娜·泽利泽:《道德与市场:美国人寿保险的发展》,姚泽麟 等译,华东师范大学出版社2019年版。

94.[英]阿蒂亚:《合同法概论》,程正康 等译,法律出版社1982年版。

95.[英]戴维·赫尔德:《民主的模式》,燕继荣 等译,中央编译出版社1998年版。

96.[英]彼得·辛格:《动物解放》,孟祥森、钱永祥 译,光明日报出版社1999年版

97.[英]P.S.阿狄亚:《合同法导论》,赵旭东 等译,法律出版社2002年版。

98.[英]A.Clarke:《Malcolm保险合同法》,何美欢、吴志攀 等译,北京大学出版社2002年版。

99.[英]萨达卡特·卡德里:《审判的历史——从苏格拉底到辛普森》,当代中国出版社2009年版。

100.[意]彼德罗·彭梵得:《罗马法教科书》,黄风 译,中国政法大学出版社1992年版。

101.[意]桑德罗·斯奇巴尼 选编:《民法大全选译I.1:正义和法》(*COPPORIS IURIS CIVILIS FRAGMENTA SELECTA*),黄风 译,中国政法大学出版社1992年版。

二、外文著作

1.William R. Vance, *Handbook on the Law of Insurance*, West publishing Co.1951.

2.Edwin Patterson, *Essentials of Insurance Law*, Ralph H. Blanchard ed., McGraw-Hill Book Co., 2d ed. 1957.

3.Robert E. Keeton, *Cases and Materials on Basic Insurance Law*, 2nd Edition, West publishing Co., 1977.

4.E. R. Hardy Ivamy, *General Principles on Insurance Law*, London Butterworths, 1979.

5.E.R.Hardy Ivamy, *Personal Accident, Life and Other Insurances*, London, Butterworths, 2nd edition, 1980.

6.Robert I.Mehr & Sandra G. Gustavson, *Life Insurance Theory and Practice*, Business Publications, Inc. 4th. Edition, 1987.

7.Robert E. Keeton & Alan I. Widiss, *Insurance Law—A Guide to Fundamental Principles, Legal Doctrines, and Commercial Practices*, West Publishing Co. St. Paul Minn, 1988.

8.Kenneth W.H. York & John W.Whelan, *Cases, Materials and Problems on General Practice of Insurance Law*, 2nd edition, American Casebook Series, West Publishing Co., 1988.

9.MacGillivray & Parkington, *MacGillivray & Parkington on Insurance Law (relating to all risks other than marine)*, 8th edition, London, Sweet & Maxwell, 1988.

10.Alan I.Widiss, *INSURANCE: Materials on Fundamental Principles, Legal Doctrines, and Regulatory Acts*, American Casebook Series, West Publishing Company, St.Paul Minnesota, 1989.

11.G. Michael Bridge, *A Proposal to Include Life Insurance Assets Within the Augmented Estate*, Cornell Law Review, March, 1989.

12.M. P. Furmston, *Law of Contract*, Butterworth Co., 12th edition. 1991.

13.Houseman & Davies, *Law of Life Assurance*, 11th edition, Butterworths London, 1994.

14.Jeffrey W.Stempel, *Interpretation of Insurance Contracts: Law and Strategy for Insurers and Policyholders*, Little, Brown and Company, 1994.

15.Muriel L.Crawford, *Law & Life Insurance Contract*, Richard D. Irwin, Inc., 7th edition, 1994.

16.Harriett E.Jones & Dani L. Long, *Principles of Insurance:Life, Health, and Annuities*, LOMA (Life Office Management Association, Inc.) , 1997.

17.Muriel L.Crawford, *Life and Health Insurance Law*, McGraw-Hill, Companies, Inc., 8th edition, 1998.

18.John Birds & Norma J.Hird, *Birds' Modern Insurance Law*, 5th edition,

Sweet and Maxwell, 2001.

19.John F.Dobbyn, *Insurance Law in a Nutshell*, West Group/法律出版社/, 2001.

20.David Norwood & John P. Weir, *Norwood On Life Insurance Law In Canada*, Carswell A Thomson Company, 3rd edition, 2002.

21.Lord Justice Mance, Iain Goldrein, QC, Frsa, Robert Merkin, *Insurance Disputes*, 2nd Edition, LLP London Hong Kong, 2003.

22.*Black's Law Dictionary*, 8th edition, 2004.

23.Malcolm Clarke, *Policies and Perceptions of Insurance Law in the Twenty-First Century*, Oxford University Press, 1st edition, 2005.

24.Harold D. Skipper & W. Jean Kwon, *Risk Management and Insurance: Perspectives in a Global Economy*, Blacwell Publishing Ltd, 2007.

25.*Principle of European Insurance Contract Law*, Sellier. European Law Publishers, 2009.

26.John Birds, *Birds' Modern Insurance Law*, Thomson Reuters Uk limited, 10th edition, 2016.

27.石田满:《商法Ⅳ》(保险法) 改定版, 青林书院20003年版。

28.山下友信:《现代の生命·伤害保险法》, 弘文堂1999年版。

29.山下友信;《保险法》, 有斐阁2005年版。

三、硕博学位论文

1.陈玫杏:《论人寿保险首要保障之主体——以被保险人为中心》, 台北东吴大学2002年硕士学位论文。

2.段程瀚:《论契约法由近代向现代的嬗变》, 西南政法大学2002年硕士学位论文。

4.汪友年:《论保险受益人的法律地位》, 2005年对外经济贸易大学法律硕士学位论文。

5.张家勇:《为第三人利益合同的制度构造》, 中国社科院2006年博士学位论文。

3.刘敏君:《地方高校经费投入与教学科研产出实证研究》, 山东科技大学2018年硕士论文。

6.张力丹:《中国制造业企业对外投资模式选择》, 西南财经大学2018

年博士学位论文。

四、中文期刊

1. 姚新华:《契约自由论》,《比较法研究》1997年第1期。

2. 刘凯湘、张云平:《意思自治原则的变迁及其经济分析》,《中外法学》1997年第4期。

3. 刘文燕、刘滨:《生态法学的基本结构》,《现代法学》1998年第6期。

4. 张丽娜、李方:《浅析保险法律关系中的受益人》,《海南大学学报》(社会科学版)1999年第3期。

5. 苏号朋:《论契约自由兴起的历史背景及其价值》,《法律科学》1999年第5期。

6. 江山:《法律革命:从传统到现代——兼谈环境资源法的法理问题》,《比较法研究》2000年第1期。

7. 尹田:《论涉他契约——兼评我国新合同法第64条、第65条之规定》,《法学研究》2001年第1期。

8. 唐志刚:《寿险理赔实践中关于受益人认定的若干问题》,《中国保险管理干部学院学报》2001年第3期。

9. 徐昕:《论动物法律主体资格的确立——人类中心主义法理念及其消解》,《北京科技大学学报》(社会科学版)2002年第1期。

10. 潘红艳:《人身保险合同受益人法律问题研究》,《当代法学》2002年第2期。

11. 陈本寒、周平:《动物法律地位之探讨——兼析我国民事立法对动物的应有定位》,《中国法学》2002年第6期。

12. 徐国栋:《认真透析〈绿色民法典草案〉中的"绿"》,《法商研究》2003年第6期。

13. 王紫零:《非人类存在物法律主体资格初探》,《广西政法管理干部学院学报》2003年第5期。

14. 杨万柳:《对我国〈保险法〉第64、65条的分析及立法完善》,《当代法学》2003年第6期。

15. 蔡军、赵雁丽:《试论寿险受益人制度中的投保人》,《经济研究参考》2003年第30期。

16. 赵越:《意思自治原则的适用范围》,《政法论坛》(中国政法大学学报)2004年第2期。

17.权衡:《保险受益权刍议》,《江南大学学报》(人文社会科学版)2004年6月第3期。

18.杨立新、朱呈义:《动物法律人格之否定——兼论动物之法律"物格"》,《法学研究》2004年第5期。

19.孙积禄:《保险利益原则及其应用》,《法律科学》2005年第1期。

20.张秀全:《受益人道德风险的法律规制》,《郑州大学学报》(哲学社会科学版)2005年3月第2期。

21.林伟:《佛教"众生"概念及其生态伦理意义》,《学术研究》2007年第12期。

22.郭琰:《从环境正义看人类中心主义与非人类中心主义之争》,《经济与社会发展》2009年第2期。

23.梁鹏:《保险受益人变更之研究》,《保险研究》2013年第7期。

24.王波:《"应当"及相关用词在法律中的意义诠释》,《法律方法》2016年第1期(第19卷)。

25.李红卫:《保险受益人的指定与变更——中日保险法比较研究》;载王保树主编:《商事法论集》(第9卷)。

26.许慧如:《论死亡保险中受益人之产生与保险金之请求》,《万国法律杂志》第137期。

27.杨仁寿:《从财产保险契约之本质论为他人利益保险》,《法令月刊》第46卷(9)。

28.庐世宁:《论我国保险法上受益人之适用范围——兼评析两则"最高法院"判决》,台北《"立法院"院闻》第30卷第4期。

29.高利红:《动物不是物,是什么?》;载梁慧星 主编:《民商法论丛》第20卷,金桥文化出版(香港)有限公司2001年版。

30.管贻升:《论被保险人变更受益人的法律规则与实践冲突——兼谈新〈保险法〉第41条的法律规范》;载贾林清 主编:《海商法保险法评论》(第三卷),知识产权出版社2010年版。

五、外文期刊

1.Franklin L. Best, Jr., *Defining Insurable Interests in Lives*, Tort & Insurance Law Journal American Bar Association, Fall 1986.

2.Mark Davis, *Life Insurance Beneficiaries and Divorce*, Texas Law Review, February, 1987.

3.G. Michael Bridge, *A Proposal to Include Life Insurance Assets Within the Augmented Estate*, Cornell Law Review, March, 1989.

4.J. Flour et J.Aubert, *roit civil, Les obligations*, t.I, 5e edition par A.C.E. Paris, 1991.

5.Joseph J. Hasman, Daniel A. Engel, David G. Larmore, *Health Insurance and Life Insurance: Recent Case Law Developments*, Tort & Insurance Law Journal American Bar Association, 1992.

6.Joseph J. Hasman, William A. Chittenden III & Joshua L. Smith, *Recent Developments In Health Insurance And Life Insurance Case Law*, Tort & Insurance Law Journal Winter, 1999.

7.Willy E. Rice, *Insurance Contracts and Judicial Decisions Over whether Insurers must Defend Insureds That Violate Constitutional and Civil Rights: An Historical and Empirical Review of Federal and State Court Declaratory Judgments 1900–2000*,Tort & Insurance Law Journal Summer, 2000.

8.Peter Nash Swisher, *The Insurable Interest Requirement for Life Insurance: A Critical Reassessment*, Insurance Law Annual, Drake Law Review, Winter, 2005, 53 .

9.*Life insurance beneficiary is not entitled to benefits due to felony exclusion*, Insurance Law & Litigation Week, Strafford Publications, February 6, 2006.

10.Peter Rogan, *The Insurance and Reinsurance Law Review*, Law Business Research Ltd, 2013. 14.

11.Peter Rogan, *The Insurance and Reinsurance Law Review*, Law Business Research Ltd, 2015, 3rd edition.

12.Peter Rogan, *The Insurance and Reinsurance Law Review*, Law Business Research Ltd, 2016, 4th edition.

六、网络文献

1.《法经济学：用经济的方法分析法律活动》，百度文库，https://wenku.baidu.com/view/77c0aef90342a8956bec0975f46527d3240ca6bf.html?fr=search。

2.《索菲亚》，百度百科，www.baidu.com/s?wd=%BB%FA%C6%F7%C8%CB%CB%F7%B7%C6%D1%C7&fr=wenku。

3.《法律与法律的未来——江山访谈录》,http//www.law-thinker.com(法律思想网)。

4.《我的遗嘱只有一条：猫继承我所有遗产》,（知乎）zhuanlan.zhihu.com/p/63033985。

5.邓子滨:《推定的含义——从普通用语到专业术语》,http://www.lawexpert.cn/bbs/dispbbs.asp?boardid=26&id=30906。

后记

本后期资助课题是以笔者博士学位论文《保险受益人论》为基础申报而有幸获得批准的，而且是以笔者博士学位论文原标题一字未改申报的。自笔者博士研究生毕业至今，时间已过去十几年。在此期间，自2009年以来我国《保险法》又经三次修改，相关司法解释也相继出台四部，第五部司法解释正在紧锣密鼓地草拟中，由此导致原学位论文的某些内容已不合时宜而须修正，原所参考的法律法规文本已显陈旧而须增补。自通过博士答辩后，一度自我感觉关于保险受益人的问题已再无研究的空间而未温故知新。这反映了笔者思想的故步自封和习性的怠惰。"沉舟侧畔千帆过，病树前头万木春"，学界关于保险受益人的研究成果不断涌现，促使笔者进一步思考保险受益人问题。经过十几年沉淀，笔者有了诸多新的认识，甚至在某些地方改变或否定了原博士学位论文中的观点。本书肯定还有许多不足之处，我恳请各位读者斧正。

能够获得国家社科基金后期资助并最终完成课题，我要诚挚地感谢帮助我的人。首先，我得感谢我的学位论文指导老师，中国政法大学的费安玲教授。从我的学位论文选题的确定，到论文提纲的撰写、论文写作及修改，直至最终定稿，导师倾注了大量心血。没有导师的谆谆教诲，就不会有课题获得国家社科基金后期资助的结果。在相关的研究中，我就有关问题向导师请教并得到她的悉心指导。导师治学严谨、勤奋、从不松懈，是我永远学习的榜样。

我要感谢自从读博直到现在一直关心和帮助我的同学，尤其是对外经济贸易大学的于海纯教授和中国社会科学院大学的梁鹏教授。由于我们三人的博士学位论文都以保险法方面的有关问题为选题，因而在文献资料的搜集、复印等方面彼此协力，共享信息，由此建立了深厚的同窗情谊。梁鹏教授还经常将其发现或购买的保险法方面的中外文文献资料整本复印后邮寄给我，许多后续研究的新资料都来自他的慷慨提供。

我要感谢我的同事，在日本京都大学留学并获得法学博士学位的夏静宜老师。她的日语像汉语一样好。我参考的日本学者山下友信教授所著的保险法著作的相关内容都是她帮我翻译的，语言典雅且具有纯正学术文风。

我要感谢我的研究生史雅婷同学。她承担了书稿的文字编辑、格式调整和编排等工作，给了我完成课题研究不可或缺的帮助。

最后，我得感谢我的家人。他们为我所做的一切，即便是他们自身的安好也都是我能够安心工作、顺利完成研究工作的物质和精神支持。